国家社科基金
GUOJIA SHEKE JIJIN HOUQI ZIZHU XIANGMU
后期资助项目

从"上控"到"上诉"：

中国传统刑事上诉制度及其近代转型研究

A Research
on Chinese Traditional Criminal Appeal System
and its Transformation

胡震 著

清華大学出版社
北京

图书在版编目 (CIP) 数据

从"上控"到"上诉"：中国传统刑事上诉制度及

其近代转型研究 / 胡震著 . -- 北京 : 清华大学出版社 ，

2024. 10. -- ISBN 978-7-302-67272-2

　　Ⅰ . D925.218.24

中国国家版本馆 CIP 数据核字第 2024YK1253 号

责任编辑：刘　晶
封面设计：傅瑞学
版式设计：方加青
责任校对：王荣静
责任印制：宋　林

出版发行：清华大学出版社
　　　　　　网　　　址：https://www.tup.com.cn，https://www.wqxuetang.com
　　　　　　地　　　址：北京清华大学学研大厦 A 座　　　　　邮　　　编：100084
　　　　　　社 总 机：010-83470000　　　　　　　　　邮　　　购：010-62786544
　　　　　　投稿与读者服务：010-62776969，c-service@tup.tsinghua.edu.cn
　　　　　　质 量 反 馈：010-62772015，zhiliang@tup.tsinghua.edu.cn
印 装 者：三河市东方印刷有限公司
经　　销：全国新华书店
开　　本：165mm×238mm　　　**印　张：**18.5　　**插页：**1　　**字　数：**302 千字
版　　次：2024 年 10 月第 1 版　　**印　次：**2024 年 10 月第 1 次印刷
定　　价：129.00 元

产品编号：100196-01

国家社科基金后期资助项目
出版说明

后期资助项目是国家社科基金设立的一类重要项目，旨在鼓励广大社科研究者潜心治学，支持基础研究多出优秀成果。它是经过严格评审，从接近完成的科研成果中遴选立项的。为扩大后期资助项目的影响，更好地推动学术发展，促进成果转化，全国哲学社会科学工作办公室按照"统一设计、统一标识、统一版式、形成系列"的总体要求，组织出版国家社科基金后期资助项目成果。

全国哲学社会科学工作办公室

序

　　2003年秋，胡震考入北京大学法学院，跟随我攻读法律史博士学位。本书是在其博士论文《晚清京控案件研究——以〈光绪朝朱批奏折〉为中心》的基础上修改扩充而成。本书是研究中国传统刑事司法制度的资料充实、论证充分，具有较强理论价值和现实关怀的学术著作。

　　上诉制度是绝大多数现代法治国家司法制度的重要组成部分之一，对于实现司法公正有着不可或缺的重要意义。早在秦汉时期，中国已经建立了较为完备的传统型上诉——乞鞫。两千余年间，作为传统司法制度重要一环的上诉制度一直发挥着重要作用，并在清代发展为较为完备的"上控"制度。清末，西法东来，中国弃施行两千余年之"旧制"，改行源自欧陆之"新法"。与此相应，现代上诉取代传统上控，在中华大地落地生根。在对传统上控制度研究的基础上，本书重点考察从上控到上诉的转型过程以及上诉制度实施之初所出现的系列问题。希望借助对近代中国刑事上诉制度转型的研究，通过历史和比较的视角，深化对中国传统司法和法治的认识，进一步揭示了相关司法制度的历史源流，为问题的解释和解决提供了新的思路和空间。

　　本书包括绪论、正文和结语三部分。绪论部分介绍研究问题的缘起及该研究的意义所在，并在对现有研究成果回顾的基础上，提出研究的基本结构和内容。正文包括八章，前两章研究中国传统的上诉制度；第三章至第五章研究清代上控的一种特殊形式——京控；第六章是对清末民初从上控到上诉制度转型的总体介绍，从制度建构、词语变迁、理念转型三个方面讨论刑事上诉制度是如何取代传统上控制度，并逐步在近代中国生成、演进的；第七章、第八章运用比较的方法，讨论近代上诉制度引入及实施中产生并影响至今的审级、判决终局性、上诉不加刑等几个重要问题。最后一部分是结语，对全书进行总结，并对该领域的研究放眼展望。

我一直提倡法律史研究应该朝着"通古今之变，明中西之异，究当世之法"的方向努力。通古今之变需要沉潜研读历史资料，发现规律；明中西之异需要明察中西各自法政原理，比较而不比附；究当世之法则需持现实关照，入世但不媚世。作为一部法律史著作，胡震博士朝着这个方向作出了自己的努力。一方面，本书对以清代上控为代表的传统中国刑事上诉制度进行了深入细致的历史梳理，发掘再现了发审局的重要作用和意义、当事人的诉讼策略和官方对策、女性的诉讼参与等重要主题；另一方面，围绕近代转型之际古今中西之间在诉讼理念、司法功能、制度设计等方面的异同，作者着重辨析其表面相同或相似下的"似是而非"，揭示现行刑事上诉实践问题的历史因缘，为当前问题的合理解释和沟通解决提供了新的思路和空间。

本书的出版，有利于进一步挖掘和传承中华优秀传统法律文化，对于我国的司法实践和理论研究也具有重要参考价值。当然，书中提出的一些问题也有较大的再深入空间。例如：对传统上控制度的整体性、规律性认识尚缺乏进一步的总结、提炼和概括；对中西在上诉不加刑、被害人上诉权、事实认定等问题上的比较分析可以更扎深一些。希望，也期待胡震博士将来对这些课题有进一步的探索。

是为序。

李贵连

2024 年 7 月

前　　言

　　上诉制度是多数现代法治国家司法制度的重要组成部分，对于实现司法公正、促进社会有效治理有着重要作用和意义。秦汉时中国已经建立了"乞鞫"这一较完善的传统上诉制度，至清代发展为完备的"上控"制度。清末，西法东渐，中国引入欧陆之近代西方法制。与此相应，传统"上控"被近代"上诉"所取代。本书以刑事诉讼为中心，采用比较法律史研究方法，研究传统上诉制度及其近代转型，以期深化对传统司法和法治的认识，揭示现行上诉制度相关问题的历史渊源，为当前司法改革和法治建设提供一些可能的智识思考。

　　本书内容在整体上包括绪论、正文和结语三部分。绪论主要介绍研究问题的缘起及意义，在对相关研究成果回顾的基础上，简要介绍本研究的基本内容及结构。正文包括七章，前两章研究中国传统上诉制度，分为清代之前的上诉制度和清代上控制度。第三章至第五章以京控为中心，重点研究清代上控的审办程序、诉讼策略以及妇女诉讼。第六章、第七章讨论清末民初由传统上控到近代上诉制度的转型。最后一部分是结语。

　　第一章，清代之前的上诉制度。按时间顺序，简要介绍了由秦汉至明代的上诉制度，包括不同历史时期上诉的条件、主体、期限、受理机关、审理等。

　　第二章，清代上控制度。清代上控是传统上诉制度发展的最后阶段，也是近代刑事上诉制度建立的基础。在对上控概念简要界定的基础上，本章分别讨论了上控的提起、受理和审理。对案件判决不服的原、被告及其亲属均可提起上控。上控人可在案件审结后提出上控，但一般不能越诉。上控被接受的理由主要有三：告状不受理、控告涉及原审官员或对初审结果不服。不同于现代上诉，上控人并不针对法律适用问题提出疑问，而是针对案件事实提出异议。上控提出后，上控机关分别情况，或驳回，或立案不行，或发回原审，或受理。对受理的上控案件，则主要采取提审、委审和发审三种方式分别处理。

第三章，清代京控案件审办。京控是上控的一种特殊形式。清代京控案件的处理模式大致经历了中央主审、督抚主审和发审局主审三个阶段。嘉庆以后，京控案件的处理程序得以定型，主要有奏交、咨交和驳回二种方式。嘉庆、道光年间，为应对积案和日益增多的上控案件，发审局这一准专门性司法机构应运而生。清末法制改革，作为传统司法组成部分的京控被废除，新设的最高审判机关大理院逐渐用以权利、程序为核心的现代上诉制度取代了传统"申冤"式京控。

第四章，上控中当事人的诉讼策略和官方应对。从上控案件处理过程来看，清代刑事司法并不是单纯发现犯罪和适用刑罚。在案件处理过程中，诉讼当事人会采取诉冤、诬告、越诉、缠讼、拼命等不同诉讼策略以耸动官府、施压对方，争取利益最大化。对地方官府而言，上控案件的处理过程不仅是单纯的司法问题，更是如何平息讼争的社会治理过程。皇帝、中央官员、地方各级官员、各色吏役、原被告当事人、地方士绅等出于不同的需要和目的，在上控这个清代司法构建的竞技场中你进我退、博弈拼杀。清代司法并非传统意象中万千草民被动匍匐、官府任意摆布的刻板图像，而是一幅丰富、立体、动态的景象。深究其后，这是由传统"无讼"观念、等级制官僚系统、大一统中央集权体制等因素共同塑造的结果。

第五章，京控中的妇女诉讼。以往研究认为，受礼教等因素影响，传统司法排斥妇女主动或某些情形下的被动参与，妇女也很少愿意参加诉讼。对京控的研究发现，虽然清代封建意识形态和立法在努力压缩妇女参与诉讼的空间，实际司法场景和官方理想却并不一致。上控中的妇女是清代司法的活跃参与者。某些情况下，妇女甚至会主动闯入这片对她们来说的"禁区"，并力求证明自己行为的合法性和正当性。清代对妇女涉讼资格的模糊性立法规定、妇女对应受刑罚的可收赎、涉讼妇女逼仄的客观生存环境以及明暗交错的诉讼心态决定了妇女是否以及如何参与诉讼。

第六章，从"上控"到"上诉"——近代中国刑事上诉制度的初步生成及其展开。在对传统上控的内容、特点和功能作简要概述和总结的基础上，本章从诉讼立法、制度建构、词语变迁、理念转型等方面阐释了从"上控"到"上诉"所发生的根本性变化和重构。随着法律移植的快速推进,法律词语的变迁也经历了借用外来词汇、大规模移植、移植基础上的祖述和摘拾等阶段。如果说制度建构和词语借用可以在短期内完成,理念转变则非一日之功。上控和上诉之间,在表面相似性背后却隐藏着有关既判力、被害人上诉权、审级、诉讼期间等问题上的根本不同。这些问题直接影响了民初刑事上诉制度的实施。甚至,从前代中国刑事上诉制度改革中终审不终、上诉变相加刑、再审异化、提审异化等焦点问题的讨论,也或多或少可以看到中西两种不同诉讼模式交缠纠葛的影像。

　　第七章,清代司法判决确定性研究。一些西方学者认为,以清代为代表的中国传统司法与西欧"竞技型诉讼"的重要差异在于是否具有"判定"这一诉讼的本质要素。深入考察二者的不同诉讼形态后会发现,清代司法虽然没有"判定",但判决并非没有确定性。西欧判决因为经由具有"神示"等特点的客观程序得以确定而被视为正义,表现为"客观确定性";清代司法判决则因为符合"情理法"实质正义观并得到当事人主观认同而确定,可称为"主观确定性"。线性时间观影响下的西欧司法强调客观理性,认同判决的相对正确,以与时间密切相关的期限和审级制度保证判决的确定性。受循环时间观影响较大的中国传统司法,表现出现象化、整体化和永恒化的特点,强调通过个案实质正义的实现,努力追求社会关系的和合,实现社会有效治理。

目　录

绪　论

一、问题缘起以及研究意义

20 世纪 80 年代以来，随着改革的不断深化，转型期的中国社会开始经历一场政治、经济、社会和文化上的深刻变化。城乡二元社会结构的逐渐松动，市场经济发展带来的经济利益多元化，民众价值观念解放和权利意识的不断增强，使得社会矛盾和纠纷日益增多。当事人"为权利而斗争"、通过诉讼解决纠纷为主流话语所倡导，司法案件持续增多，各级法院人少案多、不堪重负。[1] 与此同时，对审判结果不服的上诉人、被害人，不仅在二审终审后继续申诉，甚至在申诉后仍不停上访，以寻求公正。多年来，针对现有上诉制度运行中的终审不终、审级不畅、案件请示、上诉变相加刑、再审异化等问题，实践中各级司法机关通过司法改革不断推进制度完善及实施，学术界在理论上也从问题成因、制度设计、实施效果等层面进行了深入分析和讨论，取得了较大成果。[2] 但现有有关上诉的研究更多从现行制度的应然和实然层面讨论，较少从历史、文化和比较相结合视角进行研究、讨论和反思。[3]

---

[1] 左卫民：《"诉讼爆炸"的中国应对：基于 W 区法院近三十年审判实践的实证分析》，载《中国法学》2018 年第 4 期。

[2] 相关成果数量较多，代表性成果包括但不限于：傅郁林：《审级制度的建构原理——从民事程序视角的比较分析》，载《中国社会科学》2000 年第 4 期；胡昌明：《"终审不终"现象的成因与消解——确立司法终局性的法律和社会双重路径》，载《法学方法论论丛》2014 年第 2 卷；武小凤：《"上诉不加刑"原则在中国的立法及实践问题分析》，载陈光中主编《刑事司法论坛》第 2 辑，北京，中国人民公安大学出版社 2009 年版，第 73 页以下；侯猛：《案件请示制度合理的一面——从最高人民法院角度展开的思考》，《法学》2010 年第 8 期；何帆：《中国特色审级制度的形成、完善与发展》，载《中国法律评论》2021 年第 6 期；龙宗智：《审级职能定位改革的主要矛盾及试点建议》，载《中国法律评论》2022 年第 2 期；汪海燕：《认罪认罚案件再审问题研究——以 541 份裁判文书为分析对象》，载《比较法研究》2023 年第 5 期。

[3] 近年来，一些学者把部分现代司法问题放在新中国法制建设的历史语境下进行了历史追溯和逻辑分析，如刘忠：《四级二审制的发生和演化》，载《法学研究》2015 年第 4 期；陈杭平：《历史视野下的"四级二审制"》，载《法制现代化研究》2023 年第 4 期。

如果扩大视野，我们会发现，无论"诉讼爆炸"，抑或终审不终、审级不畅、案件请示、上诉变相加刑、再审异化、甚至被害人上诉权、提审等问题，都或多或少、或明或暗和传统上诉制度、文化及其现代转型相关。以清代上控为代表的中国传统上诉制度在国家社会治理中不仅包含了现代的上诉和行政复议，而且蕴含了上访的功能和理念。上诉、上访、上控、行政复议具有某些共通的结构性逻辑、构造和问题。[1] 当然，我们不会、也不能否认和无视其中的古今中西之别异，[2] 更无须以所谓"进化论"的观点认为中国传统上控就是粗糙和落后的。[3] 在近代行政和司法分离之前，传统上控制度恰恰承担着"上诉＋上访"的功能。归根结底，上访和上诉均是当事者对现有矛盾和纠纷处理结果不满而向上寻求进一步救济的制度性构建，都是国家和社会治理的手段。换言之，上访也可以被认为是近代"权力分立"大背景下传统上控近代转型的一个"外溢物"。[4]

为追求司法公正，保障案件当事人权益，世界上大多数国家均会设置上诉制度。然而，不同社会结构、历史文化又赋予上诉制度不同的内容及表现形态。[5] 中国有悠久的"上诉"传统。早在《周礼》中已有朝士、司徒"期内"听辞的记载。[6] 秦以后，中央集权郡县制的建立，为乞鞫制度的形成提

---

〔1〕　[美] 欧中坦：《千方百计上京城：清朝的京控》，载高鸿钧等编：《美国学者论中国法律传统》，北京，中国政法大学出版社 1994 年版；於兴中：《非终局性、"青天大人"与超级法官赫尔克里斯——兼论传统中国的公正观》，载《杭州师范大学学报》（社会科学版）2012 年第 5 期。

〔2〕　上控和上诉在形成环境、制度设计、价值追求、基本理念等方面均有较大差别。现代上诉制度被认为是清末法制改革移植西方近代法律制度的产物，"在程序法方面继受了一套与传统中国大相径庭的近代欧西法制"。黄源盛：《民初大理院与裁判》，台北，元照出版有限公司 2011 年版，第 300 页。

〔3〕　"传统"绝非落后的代名词。正如滋贺秀三先生所言，（古代）"中国的司法制度，就如一般的中国文明那样，绝不原始粗糙，恰恰相反是极为精致洗练的"。[日] 滋贺秀三：《中国法文化的考察》，载滋贺秀三等著：《明清时期的民事审判与民间契约》，王亚新等译，北京，法律出版社 1998 年版，第 10 页。

〔4〕　近年来，主张信访治理法治化的相关研究可参见景汉朝：《信访治理的规律性认识与法治化路径》，载《现代法学》2023 年第 5 期；《涉诉信访治理的演进与新时代现代化方向》，载《清华法学》2023 年第 6 期。

〔5〕　[美] 马丁·夏皮罗：《法院：比较法上和政治学上的分析》，张生、李彤译，北京，中国政法大学出版社 2005 年版。

〔6〕　（汉）郑玄注、（唐）贾公彦疏：《周礼注疏》，卷 35，"秋官·朝士"，北京，中华书局 1979 年版，第 878 页。

供了核心条件。随着大一统中央集权体制的不断发展，传统上诉制度也日益精致化，并在清代形成了较为完善的上控制度。清末法制改革，西法东来。在从传统"法程序"到现代"程序法"转变的过程中，原有"上控"也被现代"上诉"所取代，并由此开始了现代中国上诉制度建设的百年历程。[1]

　　本书研究以清代上控为代表的传统上诉制度及其近代转型，主要内容包括以下三方面：第一，中国传统上诉制度的构造、发展、运行如何？其背后的逻辑是什么？具有哪些特点？第二，清末民初传统上控是如何被近代上诉制度取代的？转型效果如何？第三，目前我国司法制度，特别是上诉制度运作中出现的一些问题，是否和这种"古今中西之变"有关？[2] 如果有关，关系如何？限于作者的学术能力、研究旨趣、关注领域等条件，本书重点研究前两点。至于第三点，则更多作为本书研究的问题意识和思考背景。当然，法学是一门实用之学，如果我们承认或坚持法律史学是"法学"的一部分，则无论是察古今之变，还是明中西之异，均是为了究当世之法。基于此，本研究不仅关注制度的历史描述，更强调以实践中的关键法治问题为思考点。通过对制度的演变、功能及原理的梳理，一方面理解当前制度的"古今之变"，另一方面努力解释中西特定司法制度的"似是而非"，并希望从理论上对当前法治建设进行些许思考。总之，本书在古今中西比较中，尝试从历史、理论和实践三层面去认识中国传统法的深层次结构，努力去理解当前中国司法，并发问问题之所由、之所在、之所趋。

二、现有研究成果回顾

　　目前，学界有关清代司法制度的研究数量众多、成果丰富。结合本书主题，下面主要就清代上控、京控及其转型的著作予以简要介绍。

　　在清代，上控即"向上控告"之意，是指不服下级官府对案件的处断

---

[1]　我们可以说中国古代有以法的形式规定的各种"法程序"，例如当时诉讼中的告诉、受理、审理、审转覆核等法律规定，但并无现代以权利、正当程序等为核心的"程序法"。

[2]　李贵连教授提出法史学研究的"通古今之变，明中西之异，究当世之法"十五字箴言，具有十分重要的法律史研究方法论意义。李贵连：《法史学的"十五字"箴言》，《检察风云》2011年第15期。

而向上级官府提起进一步控告。清代司法审判级别大致包括县、府、道、司（按察使司和布政使司）、院（督抚）、京城等数级，因此上控又具体分为府控、道控、司控、院控、京控等。[1] 受国外学者关于清代京控研究和世纪之交国内上访现实问题的刺激，京控首先进入法律史研究者的视野，随着诉讼研究的进一步深入，研究范围不断扩大，由中央而地方，由局部而整体。随之，上控研究也得以不断拓展和深入。

1. 关于京控的相关研究

有关京控的研究文献中，影响较大的当属美国历史学者欧中坦先生的开拓性著作《千方百计上京城：清朝的京控》一文。围绕晚清京控案件激增的现象，作者认为，18 世纪人口激增对清代社会治理和政府统治造成极大压力；京控不仅是司法救济途径，更是皇帝获得国家治理各种基本信息的重要渠道，而地方官员在京控案件审判上的不作为则是案件积压的深层原因。[2]

国内学者中，赵晓华博士认为，战乱、地方官员的无能贪腐以及讼师的活跃导致了京控的激增，并造成了社会矛盾的激化。[3] 笔者的博士论文《晚清京控案件研究——以〈光绪朝朱批奏折〉为中心》是国内学界最早对清代京控制度进行专题研究的著作。该文采用法学和史学相结合的研究方法，以中国第一历史档案馆所藏朱批奏折为资料，在对清代京控制度发展过程进行梳理后，对晚清以"发审局"为中心的京控案件审判程序进行深入讨论，并对京控中的当事人诉讼策略和官方应对以及妇女诉讼进行了集中研究。[4] 李典蓉博士的《清朝京控制度研究》对京控制度进行了较全面的梳理，重点考察京控制度的形成、审理机构、诉讼程序及其运作，讨论了京控多发的原因、清代州县等地方司法弊端与京控盛行的关系，不同社会群体在京控中的不同待遇等。[5] 阿风教授通过对清实录所载资料的仔细梳理，指出御史巡按制度的废止、督抚在京控案件处理方面的无能、民众的"好讼"和嘉庆皇帝对京

---

〔1〕　京控是上控的一种特殊形式和典型体现，也是地方和中央联系的重要方式。多数京控案件在中央提起，在地方审理，而后又把审理结果上报中央，并接受中央审查和认同。
〔2〕　[美] 欧中坦：《千方百计上京城：清朝的京控》，载高鸿钧等编：《美国学者论中国法律传统》，北京，中国政法大学出版社1994年版。
〔3〕　赵晓华：《晚清狱讼制度的社会考察》，北京，中国人民大学出版社2002年版。
〔4〕　胡震：《晚清京控案件研究——以〈光绪朝朱批奏折〉为中心》，北京大学博士论文，2006年。
〔5〕　李典蓉：《清朝京控制度研究》，上海，上海古籍出版社2011年版。

控的开放，导致了嘉庆年间京控案件的激增。[1] 此外，学者王永杰[2] 和崔岷[3] 对京控的结构性缺陷、官府的应对等进行了讨论。张世明教授认为，发审局的出现是嘉庆帝开禁京控所导致的司法资源紧张的产物。由于发审局在处理案件方面的专门性优势，最终演化成传统体制中的专门审断机关。[4]

现有关于京控的研究大致可分为法学、史学两种研究模式。虽然，毋庸讨论，对于交叉学科的法律史研究，法学和史学方法和思维缺一不可。但其各自研究的重点和特点还是有所差别。史学研究更多把京控作为清代特别是嘉庆以后社会发展的一个"事件"或"现象"来处理，因此重点关注和研究嘉庆以后京控激增的原因、官府的应对之策及其效果。相对而言，法律史研究更多体现了其规范研究的学科特点，重点从制度设置及实施层面研究京控，把京控作为清代司法的组成部分之一，研究京控的概念、制度发展、诉讼过程、官方案件处理、当事人诉讼参与、发审局、清末法制改革中的京控转型等。

2. 关于清代上控的研究

相对于京控研究中的法学、史学学者齐上阵，上控则主要为法学研究者重点关注。

日本著名学者滋贺秀三先生对清代上控作出了开拓性的经典研究。在 20 世纪 80 年代出版的《清代中国的法与审判》一书中，滋贺秀三先生将上控视作清代司法审判的一环，对上控条件、原告资格、受理机关、审理方式、上控弊端等进行了简要阐明。最重要的是，和其他有关清代研究的著作一样，滋贺秀三先生在中西比较视野下，指出上控制度既不同于审转制度，也和现代上诉制度有着本质上的差别。[5] 笔者在研读滋贺先生的经典著作中颇受启发、受益匪浅。

〔1〕 阿风："第八章 清代的京控——以嘉庆朝为中心"，载 [日] 夫马进编：《中国诉讼社会史研究》，范愉、赵晶等译，杭州，浙江大学出版社 2019 年版。
〔2〕 王永杰：《论清朝京控的结构性缺陷：历史考察与当代借鉴》，载《学海》2007 年第 3 期。
〔3〕 崔岷：《山东京控"繁兴"与嘉庆帝的应对策略》，载《史学月刊》2008 年第 1 期。
〔4〕 张世明、冯永明：《"包世臣正义"的成本：晚清发审局的法律经济学考察》，载《清史研究》2009 年第 4 期。
〔5〕 中译本参见 [日] 滋贺秀三：《清代中国的法与审判》，熊远报译，南京，江苏人民出版社 2022 年版。

对于上控的整体性研究主要有两本著作。海丹博士的《法律运行与法律认识：晚清上控研究》借助档案材料，通过对具体案件的细致挖掘，着力考察晚清上控制度的审判实态和观念实态。在此基础上，从制度功能、审判模式、社会认知几方面展开，分析讨论晚清民众对于上控制度的认识、评价状态的形成背景及其后世影响。[1] 张翅博士的《冤抑与诉讼：清代上控制度研究》一书从上控参与者的行动视角出发，从背景、启动、运行与功能等方面对清代上控制度进行了讨论。[2]

有关上控的专题性研究也取得了较大进展。柏桦教授对上控的概念和性质进行了辨析，讨论了上控、京控与叩阍的区别。[3] 李艳君博士依据四川冕宁县所存清代司法档案，对清代民事上控案件的提起、上控状、案件处理等进行了研究，并特别指出上控案件在上级官府受理后经常发交下级州县官审理，然后再把审理结果向上报告，由受理机构作出判决。[4] 林乾教授以讼师上控案件为例，对清代上控的实际运作进行了深入刻画。[5] 此外，吴艳红教授、姜永琳教授以《明代四川地方司法档案》为中心，介绍了明代布政司的司法职能，所揭示的明代上控现象对于我们理解清代上控也有一定的参考意义。[6] 此外，部分学者运用新理论新视角对上控的研究令人颇受启发。于明教授从法律经济学角度出发，认为上控制度虽然违反了"上诉审"的经济学原理，但上控源于古典司法复审的"政治治理"功能，并且在事实上形成了一种有效率的信息机制，回应了古代社会低成本获得地方治理信息的难题。[7] 张彦丽博士从社会控制的角度，以上控为契入点，借助清末杨乃武小白菜案，力图重构国家和社会理论背景下的晚清社会秩序，在理论上以期对寺田浩明的"唱和说"、黄宗智的"第三领域"以及市民社会——公共领域诸多理论

〔1〕　海丹：《法律运行与法律认识：晚清上控研究》，北京，法律出版社 2022 年版。
〔2〕　张翅：《冤抑与诉讼——清代上控制度研究》，北京，中国社会科学出版社 2013 年版。
〔3〕　柏桦：《清代的上控、直诉与京控》，载《史学集刊》2013 年第 2 期。
〔4〕　李艳君：《清代民事上控制度述论》，载《保定学院学报》2010 年第 2 期。
〔5〕　林乾：《一个讼师家庭的两代上诉史》，载《中国古代法律文献研究》第八辑，2014 年。
〔6〕　参见吴艳红、姜永琳：《布政司与明代司法——以明代〈四川地方司法档案〉为中心的研究》，载《南京大学学报》（哲学·人文科学·社会科学）2016 年第 4 期。
〔7〕　于明：《司法审级中的信息、组织与治理——从中国传统司法的"上控"与"审转"切入》，载《法学家》2011 年第 2 期。

予以整合。[1]

此外，下列著作虽非专门讨论清代上控制度，但也有所论及：张晋藩先生的《清朝法制史》《中国民事诉讼制度史》《中国司法制度史》；[2] 郑秦先生的《清代司法审判制度研究》《清代法律制度研究》；[3] 戴炎辉先生的《中国法制史》[4]；那思陆先生的《清代中央司法审判制度》《清代州县审判衙门司法审判制度》[5]；李交发先生的《中国诉讼法史》[6]；吴吉远先生的《清代地方政府的司法职能研究》[7]；徐朝阳先生的《中国古代诉讼法：中国诉讼法渊源》[8]；陈光中、沈国峰两位先生的《中国古代司法制度》[9]；徐忠明教授的《案例、故事与明清时期的司法文化》《众声喧哗：明清法律文化的复调叙事》[10]；李燕博士的《清代审判纠错机制研究》[11] 等。

三、研究基本资料和研究方法

1. 研究基本资料

法律史研究中，资料选择和利用很关键。本书资料选用主要包括以下几个方面：（1）清代上控、京控制度梳理和论述的材料来自《清实录》《历代刑法志》《大清律例》《钦定大清会典》《钦定大清会典事例》《大清法规大全》

---

[1]   张彦丽：《上控与晚清秩序：以"杨白案"为中心的考察》，中国人民大学博士论文，2001年；张彦丽：《上控视野下的法、国家与社会——兼评日美学者之间的一场论争》，载《文史哲》2003 年第 3 期。

[2]   张晋藩：《清朝法制史》，北京，中华书局 1998 年版；《中国民事诉讼制度史》，成都，巴蜀书社 1999 年版；《中国司法制度史》，北京，人民法院出版社 2004 年版。

[3]   郑秦：《清代司法审判制度研究》，长沙，湖南教育出版社 1988 年版；《清代法律制度研究》，北京，中国政法大学出版社 2000 年版。

[4]   戴炎辉：《中国法制史》，台北，三民书局 1966 年版。

[5]   那思陆：《清代中央司法审判制度》，北京，北京大学出版社 2004 年版；《清代州县审判衙门司法审判制度》，北京，中国政法大学出版社 2006 年版。

[6]   李交发：《中国诉讼法史》，北京，中国检察出版社 2002 年版。

[7]   吴吉远：《清代地方政府的司法职能研究》，北京，中国社会科学出版社 1997 年版。

[8]   徐朝阳：《中国古代诉讼法：中国诉讼法渊源》，北京，中国政法大学出版社 2012 年版。

[9]   陈光中、沈国峰：《中国古代司法制度》，北京，群众出版社 1984 年版。

[10]   徐忠明：《案例、故事与明清时期的司法文化》，北京，法律出版社 2006 年版；《众声喧哗：明清法律文化的复调叙事》，北京，清华大学出版社 2007 年版。

[11]   李燕：《清代审判纠错机制研究》，中国政法大学博士论文，2008 年。

等。（2）上控案件材料包括：《光绪朝朱批奏折》，祝庆祺等编《刑案汇览三编》，沈家本编《刑案汇览三编》《樊山政书》《历代判例判牍》《刑部比照加减成案》《清臬署珍存档案》《徐公谳词》等。（3）各省省例和章程主要包括：《江苏省例》《江苏省例三编》《江苏省例四编》《晋政辑要》《四川通饬章程》《福建省例》《粤东省例新纂》《广东省例》《西江政要》《豫省成规》《治浙成规》《湖南省例》《皖政辑要》《山东宪规》《直隶现行通饬章程》等。（4）清末民初司法情况主要来自《各级审判厅判牍》《塔景亭案牍》《民刑事裁判大全》《司法例规》《改订司法例规》《大理院解释例全文汇编》《大理院判决例全书》等。

想要真正深入理解清代上控制度，除通过典章律例了解其立法外，尚须把立法研究和借助案例分析的司法实践研究结合起来。在现存编辑整理的各种案例汇编中，就名称言，有刑案、成案、驳案、奏案、例案、说帖等，其中以刑案、成案和驳案三种汇编影响较大。刑案中，祝庆祺等编辑《刑案汇览三编》、吴潮等人编辑的《刑案汇览续编》和沈家本编辑的《刑案汇览三编》颇受重视。[1]成案和驳案汇编的出现早于刑案汇编，它是刑案汇编的基础，清代后期编辑者一般把其归入刑案的范围，因此研究者大多看重刑案汇编。[2]上述汇编基本上按照《大清律例》的法典体例，把案例分别归入相应门类。其中，上控、京控案件在文中均会标明。[3]

本书研究的京控案件主要来自《光绪朝朱批奏折》和刑案汇编。中国第一历史档案馆编辑的《光绪朝朱批奏折》中"审办"类共收奏折二百多件，内容主要涉及秋审和京控两项，其中以后者居多，时间从光绪二年至三十四年，基本上涵盖了光绪朝。从奏折汇报地区分布看，涉及直隶、山东、安徽、

---

〔1〕（清）祝庆祺等编：《〈刑案汇览〉三编》，北京，古籍出版社2004年版；（清）沈家本纂辑：《沈辑〈刑案汇览三编〉》，李贵连、孙家红主编，桂林，广西民族出版社、广西师范大学出版社2023年版。

〔2〕为了对清代司法制度有更深入的了解，不仅应该以刑案汇编为材料来研究是否依法裁判、情理在案件裁判中的作用、裁判的法源等问题，成案、驳案不仅是"材料"，也是清代司法"制度"的一部分。成案对于考察清代司法的实际过程及其变迁有重要意义。驳案则是清代审转覆核制的产物。二者既可使我们从中了解上述裁判的法源等问题，更能认识清代上下级司法机关及其官员在基于各自不同利益考量下采取的各种策略、案件处理技术、过程等"实践中的法"。

〔3〕需要注意的是，汇编所收案例主要为经过删削之后的案件主干部分，对于分析法律裁判问题意义较大，而对于上控案件审理的程序分析却较为不足。

河南、湖北、湖南、山西、热河、陕西、浙江、江苏、广东、福建、台湾、四川、云南、贵州以及东北地区，基本上覆盖了全国各地。从内容看，京控奏折又分为两类，一类是各省每半年一次汇报由中央发交的京控案件审办情况，该类奏折一般会说明此半年内审结案件、新交案件、未结案件以及案件未结缘由；另一类是专门针对某个京控案件的奏折，内容一般包括上折人、原告、被告、案由、京控受理衙门、奏交和审结时间、审办情形及处理结果，最后照例有皇帝公文式的朱批。朱批奏折中所收案件均为奏交案件，要求地方督抚大臣必须亲提研审并对审办情况专折奏报。[1]

2. 研究方法

研究主题和研究者的学术旨趣决定了研究方法。本书研究传统上诉制度及其近代转型这一"法律史学"课题，主张以历史研究方法为基础，以法学规范研究方法为核心，以比较研究方法为补充。研究法律问题，特别是司法问题，不仅要关注规范的建构及其内容，更要了解其实际运行过程以及影响其运行的各种因素。

（1）历史研究方法。由于研究旨趣所在，本研究不可能也无意面面俱到论述与上控、上诉相关的所有问题。基于此，采用历史研究方法在资料梳理和考证的基础上弄清某些以往较为模糊的问题则是研究重点所在。例如，对晚清京控制度的研究，研究者都会提及各省京控案件基本上都会发回该省由督抚亲自审理，但事实上大多数案件都由各省发审局负责审理，督抚大多只是照例汇报。要真正了解京控案件的审理过程，就不能不对发审局进行细致研究，因为它是审理京控案件的实际承担者，也是批评者对京控审理结果不满的原因之一。但是对于该机构情况，论者却大都不提，即使论及也是寥寥数言。那么，发审局到底是一个什么样的机构呢？何时设立？其内部组成、运作及其变化如何？翻阅《大清律例》《大清会典》以及《钦定大清会典事例》，发现这些正式典章文籍中并无记载，而当时各省审理京控案件的奏折中则屡屡提到发审局。由此，通过对各省制定的省例和章程的研读，作者对发

---

〔1〕 晚清京控案件按照处理程序的不同一般分为奏交、咨交和驳回三类，奏交案件一般为案情重大、影响较大者，具体的分析详见本书第三章第一节。

审局有了一个大致了解。[1] 因此，中国法律史的研究必须以历史研究方法为基础，注重史料搜集、整理和分析。历史真相的尽量接近是兼具史学和法学性质的法律史学科的首要研究前提，没有对中国传统法律的历史形态和运行状况的"真正"把握，法律史的解释便也只能是空中楼阁，美丽但虚幻。建立在纯粹逻辑推理和设想上的法律史或历史研究都是不可想象的。

（2）法学研究方法。虽然法律史学界对于法律史研究方法有"法学化"和"史学化"之争，但学术研究本无所谓"正宗"。[2] 不同学者所受学术训练不同、研究旨趣不一，对研究方法也无须强求一致，大可根据研究主题自由选择。本书研究主题是一个"法史学"议题，法学研究方法的采用是毋庸多言的。法学研究方法大致包括以规范研究为中心的"法教义学"和以事实研究为中心的"社科法学"。[3] 实际上，法教义学和社科法学并不冲突，二者"从各自的角度强调了法学研究的不同侧面"，一个有创造性的理论应该把它们融合起来，取长补短。[4] 具体到本书，一方面，须对《大清律例》《钦定大清会典》《钦定大清会典事例》《吏部处分则例》等中央立法和各省省例等地方立法中的相关法律制度及其适用进行规范研究；另一方面，随着各类司法档案的逐步整理和开放，单纯研究立法文本，以法条为中心来考察传统中国法的研究方法也明显不足。[5] 在注重法律文本规范研究的基础上，需要大量考察相关的上控司法案例，从而发现一个动静相合的整体性法律历史样态。研究清代上控制度同样也必须坚持这一点。

（3）比较研究方法。本课题研究并非纯粹的"史"的研究。了解清代上控的运作及其在清末民初的转型，并非本研究的最终目的。研究上控制度及

〔1〕　相关论述见本书第三章第二节。
〔2〕　胡永恒：《有没有"正宗"的法律史研究？》，载《史学月刊》2023 年第 1 期。
〔3〕　陈兴良：《法学知识的演进与分化——以社科法学与法教义学为视角》，载《中国法律评论》2021 年第 4 期。
〔4〕　陈瑞华：《从经验到理论的法学研究方法》，载《中国法律评论》2019 年第 2 期。
〔5〕　瞿同祖先生在 1947 年首次出版的《中国法律与中国社会》中对法律史的研究方法提出："研究法律自离不开条文的分析，这是研究的根据。但仅仅研究条文是不够的，我们也应注意法律的实效问题。条文的规定是一回事，法律的实施又是一回事。某一法律不一定能执行，成为具文。社会现实与法律条文之间，往往存在着一定的差距。如果只注重条文，而不注重实施情况，只能说是条文的、形式的、表面的研究，而不是活动的、功能的研究。"瞿同祖：《中国法律与中国社会》，"导论"，北京，商务印书馆 2010 年版。

其转型，根本上还是希望借此对当代中国刑事上诉制度的某些面向进行历史考察，并借以理解和思考当前刑事上诉中的一些问题。如此，在古今中西之间的比较研究成为本书最常使用的方法之一。现代社会的法律治理在实质上都面临着不少相同或类似的问题，但是由于受到各种因素的影响，不同法制下未必以相同方法解决这些问题，所取得的结果也有同有异。一方面，在坚持功能主义的视角下提出作为比较研究出发点的问题；另一方面，我们并不完全忽视各种概念背后的独特性。[1] 在构建中国特色法治体系的今天，中国法学应该也必须走出为法律移植正名的"比附"阶段，探究古今中西法制的底层规律及彼此之间的"异"，并努力找到沟通的可能。

（4）过程分析方法。日本学者棚濑孝雄提出了一个"纠纷解决过程的理论框架"，强调在研究视野从狭义审判制度扩展到纠纷解决的一般过程时，研究角度也要发生相应变换，从对制度的描述和分析转向对过程的描述和分析。[2] 过程分析的目的是纠正法条主义者存在的本末倒置庸俗倾向。[3] 这种方法为法社会学研究者所惯用。美国学者唐纳德·布莱克（Donald Black）提出的"案件社会学"和棚濑孝雄的过程分析法具有相当程度的耦合。[4] 苏力、

---

〔1〕　王志强教授概括这种研究方法为"双向的功能主义"。"所谓'双向'，是在肯定功能主义方法论意义的前提下，在中国搜求西方功能的对应物后，对中国的现象也同样进行功能主义的分析，尝试探索功能，而非概念的可沟通性，寻求普适性的平台，并从功能角度进一步解释中国制度现象的特有个性。"王志强：《中国法律史叙事中的"判例"》，载《中国社会科学》2010年第 5 期。

〔2〕　他提出，"为了把握纠纷过程的具体状况，首先有必要把焦点对准纠纷过程中的个人，把规定着他们行动的种种具体因素仔细地剖析出来。例如，他们置身于其中的社会状况，他们的利益所在，与其他人之间的社会关系（包括纠纷发生前的关系和纠纷解决后可能形成的关系），制约着人们行为的各种社会规范，以及可以预想到的因违反这些规范而引起他人采取的行动（反作用）等等，……所以，完全把视线集中在规范上而无视与审判过程发生关系的个人在实际上进行行为选择的可能性，并不能真正说明以审判解决纠纷的机制"。载 [日] 棚濑孝雄：《纠纷的解决与审判制度》，王亚新译，北京，中国政法大学出版社 2004 年版，第 5-6 页。

〔3〕　季卫东：《当事人在法院内外的地位和作用》（代译序），载 [日] 棚濑孝雄：《纠纷的解决与审判制度》，王亚新译，北京，中国政法大学出版社 2004 年版。

〔4〕　美国学者布莱克认为，法律不仅仅是规则和逻辑，它也有人性。离开了社会环境，法律将是不可理解的。案件社会学以案件处理为法律研究的中心，致力于研究案件的社会结构是如何预示其处理方法的。也就是说，相对于以法律原则及其制度为核心的宏观研究，案件社会学以案件发生和处理过程的各种社会关系及其量的变化作为考察的重点，并认为这些因素是影响各个具体案件最终处理结果的关键。[美] 唐·布莱克：《社会学视野中的司法》，郭星华等译，北京，法律出版社 2002 年版，第 1-18 页。

赵晓力、强世功等学者的研究也受到这种方法的影响。[1] 法律史研究中，徐忠明教授提出"官方的诉讼态度"和"民众的诉讼策略"这一对概念来解析中国传统司法审判过程中诉讼各方如何合理利用既存制度，通过相互博弈而各自获得利益的最大化。[2] 总之，法律史研究不仅要注意各不同时期法律制度之间的变迁发展，更要深入研究法律制度的具体实践过程。

四、研究特点和结构安排

1. 研究特点

本书名称为《从"上控"到"上诉"：中国传统刑事上诉制度及其近代转型研究》，研究历史上的"法"，坚持法学的立场和方法，重点以"刑案"为中心研究传统上控制度和近代刑事上诉制度的生成及其展开。

首先，本书重点研究上控作为"诉讼"的一面。传统中国行政、司法二权，向合为一。[3] 清代上控包含了现代的上诉、行政复议、上访等因对官方处理结果不服而向上"诉冤"的行为。在研究清代上控时，本书侧重于其"法"的一面，把上控作为一种"诉讼"制度。从法学的制度规范结构，重点关注上控的主体、期限、条件、提出、管辖、接收、处理、裁决等。这样的处理不免有"生搬硬套"现代法之嫌，但这也是法律史研究走向现代的不得

---

〔1〕　在此必须说明的是，"过程分析的方法"和苏力"语境论"的分析方法之间的确有某种相似，例如二者都强调具体的、设身处地的分析，都不赞成粗暴的价值评价，都主张从各种具体的社会环境来理解现有状况。但二者之间的区别是主要的：第一，前者更多适用于微观研究，后者则宏观、微观二者兼顾；第二，前者更多适用于司法过程的研究，后者则以法律制度和规则为关注中心；第三，前者更多是一种技术分析，价值评价基本上不予考虑，后者则持一种"同情之理解"态度。苏力：《送法下乡——中国基层司法制度研究》，北京，中国政法大学出版社 2000 年版；赵晓力：《关系 / 事件、行动策略和法律的叙事》，载王铭铭、[英]王斯福主编：《乡土社会的秩序、公正与权威》，北京，中国政法大学出版社 1997 年版；强世功：《"法律"是如何实践的？》和《"法律不入之地"的民事调解——一起"依法收贷"案的再分析》，载氏著：《法制与治理——国家转型中的法律》，北京，中国政法大学出版社 2003 年版。
〔2〕　徐忠明：《明清刑事诉讼"依法判决"之辨正》，载《法商研究》2005 年第 4 期；《办成"疑案"：对春阿氏杀夫案的分析——档案与文学以及法律事实之间》，载《中外法学》2005 年第 3 期；《明清诉讼：官方的态度与民间的策略》，载《社会科学论坛》2004 年第 10 期；《小事闹大与大事化小：解读一份清代民事调解的法庭记录》，载《法制与社会发展》2004 年第 6 期。
〔3〕　《大理院奏审判权限厘定办法折》，载吴宏耀、种松志编：《中国刑事诉讼法典百年（上册）》，北京，中国政法大学出版社 2012 年版，第 224 页。

已而为之。法律史研究固然需要深入过去、"同情"理解，但抛弃现代的法学概念、术语和制度，重新回到古代，不可能也无必要。同时，如前所述，采用双向功能主义视角，在确定基本功能相同或相似的中西"上控""上诉"概念之后，我们不仅考查两种制度的功能及其特征，更关注中西"名同"背后的"实异"，在"似是而非"的比较中发见传统法律制度的个性以及与现代沟通的可能性。

其次，本书以"刑案"为中心。以清代为代表的传统中国没有现代"民法/刑法""民事诉讼/刑事诉讼"的分类，当然也就没有"民事案件"和"刑事案件"的分别。现代法学根据行为侵害法益及其程度的不同，把案件分为刑事案件和民事案件。二者在性质上不同，前者主要是违反刑法应处以刑罚的案件，后者则因为违法或违约行为而应承担民事责任。与此相应，刑事案件适用刑事诉讼程序，民事案件适用民事诉讼程序。与其不同，清代以刑罚轻重为基础，把案件分为以户婚田土等民事为主的"词讼"和应处徒刑以上刑罚的命盗"案件"。[1] 两类案件是处罚轻重、处理程序上的差异而非性质上的不同。词讼案件虽数量众多，但无需审转覆核，由州县自理。对词讼案件审理不服只能在地方上控，单纯的户婚田土类案件不准京控。[2] 刑案需要进入覆核程序，死刑案件甚至最后直达司法顶层的皇帝。由于刑案的社会关注度高、关系官员考成，是统治者关注的重点。对刑案不服，可历经府（道）、司、院逐级上控，直至京控。因此，刑案能较完整体现清代的上控制度。这是本书重点选择以刑案论述上控制度的重要原因。

最后，本书侧重研究清代上控至刑事上诉的转型，对民事上诉则暂时不予讨论。清末法制改革，实体法和程序法单独制定，从法律上区别了民事案件和刑事案件，分别制定了刑事诉讼法和民事诉讼法。在 1906 年清政府起

---

〔1〕　邓建鹏：《词讼与案件：清代的诉讼分类及其实践》，载《法学家》2012 年第 5 期；[日] 寺田浩明：《日本的清代司法制度研究与对"法"的理解》，王亚新译，载 [日] 滋贺秀三等：《明清时期的民事审判与民间契约》，北京，法律出版社 1998 年版，第 112 页。

〔2〕　《大清律例》卷三十"诉讼·越诉"条规定："其仅止户婚、田土细事，则将原呈发还，听其在地方官衙门告理，仍治以越诉之罪"。清代律学家吴坛认为："以外省州县小民敢以户婚、田土细事来京控诉，必非安分之人，仅将原呈发还，无以示儆，拟于'听其在地方官衙门告理'下添入'仍治以越诉之罪'一句"。载（清）吴坛：《大清律例通考校注》，马建石、杨育棠主编，北京，中国政法大学出版社 1992 年版，第 873 页。

草的《刑事民事诉讼法（草案）》中开篇即规定"刑事、民事之别"。[1] 唯此时更多采列举式规定，对刑事和民事案件的区别较少抽象的概括。随后实施的《京师高等以下各级审判厅试办章程》则从理论上分刑事案件、民事案件为"定罪之有无"和"定理之曲直"。[2] 在立法上，虽然较早起草的《刑事民事诉讼法（草案）》《刑事民事诉讼暂行章程（草案）》均把刑事诉讼和民事诉讼合编，但时人已认识到二者性质上的不同。[3] 1911 年《刑事诉讼律（草案）》首开中国刑事诉讼专门立法之先河。该法参酌日本明治二十三年（1890 年）《刑事诉讼法》而纂定，对刑事上诉制度作了明确系统的规定，对民国乃至新中国的刑事上诉制度都产生了重要的影响。

2. 结构安排

本书结构上包括绪论、正文和结语三部分。绪论主要介绍研究问题的缘起及研究意义，并在对以往研究成果回顾的基础上，简要说明本研究的基本内容及结构。正文包括七章，前两章研究中国传统上诉制度，分为清代之前的上诉制度和清代上控制度。第三章至第五章以京控为中心，重点研究清代上控的审办程序、诉讼策略以及妇女诉讼。第六章、第七章讨论清末民初传统上诉制度的转型。最后一部分是结语。

---

〔1〕《刑事民事诉讼法（草案）》："第一条　凡公堂审判之案，分为两项：一、刑事案件。二、民事案件。第二条　凡叛逆、谋杀、故杀、伪造货币印信、强劫并他项应遵刑律裁判之案，为刑事案件。第三条　凡因钱债、房屋、地亩、契约及索取赔偿等事涉讼，为民事案件"，载吴宏耀、种松志编：《中国刑事诉讼法典百年（上册）》，北京，中国政法大学出版社 2012 年版，第 11 页。
〔2〕"凡审判案件，分刑事、民事二项。其区别如下：一、刑事案件：凡因诉讼而审定罪之有无者，属刑事案件。二、民事案件：凡因诉讼二审定理之曲直者，属民事案件。"《京师高等以下各级审判厅试办章程》第一条，载吴宏耀、种松志编：《中国刑事诉讼法典百年（上册）》，北京，中国政法大学出版社 2012 年版，第 233 页。
〔3〕《修订法律大臣沈家本、伍廷芳奏进呈诉讼法拟请先行试办折并清单》言："然民事、刑事性质各异，虽同一法庭而办法要宜有区别。"载吴宏耀、种松志编：《中国刑事诉讼法典百年（上册）》，北京，中国政法大学出版社 2012 年版，第 9 页。

第一章
清代之前的上诉制度

上诉是我国传统司法制度的重要组成部分。中国各个朝代的上诉制度并不完全相同，也非直线式演进。唐之前是古代中国上诉制度的发展期，其中尤以汉代较为完善，也为学界瞩目较多。唐宋时期上诉制度较为完善。宋代经济发展活跃，民众利益观念较强，通过法律途径争取和维护自己权利的行为也相应增多，客观上促使上诉制度进一步规范化、精细化，如"结绝告示"的出现、上诉期限的明确等。明律效法唐律，在制度建设上多所沿袭，如禁止越诉、民众上诉与官方审判复核监督程序并存等。由于明代立国之初强调对地方官员司法权的监督和控制，呈现出上诉衙门多头并存、共管的现象。这种制度安排虽然有利于对官员的监察，但也造成了效率低、平反难的后果。在继承明代上诉基本架构的基础上，清代形成了特点鲜明的上控制度。本章按照时间序列，分唐之前、唐宋、明代三节，对清代之前传统中国的上诉制度予以简要论述。

第一节　唐之前的上诉制度

一、西周

有关西周时期的诉讼制度，主要见于《周礼》这一传世文献。其中有关上诉的内容主要包括以下两方面。

第一，关于审理层级。审理层级和国家行政区划密切相关。西周实行"体国经野"的乡遂制度。王国分为"国"和"野"两部分，"国"中行"乡"制，"野"中行"遂"制。以国中为中心，向外扩展，依次为四郊、野、都和四方。四方为诸侯之地。与此相应，王所直辖地区（畿内）的地方司法官设有乡士、遂士、县士、讶士等，负责审理国中之乡、四郊之遂、野外之县、四方诸侯的司法案件。同时设立方士指导监督都、家刑罪案件的审判。[1] 乡士、遂士、县士、方士和讶士在作出初审判决后，对结果不服的当事人及相关人可以向司寇等进一步提出上诉。

第二，关于上诉期限。《秋官·朝士》载："凡士之治有期日：国中一旬，郊二旬，野三旬，都三月，邦国期。期内之治听，期外不听。"汉郑司农注曰："谓在期内者听，期外者不听，若今时徒论决满三月不得乞鞫。"[2] 清儒孙诒让认为："此'士之治有期日'，盖有两意：一则民以事来讼，士官为约期日以治之；二则狱在有司而断决不当者，许其于期内申诉。"同时，引王平仲云："谓乡士、遂士等不能决，及弊，而民不服，赴诉于士者，故以远近为期限，非乡遂士等所止于狱之成也。"[3] 据此，程政举先生认为，应将"士之治有期日"解为上诉（乞鞫）日期。[4]

《周礼》所载更多是一种理想的制度设计，西周实际的司法样貌如何，尚需更多资料，特别是考古资料的发现来予以讨论。

二、秦汉

20 世纪 70 年代以来，随着睡虎地秦墓竹简、张家山汉简、岳麓简等出土文献的不断发掘，有关秦汉时期上诉制度的研究得以不断推进。

秦、汉律规定，罪犯及其家人对司法机关作出的判决不服，可以在判决宣告后一定期限内提出复审的请求，称为"乞鞫"。下面分别从乞鞫的概念、主体、期限、受理机关、案件处理等几个方面，予以简要论述。

---

[1] 程政举：《〈周礼〉所确立的诉讼程序考论》，载《法学》2018 年第 4 期。

[2] （汉）郑玄注、（唐）贾公彦疏：《周礼注疏》，卷 35，"秋官·朝士"，北京，中华书局 1979 年版，第 878 页。

[3] （清）孙诒让：《周礼正义》，北京，中华书局 1987 年版，第 2825-2826 页。

[4] 程政举：《〈周礼〉所确立的诉讼程序考论》，载《法学》2018 年第 4 期。笔者认为，若认定期日是上诉日期，尚需更多材料予以论证。首先，郑注主要强调案件须在规定期间内起诉，否则不予受理。为解释上的方便，用乞鞫期限来类比解释诉讼时效。此即所谓"若今时"之意。若《周礼》中的期日即为上诉期限，则完全没必要加"若"字。其次，孙、王二儒则在郑注"乞鞫"词义上进一步扩展，认为期日既为诉讼时效，也是上诉期限。最后，《周礼·地官·司徒》载："凡治质剂者，国中一旬，郊二旬，野三旬，都三月，邦国期，期内听，期外不听"。此处的"期日"理解为诉讼时效，似乎更合适。

（一）乞鞫的概念

1. "乞鞫"还是"故乞鞫"

近代较早对乞鞫进行专门论述者，当推沈家本先生。他在《汉律摭遗》卷六《囚律·鞫狱》中列"故鞫狱"条：

《史记·夏侯婴传》集解："邓展曰：律有故乞鞫。高祖自告不伤人。"索隐："案《晋令》云，狱结竟，呼凶鞫语罪状，囚若称枉欲乞鞫者，许之也。"

按：《唐律》，诸狱结竟，徒以上，各呼囚及其家属具告，仍取囚服辩，若不服者，听其自理，更为详审，此即乞鞫之法。索隐引《晋令》，汉法当亦如是。[1]

杨振红先生认为，"故"和"乞鞫"不应该连续构成一个法律术语。沈家本先生设"故乞鞫"条而不是"乞鞫"条，或沿用邓展所引律的误解。此处应为"乞鞫"而非"故乞鞫"。观沈氏著作有关乞鞫的三条"故乞鞫""家人乞鞫""徒论决满三月不得乞鞫"，除条目中有"故乞鞫"外，其后只有"乞鞫"而无"故乞鞫"。此外，高恒先生对此句的断句和中华书局版《历代刑法考》不同，其认为应为："《律》：'有故乞鞫'"。此处"故"本苏林、颜师古之说，为"情故""事情原委""冤情"。全句可释为"法律规定，有冤情可以乞鞫"。也为一说。[2]综合上述，"乞鞫"应为秦汉时上诉的称呼。

2. "乞鞫"的含义

对"乞鞫"一词的解释，学界大致有两种观点：（1）重审、复审。乞鞫，即罪犯及其家属对于判决不服请求重新审理。[3]李学勤先生解读张家山汉简时说"'乞鞫'，意思是要求重审"。[4]张家山汉简整理小组释"乞鞫"为"请求重审"。[5]也有学者使用"复审"[6]或"再审"的表达方式。[7]（2）陈晓枫先

〔1〕（清）沈家本：《历代刑法考》，北京，中华书局1985年版，第1493页。

〔2〕高恒：《秦汉简牍中法制文书辑考》，北京，社会科学文献出版社2008年版，第462页。

〔3〕黄均镇：《何处得申冤？秦与汉初乞鞫审理形态》，载《法制史研究》第37期，2020年，第265页。

〔4〕李学勤：《〈奏谳书〉解说（下）》，载《文物》1995年第3期。

〔5〕张家山汉简二四七好汉墓竹简整理小组：《张家山汉墓竹简（二四七号墓）（释文修订本）》，北京，文物出版社2006年版，第25页，注（二）。

〔6〕彭浩：《谈〈奏谳书〉中秦代和东周时期的案例》，载《文物》1995年第3期。

〔7〕"所谓'乞鞫'，按照文字讲就是'请求'重新'鞫（认定罪状）'，即指请求再审。"参见[日]籾山明著：《中国古代诉讼制度研究》，李力译，上海，上海古籍出版社2009年版，第73页。

生认为，"鞠狱"是判决拟定之前，一审程序中的一个诉讼阶段，而不是再审程序。乞鞠只是一审（鞠狱）程序的一个环节，即"被告认为官府所认定的犯罪，与案件真实情况有出入，乞求重新核查查证"。[1]

此外，对于乞鞠内容。籾山明先生认为："鞠的目的在于作为适用法律的前提如何确认犯罪行为"，并将"乞鞠"解释为"请求再确认成为刑罚的行为"。[2] 黄均镇先生也提出，"鞠"的内容皆是对案情做最终确认，"鞠"辞皆不包含"量刑"。[3]

综括以上内容，两种观点均认为，乞鞠是对认定事实不服而提出再审的请求。区别在于，乞鞠的时间是在判决前还是判决后。乞鞠的内容不针对律令适用，只针对事实问题。实际上，直至清代，上诉主要是针对事实而提出，而未见对律令适用提出异议者。

3. 乞鞠和上谳

乞鞠和上谳不同。《汉书·刑法志》高皇帝七年，制诏御史：

狱之疑者，吏或不敢决，有罪者久而不论，无罪者久系不决。自今以来，县道官狱疑者，各谳所属二千石官，二千石官以其罪名当报。所不能决者，皆移廷尉，廷尉亦当报之。廷尉所不能决，谨具为奏，傅所当比律令以闻。

《汉书·景帝纪》载：

中元六年九月，诏曰："法令度量，所以禁暴止邪也。狱，人之大命，死者不可复生。吏或不奉法令，以货赂为市，朋党比周，以苛为察，以刻为明，令亡罪者失职，朕甚怜之。有罪者不伏罪，奸法为暴，甚亡谓也。诸狱疑，若虽文致于法而于人心不厌者，辄谳之。"

后元年春正月，诏曰："狱，重事也。"人有智愚，官有上下。狱疑者谳有司。有司所不能决，移廷尉。有令谳而后不当，谳者不为失。欲令治狱者务先宽。颜师古曰："假令谳讫，其理不当，所谳之人不为罪失。"

谳狱，又称"上谳"，是指郡县等司法官吏审理诉讼案件时，遇有疑难问题可向上级司法官请示，上级司法官依法作出判断并给出意见的制度。[4]

---

〔1〕　陈晓枫：《两汉"鞠狱"正释》，载《法学评论》1987 年第 5 期。

〔2〕　[日] 籾山明：《中国古代诉讼制度研究》，李力译，上海，上海古籍出版社 2009 年，第 91 页。

〔3〕　黄均镇：《何处得申冤？秦与汉初乞鞠审理形态》，载《法制史研究》第 37 期，2020 年，第 266 页。

〔4〕　程政举：《汉代谳狱制度考论》，载《河南政法干部管理学院学报》2010 年第 2 期。

上谳与乞鞫有明显区别：首先，发起者不同。乞鞫由罪犯或其家属提出，上谳则由司法官员提起。其次，针对对象不同。乞鞫主要是当事人认为自己受到不公正的裁判而提出；上谳则主要是针对无法处理的疑难案件。其中，既有对事实认定不清者而提出，也有"虽文致于法而于人心不厌者"。再次，二者的程序不同。乞鞫主要包括当事人乞鞫、县道受理、上报狱所属二千石官、都吏复审等环节，而上谳包括两环节：县、道在量刑（适用法律）时遇到疑问，向上级机构请示给予司法指导，称作"谳"；上级针对县、道提交个案给予指导，称作"报"。[1] 最后，制度设计目的不同。虽然上谳也能客观上保证案件的公正裁决，但更主要是为了防止审判的迟滞以及误审，加强对下级司法官的监督。

（二）乞鞫的主体

秦汉时期，罪犯本人及其家人均可乞鞫。《二年律令》规定：

罪人狱已决，自以罪不当，欲乞鞫者，许之。乞鞫不审，驾罪一等。其欲复乞鞫，当刑者，刑乃听之。死罪不得自乞鞫，其父、母、兄、姊、弟、夫、妻、子欲为乞鞫，许之。其不审，黥为城旦舂。年未盈十岁为乞鞫，勿听。狱已决盈一岁不得乞鞫。[2]

因此，乞鞫的主体分为两类：一类为犯人本人。除犯死罪者，罪犯本人不准自行乞鞫外。其余犯罪，只要本人认为"罪不当"，均可乞鞫；另一类是犯人的家人。家人乞鞫，不受死罪限制。家人仅指犯人的直系亲属，如父、母、兄、姊、弟、夫、妻、子，但十岁以下亲属无权乞鞫。

（三）乞鞫的受理和审理机关

1. 乞鞫的受理机关

张家山汉简《二年律令》载：

乞鞫者各辞在所县道，县道官令、长、丞谨听，书其乞鞫，上狱属所

---

[1] 郭洪伯：《"郡守为廷"——秦汉的刑事诉讼与司法体系》，载《燕园史学》第九辑，北京，社会科学文献出版社 2014 年版。

[2] 彭浩、陈伟、[日]工藤元男：《二年律令与〈奏谳书〉》，上海，上海古籍出版社 2007 年版，第 139-140 页。

二千石官，二千石官令都吏覆之。都吏所覆治，廷及郡各移旁近郡，御史，丞相所治移廷。[1]

乞鞫应首先向县、道机关提出。[2] 县、道的长官令、长、丞听其陈述并记录，将乞鞫申请上报所属的二千石官。二千石官命都吏对案件进行审核。[3] 若乞鞫者在判决之后、刑罚执行之前乞鞫，则案件由原审县、道受理；如刑罚执行后提出，则由刑罚执行地的县、道受理。《奏谳书》所载"黥城旦讲乞鞫"案中，即由刑罚执行地的县受理。县、道的具体承办者为令、长、丞。也有学者认为，此处承办官吏为"令长"和"丞"。[4]

2. 乞鞫案件的审理机关

秦汉时期的基本审级为县、郡（郡守为二千石官）、廷尉和皇帝四级。汉代诸侯国的地位与郡相同，诸侯相为诸侯国最高行政长官。诸侯国内的案件，其审级为县、诸侯相、廷尉和皇帝。东汉以后，作为各郡监察区的州在性质上发生了变化，由监察区变为一级行政区，地方行政区划相应分为县、郡、州三级。其审级也变为县、郡、州、廷尉和皇帝五级。此外，京师地区案件，西汉由长安令初审，京兆尹复审，重大案件由廷尉复审；东汉时，则由洛阳令初审，河南尹复审，重大案件由廷尉复审。死刑案件一般由廷尉奏请皇帝裁决。

乞鞫案件由"二千石官"负责审理，外地是各郡的郡守府，京师则是廷尉府。[5] 但是对于"狱属所二千石官"，究竟是原审的上级审判机关，还是刑罚执行地的上级审判机关？学者理解上有差异。郭洪伯先生根据上述"黥城旦讲乞鞫"案，认为审理机关是刑罚执行地（汧邑）的上级机关（廷

〔1〕 彭浩、陈伟、[日]工藤元男：《二年律令与〈奏谳书〉》，上海，上海古籍出版社2007年版，第139-140页。

〔2〕 秦人当时为了将已被征服的异族纳入本国编制，在其居住地设置由一些"道"组成的臣邦（属邦），在这些"道"内设置与县廷几乎同级的行政机构"道官"。战国秦就是这样逐步将异族占领地统辖在其中央集权体制下。[日]工藤元男：《睡虎地秦简所见秦代国家与社会》，第三章"秦的领土扩大与国际秩序的形成"，上海，上海古籍出版社2010年版。

〔3〕 南玉泉：《秦汉的乞鞫与覆狱》，载氏著：《从封建到帝国的立法嬗变：先秦两汉法律史论集》，北京，中国政法大学出版社2020年版，第208页以下。

〔4〕 郭洪伯：《"郡守为廷"——秦汉的刑事诉讼与司法体系》，载《燕园史学》第九辑，北京，社会科学文献出版社2014年版。

〔5〕 郭洪伯：《"郡守为廷"——秦汉的刑事诉讼与司法体系》，载《燕园史学》第九辑，北京，社会科学文献出版社2014年版。

尉府）。[1] 高恒先生认为，"对于乞鞫案，应由原审的上级审判机关审理"。该案之所以由中央审判机关廷尉而非郡廷审理，是因为当时此地区尚未置郡。[2]

具体审理复核案件的是都吏。都吏为"二千石官"的直属官吏，职掌属县的监察。都吏覆治的结果，由所属廷尉或郡廷"移"（通报）案件涉及的其他郡，如案件原审所属的郡。

（四）乞鞫的期限

乞鞫应该在多长时间内提出？沈家本《汉律撫遗》卷六《囚律·鞫狱》"徒论决满三月不乞鞫"条。《周礼·秋官·朝士》："凡士之治有期日，国中一旬，郊二旬，野三旬，都三月……期内之治听，期外不听。"郑司农注云："谓在期内者听，期外者不听，若今时徒论决满三月不得乞鞫。"可知，至少郑众 [3] 所处东汉时期，对于徒罪，有"三月不得乞鞫"的规定。乞鞫应在狱断后三个月之内提出。

张家山汉简《二年律令》载："狱已决盈一岁不得乞鞫。"《二年律令》所载反映的是西汉初年的情况。杨振红先生认为，汉承秦制，秦的乞鞫期限应当也是一年，且从西汉至东汉，乞鞫的期限缩短了九个月。[4] 总结而言，秦和西汉乞鞫的期限为一年，东汉时则可能缩短为三个月。

（五）乞鞫的时间

何时可以乞鞫？多数观点认为，乞鞫应该在"狱断"之后，即案件审判完结之后。《睡虎地秦墓竹简》言："以乞鞫及为人乞鞫者，狱已断乃听。且未

---

〔1〕郭洪伯：《"郡守为廷"——秦汉的刑事诉讼与司法体系》，载《燕园史学》第九辑，北京，社会科学文献出版社 2014 年版。

〔2〕高恒：《秦汉简牍中法制文书辑考》，北京，社会科学文献出版社 2008 年版，第 382 页。

〔3〕郑众（？—83 年），字仲师。河南开封人。东汉经学家、官员，名儒郑兴之子。后世习称先郑（以区别于汉末经学家郑玄）、郑司农（以区别于宦官郑众）。郑众著有《春秋左氏传条例》九卷、《孝经注》二卷。

〔4〕杨振红：《秦汉"乞鞫"制度补遗》，复旦大学出土文献与古文字研究中心编：《出土文献与古文字研究》第六辑，复旦大学出土文献与古文字研究中心成立十周年纪念文集，上海，上海古籍出版社 2015 年版，第 499-509 页。

断犹听（也）？狱断乃听之。"[1] 案件审结后，不服者可以乞鞫。

对于乞鞫者，是否应停止刑罚执行？杨振红先生则认为，由于判决生效前的乞鞫通常在原审机构进行，犯罪嫌疑人及其家属由于担心遭受原审官员的打击报复，往往不敢提出乞鞫，只有在判决生效后，在刑罚执行地提出申诉。如此，通过刑罚执行地的官府向上提出乞鞫，便成为现实中的多数。[2]

《二年律令》规定："气（乞）鞫不审，驾（加）罪一等；其欲復气（乞）鞫，当刑者，刑乃听之。"南玉泉先生据此认为，"乞鞫不影响劳役刑的执行"。若被告在初次判决后乞鞫，则劳役刑不停止执行，但肉刑不执行；若被告在判决宣告即"读鞫"后，并未提出异议，而是在此后的一定期限内乞鞫。此时，劳役刑在执行中，肉刑已经执行完毕。[3]

（六）再次乞鞫

如上《二年律令》所规定，汉代允许再次乞鞫。再次乞鞫，对于已经判处肉刑的，应当先执行肉刑。

（七）乞鞫案件的审理

乞鞫案件应依照审判程序对原案当事人进行审讯，还要询问原负责审案的官吏。若经重新审理后，发现为冤假错案，按照以下程序处理：（1）撤销原判决；（2）通知受害人原籍政府机关；（3）赔偿因错判而给受害人以及因此案而受连坐者的损害。若经审讯后，认为乞鞫"不审"，即乞鞫的情况不真实，则加罪一等。所谓"乞鞫不审，驾罪一等。"（4）对于造成冤案的原审官员，也要给予相应的处罚。

综合前述内容，秦汉时期已经形成较为完善的上诉（乞鞫）制度。案件判决后的法定时间内，罪犯本人及其家属均可向裁判地或刑罚执行地的县、道机关提出重审的请求。秦汉地方审级和行政区划基本一致，分为两级或三

〔1〕　睡虎地秦墓竹简整理小组编：《睡虎地秦墓竹简》，北京，文物出版社1990年版，第120页。

〔2〕　杨振红：《秦汉"乞鞫"制度补遗》，复旦大学出土文献与古文字研究中心编：《出土文献与古文字研究》第六辑，复旦大学出土文献与古文字研究中心成立十周年纪念文集，上海，上海古籍出版社2015年版，第499-509页。

〔3〕　南玉泉：《秦汉的乞鞫与覆狱》，载氏著：《从封建到帝国的立法嬗变：先秦两汉法律史论集》，北京，中国政法大学出版社2020年版，第208页以下。

级，中央分为廷尉和皇帝两级。对于初次判决后乞鞫者，不执行肉刑，但劳役刑不受影响；对再次乞鞫之人，则应先执行肉刑。乞鞫不实则要加罪一等；对乞鞫后平反者，应恢复其原有利益或给予赔偿。造成冤案的官员还要追究其责任。

三、魏晋南北朝

乞鞫之制在魏晋南北朝进一步发展。其焦点问题主要为"家人乞鞫"。据《晋书·刑法志》，陈群等所制《魏新律序》载："二岁刑以上，除家人乞鞫之制，省所烦狱也"。[1]大意是，曹魏时为简化审判程序而规定两年以上刑罚案件，家人不得乞鞫。沈家本按："家人乞鞫，汉制也，魏世除之。《唐律》'狱结竟取服辩'条《疏议》曰：其家人、亲属，唯止告示罪名，不须问其服否。囚若不服，听其自理。是亦不用家人乞鞫之制，因于魏也。"[2]沈氏认为，魏之后不用家人乞鞫之制。

有学者指出，曹魏"二岁刑以上，除家人乞鞫之制，省所烦狱也"。其中，"二岁刑以上"为传抄错误，应为"两岁刑以下"。[3]此说有一定道理。若所废为"两岁刑以上"的乞鞫，则和魏之后所现乞鞫不相符合。若废除者仅为"两岁刑以下"乞鞫，既符合"省所烦狱也"的宗旨，也较合乎情理。

《宋书·蔡廓传》载：

宋台建，（廓）为侍中，建议以为："鞫狱不宜令子孙下辞明言父祖之罪，亏教伤情，莫此为大。自今但令家人与囚相见，无乞鞫之诉，便足以明伏罪，不须责家人下辞。"朝议咸以为允，从之。[4]

宋时，若父祖被判有罪，司法官往往要求子孙家人"下辞"服罪，承认罪状。如此，子孙的辞状必然"明言父祖之罪"，子言父（祖）过，亏损名教，有伤人情。因此，蔡廓请求，对于家人未乞鞫的案件，司法官无须强迫家人"下辞"认罪。[5]

南北朝时，尤重名教。为尊长乞鞫，某种程度上，甚至成为子孙的一种

〔1〕《历代刑法志》，北京，群众出版社1988年版，第49页。
〔2〕（清）沈家本：《历代刑法考》，北京，中华书局1985年版，第1493页。
〔3〕欧扬：《读鞫与乞鞫新探》，载《湖南大学学报》（社会科学版）2016年第4期。
〔4〕（梁）沈约撰：《宋书》卷五七，北京，中华书局1974年版，第1570页。
〔5〕欧扬：《读鞫与乞鞫新探》，载《湖南大学学报》（社会科学版）2016年第4期。

道德义务。《隋书·刑法志》载,梁武帝天监三年八月,建康女子任提女坐罪当死,其子景慈按律可为母乞鞫,却未行。法官认为景慈的行为颇为不当,直言:"案:子之事亲,有隐无犯,直躬证父,仲尼为非。景慈素无防闲之道,死有明目之据,陷亲极刑,伤和损俗。凡乞鞫不审,降罪一等,岂得避五岁之刑,忽死母之命!景慈宜加罪辟。"结果,景慈竟"诏流于交州。"[1] 该案证明梁武帝时乞鞫之制仍然存在。北朝也有上诉的记载,北魏延昌二年,"时帝(魏宣武帝)再御申讼,车理冤狱"。大理正崔纂、平杨机、丞申休、律博士刘安元以为,"律文:狱已成及决竟,经所绾,而疑有奸欺,不直于法,及诉冤枉者,得摄讯覆治之"。[2] 因此,北魏孝明帝时期,对于"诉冤枉者,得摄讯覆治之",即对于上诉冤枉者,需要重审(覆治)。虽无乞鞫之名,实有乞鞫之实。

从中国古代上诉制度的发展看,似乎可以把秦至南北朝划分为一个阶段。在名称上,针对不服下级判决而向上提起的告诉,有"乞鞫"之制。从内容看,秦汉对乞鞫的提出、期限、受理、处理等有一套专门明确的规定。受资料限制,该制度仍有较大的研讨空间。但总体粗略观察,就制度规范性、内容、程序等方面,其完善程度胜于后代。隋唐至明代,对"上诉"这一行为的称呼多样,在不同时期有"申冤""申诉""称诉"等。清代中后期,开始逐渐固定使用"上控"一词。隋唐以后,随着中央集权君主专制的进一步加强,传统上诉制度在内容上开始进一步发生变化。

第二节　唐至元时期的上诉制度

隋代国祚较短,有关上诉的资料留存有限。据《隋书·刑法志》载,隋文帝"乃诏申敕四方,敦理辞讼。有枉屈,县不理者,令以次经郡及州,至省仍不理,乃诣阙申诉。有所未惬,听挝登闻鼓,有司录状奏之。"[3] 可见,

---

〔1〕（唐）魏徵、长孙无忌等编:《隋书》"志第二十·刑法",北京,中华书局1973年版。

〔2〕（宋）王钦若等纂:《册府元龟》,卷六百一十一,南京,凤凰出版社2006年版,第7057-7058页。

〔3〕（唐）魏徵、长孙无忌等编:《隋书》"志第二十·刑法",北京,中华书局1973年版。

隋代上诉制度，其审级可分为县、郡、州、尚书省、皇帝五级，且上诉应逐级进行。

一、唐代

《唐律疏议·断狱》"狱结竟取服辩"条载：

> 诸狱结竟，徒以上，各呼囚及其家属具告，仍取囚服辩，若不服者，听其自理，更为详审。违者笞五十，死罪杖一百。

【疏】议曰："狱结竟"，谓徒以上刑名，长官同断案已判讫，徒、流及死罪，各呼囚及其家属，具告所断之罪名，仍取囚服辩。其家人、亲属，唯止告示罪名，不须问其服否。囚若不服，听其自理，依不服之状，更为审详。若不告家属罪名，或不取囚服辩及不为审详，流、徒罪并笞五十，死罪杖一百。[1]

案件审结，判处徒刑以上刑罚者，应向犯人及其亲属宣布判决，取得犯人的"服辩"。"服者心服，辩者辩理，不当则辩，当则服，或服或辩，故曰'服辩'"。[2]唐代"服辩"（又称"伏辩"）包括认罪的"服"状和不服的"辩"状。宋以后改为"服辨"。明清以后，"服辨"演化为"遵依甘结"或"甘结"，成为结案的要件之一。对于不服者，则"更为审详"，即重新审理。

《唐六典·刑部》对唐代普通地方案件的上诉作了如下具体规定：

> 凡有冤滞不申，欲诉理者，先由本司、本贯。或路远而踬碍者，随近官司断决之。即不伏，当请给不理状，至尚书省，左、右丞为申详之。又不伏，复给不理状，经三司陈述。又不伏者，上表。受表者又不达，听挝登闻鼓。若茕、独、老、幼不能自申者，乃立肺石之下。[3]

第一，上诉须自下而上，逐级进行。《唐律疏议》"越诉"条载："凡诸辞诉，皆从下始。从下至上，令有明文。谓应经县而越向州、府、省之类，其越诉及官司受者，各笞四十。若有司不受，即诉者亦无罪。"[4]对于官府应受

---

〔1〕 刘俊文：《唐律疏议笺解》，北京，中华书局1996年版，第2087-2089页。
〔2〕 （清）昆冈等修、刘启端等纂：《钦定大清会典事例》，卷842，载《续修四库全书》编纂委员会编：《续修四库全书》，"八一〇·史部·政书类"，上海，上海古籍出版社2003年版。
〔3〕 刘俊文：《唐律疏议笺解》，北京，中华书局1996年版，第1675页。
〔4〕 刘俊文：《唐律疏议笺解》，北京，中华书局1996年版，第1674页。

理而不受理的诉讼，当事人可以越诉。

第二，唐代的审级，普通地方大致分为县、州、尚书省、三司、皇帝五级。[1] 地方上分为县、州两级。对于县级处断不服者，可向州上诉，再不服，可上诉于中央尚书省。尚书省的左、右丞负责处理至本省的上诉。唐代以御史台侍御史、门下省给事中、中书省中书舍人各一人组成受事三司，于朝堂受表，也可受理不服尚书省处断的案件。听讼时，一司正受，两司副押。若对三司处断仍不服，则可通过上表、挝登闻鼓、立肺石等方式上诉于御前。

第三，若当事人不服而上诉，须取得原处理机关的"不理状"。该状类似上诉的准许状。若请求给予"不理状"而遭无端拒绝者，诉讼人只要记下不给官司姓名，虽无"不理状"，三日后，也可按级上诉。上级官司受理后，问明不给原因，即可依法裁断。拒绝给予"不理状"的官员按照"违令"条处理，笞五十。

第四，经州、府或都督、都护府司处断不服而再次上诉于尚书省，必须是被枉徒罪以上者。处杖罪以下者，虽不服，也不得向尚书省上诉。此外，向尚书省上诉，不得自行进京，而应首先至京城四面关附近之州、县申诉，由其勘实后上报尚书省，递送至京。[2] 如此，既保持上诉渠道的畅通，又加强了对伪滥诉讼的控制。

第五，唐律规定，当事人及其亲属也可通过邀车驾、挝登闻鼓、上表申诉等方式[3] 直诉于皇帝，主司即须为受，否则加罪一等。[4]

二、宋代

《宋刑统》规定："诸狱结正，徒以上各呼囚及其家属，具告罪名，仍取囚

---

[1] 刘俊文先生认为，唐代审级自下而上分为县司，州、府司和都督、都护府司，尚书省以及三司等四级。参见刘俊文：《唐代法制研究》，台北，文津出版社1999年版，第166-167页。

[2] 《唐律疏议》卷八"私度及越度关"条载："即被枉徒罪以上抑曲不申，及使人覆讫不与理者，听于近关州、县具状申诉，所在官司即准状申尚书省，仍递送至京。若无徒以上罪而枉陈者，即以其罪罪之。官司抑而不送者，减所诉之罪二等。"刘俊文：《唐律疏议笺解》，北京，中华书局1996年版，第641页。

[3] 武则天垂拱二年以后，增加了"投状"这一直诉形式。于朝堂设"申冤瓯"，专门受理诉冤状，由御史中丞、侍御史一人担任理瓯使。《唐会要》卷五五"瓯"。参见刘俊文：《唐代法制研究》，台北，文津出版社1999年版，第170页。

[4] 刘俊文：《唐律疏议笺解》，北京，中华书局1996年版，第1674页。

服辨。若不服者，听其自理，更为审详。违者，笞五十，死罪，杖一百。"⁽¹⁾
此规定沿袭唐律，除为避讳，改"竟"为"正"之外，其他没有变化。宋代，
由于社会发展和商品经济活跃，民众利益观念增强，通过法律途径争取和维
护自己权益的行为也相应增多，客观上促使上诉制度进一步规范化、精细化。
宋代上诉制度继承了唐末和五代时期的立法成果，又根据时代需要，有所
创制。

（一）上诉的条件

1. 须为已经审结的案件

和唐代一样，宋代也要求上诉必须有原审机关已经审结的证明。宋真宗
时规定，无论逐级上诉还是邀车驾，必须有下级审判机关的"判状"，以证明
案件已经审结。南宋孝宗乾道二年（1166年）又规定，上诉者须有已审判机
关给予的"结绝告示"，以作为逐级上诉的理由和依据。若缺少此"告示"，
上级机关不予受理。《宋会要·职官》载："如所断不当，方计缴连告示依法次
第经由陈诉。若无结绝告示，及已经断狱再行陈状，并不得受理。"⁽²⁾

原审机关在案件审理结束后，必须"出给断由"。《宋会要·刑法三》规
定："如原官司不肯出给断由，许令人户径诣上司陈理，其上司即不得以无断
由不为受理，仍就状案索原处断由。如原官不肯缴纳，即是显有情弊，自合
追上承行人吏，重行断决。"宋代的"断由"是官府为了防止"健讼"以及为
后来可能发生的针对某物或某种人身关系的诉讼而提供的一种凭证文书，具
备书证性质，其主要内容包括案情事实、法律适用和审断理由等。⁽³⁾如果原
审机关不予出具断由，当事人可以直接至上级机关上诉，上级机关不得以无
断由而拒绝受理。相反，其应在受理案件后，向原审机关索取断由；若原审
机关不予，则推定其审理中"显有情弊"，应重新审判。

2. 不得越诉

后周时期，地方行政区划设县、州两级，部分州因地理位置重要而设府。

---

〔1〕《宋刑统》，薛梅卿点校，北京，法律出版社1999年版，第556-557页。
〔2〕（清）徐松：《宋会要辑稿》，"职官一五"，刘琳等点校，上海，上海古籍出版社2014年
版。
〔3〕朱磊：《宋代的"断由"制度——基于〈名公书判清明集〉的考察》，载《研究生法学》
2013年第3期。

若县级机关对诉讼不予受理或审判不公，当事人可逐级上诉至中央，但不得越诉。[1] 宋建隆《重详定刑统》规定："凡诸辞诉，皆从下始。从下至上，令有明文。谓应经县而越向州、府、省之类。"[2] 虽律有明文，宋代越诉一直较为泛滥，政府不得不一再发令禁止，但似乎收效甚微。如太祖干德二年正月二十八日，诏曰："……若从越诉，是紊旧章。自今应有论诉人等，所在晓谕，不得蓦越陈状，违者先科越诉之罪，却送本属州县依理区分。"[3] 至道元年五月二十八日，诏曰："应诸路禁民不得越诉，杖罪以下县长吏决遣，有冤枉者即许诉于州。"此后，真宗咸平元年十一月、景德二年七月[4]、大中祥符五年四月[5] 等，朝廷数次下诏严禁越诉。

3. 上诉以两次为限

上诉给犯人提供了平反冤案的机会，但同时也容易为不法者所利用。有的犯人滥用上诉，屡次翻异，拖延时间，等待赦免，导致许多涉案平民被追证禁系，拖累不堪。《宋刑统》规定："应犯诸罪，临决称冤，已经三度断结，不在重推之限。"[6] 南宋杨万里言："国朝之法，狱成而罪人以冤告者，则改命他郡之有司而鞫焉。鞫止于三而同焉，而罪人犹以冤告者，亦不听。"[7] 可见，宋代上诉以两次为限。

---

〔1〕 广顺二年十月二十五日敕节文："起今后诸色词讼，及诉灾沴，并须先经本县，次诣本州、本府，仍是逐处。不与申理及断遣不平，方得次第陈状及诣台省，经鈎进状。其有蓦越词讼者，所由司不得与理，本犯人准律文科罪。应所论讼人，并须事实干己，证据分明。如或不干己事，及所论矫妄，并加深罪。其所陈文状，或自己书，只于状后自言自书；或雇请人书，亦于状后具写状人姓名、居住、去处。如不识文字，及无人雇请，亦许通过白纸。若是州县不与申理，及推断谬滥，致人上诉者，委逐处长吏举奏，以防冤滞。"《宋刑统》，薛梅卿点校，北京，法律出版社1999年版，第432页。
〔2〕 《宋刑统》，薛梅卿点校，北京，法律出版社1999年版，第431页。
〔3〕 （清）徐松：《宋会要辑稿》，"刑法三"，刘琳等点校，上海，上海古籍出版社2014年版。
〔4〕 景德二年七月十三日，诏："自今诣阙论事人，须具州县施行不当、曾经转运使披诉日月，司登闻院乃得受之。越诉虚妄论如法。"（清）徐松：《宋会要辑稿》，"刑法三"，刘琳等点校，上海，上海古籍出版社2014年版。
〔5〕 五年四月二十四日，诏："比来因公事勘断人经年遇赦，多诣阙诉枉。自今宜令制勘官，每狱具则请官录问，得手状伏辨，乃议条决罪。如事有滥枉，许诣录问官陈诉，即选官覆按。如录勘官委系偏曲，即劾罪同奏；如录问官不为申举，许转运、提刑司，即不得诣阙越诉。"（清）徐松：《宋会要辑稿》，"刑法三"，刘琳等点校，上海，上海古籍出版社2014年版。
〔6〕 《宋刑统》，薛梅卿点校，北京，法律出版社1999年版，第544页。
〔7〕 杨万里：《诚斋集》卷八十九，转引自郭东旭《宋代法制研究》，保定，河北大学出版社2000年版，第586页。

（二）上诉的审级

宋代刑事案件的审级，地方上主要包括县、州和路三级。县为第一级，审判杖以下轻罪，而对徒以上的案件只预审，查清案情，报州审判。宋太宗时规定："杖罪以下，县长吏决遣。"[1]"诸犯罪……杖以下县决之，徒以上（编配之类应比徒者同，余条缘推断，录问称徒以上者准次）及应奏者，并须追证勘结圆备，方得送州。"[2]第二级是州，同级的包括府、军、监。相对于唐代州一级只能审判徒以下案件，宋代的州级有更大的审判权。甚至，在宋初，州一级有死刑案件的审判权。只是在元丰之后，才规定死刑案件必须经路一级的提刑司审核详复后才能执行。第三级是路，是设在地方的专职监察区，也是地方上的最高审判级别。监司原主要负责纠察，元丰改制后，将"审刑院、纠察司皆省而归其职于刑部，四方之狱，非奏谳者，则提点刑狱主焉。"[3]如此，除一些需要上报决定（奏谳）的案件外，其余案件主要由提点刑狱司（提刑司）负责审判。至此，路成为一级司法审判。除提刑司外，监司中的转运司也有司法职能，有权审理案件。屈超立先生认为，"在两宋时期，路级监司最主要的刑事审判机构是提刑司，刑事案件的上诉程序是首先到提刑司，如果不服所判，然后才经由转运、提举、安抚司等机构审理；而民事案件则与这一规定相反，最主要的受理民事上诉案件的机构是转运司，民事上诉首先是到转运司，其次才是提刑司，这是宋代民事上诉与刑事上诉程序的一个重要区别。"[4]

经县、州、路等审判而不服者，可向中央审判机关上诉。孝宗隆兴二年（1164年）正月五日，三省上言："人户诉讼，在法先经所属，次本州，次转运司，次提点刑狱司，次尚书本部，次御史台，次尚书省。近来健讼之人，多不候官司结绝，辄敢隔越陈诉，理合惩革。"[5]因此，中央审判机关包括尚书本部、御史台和尚书省。若对尚书省判决不服的，还可以至登闻鼓院、登

---

[1]　（清）徐松：《宋会要辑稿》，"刑法二"，刘琳等点校，上海，上海古籍出版社2014年版。
[2]　《庆元条法事类》，戴建国点校，卷第七十三，"检断"，载杨一凡、田涛主编：《中国珍稀法律典籍续编》第一册，哈尔滨，黑龙江人民出版社2002年版。
[3]　（元）马端临：《文献通考》，卷一六七，"刑六"，北京，中华书局1985年版。
[4]　屈超立：《论宋代转运司的司法职能》，载《浙江学刊》2003年第4期。
[5]　（清）徐松：《宋会要辑稿》，"刑法三"，刘琳等点校，上海，上海古籍出版社2014年版。

闻检院、理检院书面提出上诉，由皇帝指定官司重加审理。"初诣登闻鼓院，次检院，次理检院。"[1]"未经鼓院进状，检院不得接收。登闻院、鼓司进状人，有称冤滥陈曲折，即引送理检院审问。"[2]"未经检院，不得邀车进状，如违，亦依法科罪。"[3]如果鼓院、检院、理检院等均不受理，上诉人可以邀车驾通过军头引见司向皇帝申诉。军头引见司掌禁军检阅、引见、分配之事。"凡乘舆行幸有自诉者，审诘事状禀奏"。[4]由此可见，为保证案件的公正审判和监督地方，宋代规定了特别繁复的上诉级别。

此外，京师地方的上诉级别和京外类似。宋神宗元丰五年（1082 年）五月四日诏书："诉讼不得理，应赴省诉者，先诣本曹。在京者，先所属寺监，次尚书省本曹，次御史台，次尚书都省，次登闻鼓院，六曹诸寺监行遣不当，并诣尚书省。"[5]可见，京师的上诉级别大致为所属寺监、尚书省本曹、御史台、尚书都省、登闻鼓院。

综上，除京师（开封府、临安府）因身处全国政治、经济中心而在审判管辖下有特殊规定外，一般情况下，宋代地方的上诉级别主要有县、州、路三级，在中央包括尚书本部、御史台、尚书都省、登闻鼓院等层级。

（三）上诉的期限

为保证判决公平公正，法律允许当事人上诉申诉；然而，若准许当事人无休止地行使这种权利，也有可能破坏法律判决的稳定性。因此，宋代对于不同案件的上诉规定了相应期限。

北宋仁宗天圣九年（1031 年）规定："自今鞫劾盗贼，如实枉抑者，许于虑问时披诉。若不受理，听断讫半年次第申诉，限内不能翻诉者，勿更受理。"[6]此处规定上诉期限是半年。康定二年（1041 年）正月下诏规定：捕获的盗贼，

---

[1]（清）徐松：《宋会要辑稿》，"职官三"，刘琳等点校，上海，上海古籍出版社 2014 年版。

[2]（清）徐松：《宋会要辑稿》，"职官三"，刘琳等点校，上海，上海古籍出版社 2014 年版。

[3]（清）徐松：《宋会要辑稿》，"职官三"，刘琳等点校，上海，上海古籍出版社 2014 年版。

[4]（清）徐松：《宋会要辑稿》，"职官三六"，刘琳等点校，上海，上海古籍出版社 2014 年版。

[5]（清）徐松：《宋会要辑稿》，"刑法三"，刘琳等点校，上海，上海古籍出版社 2014 年版。

[6]（清）徐松：《宋会要辑稿》，"刑法三"，刘琳等点校，上海，上海古籍出版社 2014 年版。

如经三年不曾进状及披述，"更不在叙述之限"。[1] 仁宗皇祐二年（1050 年）又规定："累作过犯罪人，依条刺配后，却称元初刺配不当者，限一年内许经逐处理诉，如在一年限外，官司不得受理。"[2] 上诉期限延长为一年。此外，对于命官犯罪判决后的申诉时效，有单独规定。起初规定三年之内提起控告，此后又有所放宽。[3]

对于南宋时期的上诉期限，学界有不同意见。戴建国先生认为：宋代上诉期限，"北宋规定为半年，至南宋绍兴年间，放宽为一年。朝廷犯法官员的上诉期限比平民百姓长，为三年"。[4] 绍兴二年九月四日赦令："应经断人依限三年外不许诉雪。如元因有司勘断，委有不当，致久负冤抑，在五年限内者，并仰经所属投状以闻，刑部审实改正。"[5] 根据此赦令，有学者认为，"应经断人依限三年外不许诉雪"的规定不仅适用于官员，也同样适用于普通百姓。[6] 案件审断三年之后，不许再提出上诉；但是，如果因原审审理不当而造成冤假错案的，只要在五年之内，且经下级官府提出，刑部审查核实后可以改判。换言之，五年之后，即使官府发现错判，也不能改判。五年的期限，类似于现在的审判监督程序规定了一定的时限。

三、元代

元代，无论民事案件还是刑事案件，先从本管官司，自下而上，依理陈告，不得越诉。

（一）上诉的审级

元代民众有两个上诉渠道。既可申冤于普通行政系统，也可通过监察系统上诉。在地方，可上诉于直辖司、县的散府、州、军，路一级的宣慰司、总管府以及更上一级的行省；若还不服，可控于中央的刑部、大宗正府、宣

---

〔1〕（清）徐松：《宋会要辑稿》，"刑法三"，刘琳等点校，上海，上海古籍出版社 2014 年版。
〔2〕（清）徐松：《宋会要辑稿》，"刑法四"，刘琳等点校，上海，上海古籍出版社 2014 年版。
〔3〕王云海：《宋代司法制度》，郑州，河南大学出版社 1992 年版，第 308-309 页。
〔4〕戴建国：《宋代刑事审判制度研究》，《文史》第三十一辑。
〔5〕（清）徐松：《宋会要辑稿》，"刑法三"，刘琳等点校，上海，上海古籍出版社 2014 年版。
〔6〕王云海：《宋代司法制度》，郑州，河南大学出版社 1992 年版，第 310 页。

政院，乃至皇帝。元代监察系统中，地方所设肃政廉访司、中央御史台，也受理上诉案件。下面分别简述之。

1. 行政系统的审级

元代行政区划设置略显繁杂，其司法审判级别也不整齐划一。大致来说，地方司法分为三至四级。自下而上，最低一级为司、县。"司"指录事司，"凡路、府所治，置一司，以掌城中户民之事"。[1] 司、县有权对婚姻、良贱、钱债、土田、户口等民事案件，以及斗殴、奸盗等判决笞杖五十七以下的轻微刑事案件予以裁决。上诉案件的第一审级为散府、州、军，其次为宣慰司、路总管府，省内最高审级为行省。中央司法机关主要为大宗正府、刑部及皇帝。

（1）散府、州、军。

散府，秩正四品，下辖县。散府，有隶属于路及宣慰司、行省者，也有直隶省部者。散府设有推官一员，负责刑狱。元代的州分为下辖县的州和不辖县的州，前者受理对县级案件的上诉。元代在边远地区设军，其下辖县，品级、设官同于州。[2] 散府、州、军有权决定处刑杖六十七至八十七的案件，也有权受理对下属司、县审理结果不服的上诉案件。

（2）路总管府、宣慰司。

路总管府是元代地方官府中仅次于行省的重要机构，一般为地方刑狱的第三级审判机构。总管府设推官，专掌谳狱，审理下属不能决的疑难案件，平反冤狱，接受上诉案件。至元二十三年正月，"设诸路推官以审刑狱，上路二员，下路一员"[3] 推官为佐贰官。"今后委令随路推官专管刑狱，其余一切府事并不佥押，亦无余事差占。凡遇刑名词讼，推官先行穷问，须要狱成，与其余府官再行审责，完签案牍文字。或有淹禁，责在推官"。[4] 各路有专门的推官厅。"国朝各路置总管府，其官属自达鲁花赤、总管以至推官，皆联衔署书，而刑狱之政则推官专任之。故府治之旁，推官别有厅事，以为详谳之

〔1〕（明）宋濂等纂修：《元史》，"志第四十一上·百官七"，北京，中华书局 1976 年版。
〔2〕陈高华：《元代的审判机构和审判程序》，载《陈高华文集》，上海，上海辞书出版社 2005 年版，第 129 页。
〔3〕（明）宋濂等纂修：《元史》，"本纪第十四·世祖十一"，北京，中华书局 1976 年版。
〔4〕陈高华等点校：《元典章》，"推官专管刑狱"，天津，天津古籍出版社 2011 年版，第 1374-1375 页。

所，谨其职，严其体也。”[1]

元初在部分地区设立宣抚司，后改为宣慰司，“掌军民之务，分道以总郡县，行省有政令则布于下，郡县有请则为达于省”。[2]宣慰司起着上行下达的作用，类同于行省的派出机构。宣慰司的司法权限重在复核、平反属下冤狱疑案，也处理所属上诉案件。大德年间，庆远宜山县人谢徹广被广远安抚司佥事朱国宣挟恨枉勘，其子谢二六赴广西宣慰司陈告，不予受理；后又赴湖广行省上诉。[3]

（3）行省

在地方司法系统中，行省属于司、县、散府散州、路（直隶府、州）及廉访司之上的兼治刑狱的官署，主要审理朝廷交付案件、辖区疑难案件以及行省属官词讼。[4]行省设有直属机构理问所，专司审理刑狱。情节可疑、久拖不决的刑事案件，甚至一些上诉到行省的疑难民事案件，多由理问所审理。理问所的处理结果得到行省负责官员认可后，即为有效。但是，行省须“遵成宪以治所属，决大狱质疑事，皆中书报可而后行”[5]。可见，行省对于“大狱质疑事”有审讯权，但最终决定权在中书省。

（4）中央（中书省刑部、大宗正府、宣政院、皇帝）

元朝中央负责审理刑狱的机构有中书省刑部、大宗正府和宣政院。刑部为元代中央主要司法机构，“掌天下刑名法律之政令。凡大辟之按覆，系囚之详谳，孥收产没之籍，捕获功赏之式。冤讼疑罪之辨，狱具之制度，律令之拟议，悉以任之”。[6]由此可见，刑部除审核重罪，颁布律令外，也有平反冤狱的职能。大宗正府的职能多次变化，主要受理与皇室贵族、蒙古、色目有关的案件。一般认为，刑部和大宗正府较少从事具体审判活动。[7]中统四年（1263年），钦奉圣旨“若有本处官司理断偏向，及应合回避者，许令赴部或

---

〔1〕《王忠文公集》卷八，“婺州路总管府推官厅记”，转引自陈高华：《元代的审判机构和审判程序》，载《陈高华文集》，上海，上海辞书出版社2005年版。

〔2〕（明）宋濂等纂修：《元史》，“志第四十一上·百官七”，北京，中华书局1976年版。

〔3〕陈高华等点校：《元典章》，“枉勘死平民”，天津，天津古籍出版社2011年版，第1813页。

〔4〕李治安：《行省制度研究》，天津，南开大学出版社2005年版，第91-94页。

〔5〕《圭塘小稿》卷七，“陕西行中书省题名记”，转引自李治安：《行省制度研究》，天津，南开大学出版社2005年版，第91页。

〔6〕（明）宋濂等纂修：《元史》，“志第三十五·百官一”，北京，中华书局1976年版。

〔7〕陈高华：《元代的审判机构和审判程序》，载《陈高华文集》，上海，上海辞书出版社2005年版，第139页。

断事官陈告"。[1] 此处"部"即指刑部,"断事官"是中书省下设掌管刑政之官,二者均可受理上诉。对上诉的重大案件(主要是死刑案件)委派官员到各地对其进行复审。派出的方式,有以"五府"官为代表的中央机构联合审讯,也有"奉使宣抚"[2]、监察御史出巡等形式。

《元史·刑法志》载:"诸陈诉有理,路府州县不行,诉之省部台院,省部台院不行,经乘舆诉之;未诉省部台院辄经乘舆诉者,罪之。"[3] 对于地方无法平反的冤狱,可以上诉至中央。"台"为御史台,主要受理官吏提起的上诉案件;"院"应为宣政院,主要受理与僧人相关的上诉案件。"省部"则为中书省刑部。[4]

此外,元代向皇帝直接上诉申冤的"御前告状"案件似乎也不少见。至治元年,皇帝下诏禁止越诉,要求申冤者控经路、府、州、县、省部、台院等机构仍无法平反者,方可"御前告状"。[5]

2. 监察系统的上诉

(1)肃政廉访司

肃政廉访司是元代设在地方的专门监察机构,有访查冤狱的职能,也受理所辖地方路、府、州、县的上诉案件。"诸御史台所辖各道宪司,民有冤滞赴诉于台者,咸著于籍,岁终则会以考其各道之殿最,而黜陟之。"[6] "诸所在重刑,皆当该官司公厅圆坐,取讫服辨,移牒肃政廉访司审复无冤,结案待报。若犯人翻异,或家属称冤,听牒本路移推。"[7] 肃政廉访司对路总管府报来的重大案件,审核后无异议的,便行文退还结案。移推主要是针对

---

[1] 陈高华等点校:《元典章》,"告罪不得越诉",天津,天津古籍出版社 2011 年版,第 1772 页。

[2] 派遣官员视察各地,有权对地方冤案和长期滞积不能解决的疑难案件加以处理。

[3] 《历代刑法志》,北京,群众出版社 1988 年版,第 467 页。

[4] "至治元年二月二十三日奏过一件:'近间御前告状的多了有。觑他每文书呵,多一半从下合干衙门里不告,径直皇帝根底告的也有。告状呵,从下路府州县里告了,不行呵,合上头衙门里告有。越诉呵,合要罪过有。从下不告、径直皇帝根底告的,要罪过呵,怎生?'奏呵,奉圣旨:'从下告了,不行呵,省、院、台合干的大衙门里告者。这衙门里官人每,有理不行呵,我根底告者。越诉径直我根底告的,要罪过者。'钦此。都省钦依施行。"陈高华等点校:《元典章》,"不许越诉告状",天津,天津古籍出版社 2011 年版,第 2030-2031 页。

[5] 陈高华等点校:《元典章》,"不许越诉告状",天津,天津古籍出版社 2011 年版,第 2030-2031 页。

[6] (明)宋濂等纂修:《元史》,"志第五十·刑法一",北京,中华书局 1976 年版。

[7] 陈高华等点校:《元典章》,"犯人番异移推",天津,天津古籍出版社 2011 年版,第 1360 页。

犯人或家属上诉的案件，肃政廉访司可以委派本监察区的其他官厅审理。被委派官厅并不要求必须和案件原审官厅有上下隶属关系，只要是同一监察区内即可。[1]

（2）御史台

御史台是元朝中央监察机构，曾承担对中书省刑部和大宗正府所审核案件再审核的职能。后来，改"审核"为通过抽查案件问卷的方式进行监督。因此，上诉冤枉者也可至御史台提出。从目前资料看，元代御史台主要受理官员因对自己被监察官员处罚不服而提起的上诉。若上诉属实，则对作出处罚的监察官予以治罪，否则，对上诉者加等治罪。至大元年（1308 年）规定："今后告监察、廉访司官吏每不公外，枉问来的人有呵，依在先的圣旨体例里，御史台里告者。若合问呵，问的是实了，被告的官吏每根底依体例要罪过者。若虚呵，告的人每根底加等断罪者。"[2] 大德十一年八月，建德县达鲁花赤桑哥哈剌失因贪贿被处罚。其先后上诉于建德路、江浙行省。刑部认为，江浙行省不应受理，桑哥哈剌失应向御史台提出。

（二）上诉人

元代，上诉人主要限于男性，"年七十岁以上、十五岁以下，笃、废、疾，法度不合加刑，令以次少壮人丁代诉。若委无代替之人，许自告"。年老、笃、废、残疾人等，若是对于谋反、叛逆、子孙不孝以及同居之内为人侵犯者的案件，可亲自告诉。其余案件，则令同居亲属代诉。妇女一般不许告状，"若果寡居无依，及虽有子男，别因他故妨碍，事须论诉者，不拘此例。"[3] 禁止富户让佃客、干人代诉。对于代为主户冒名陈告之人，予以惩治。[4]

在职和退休、退职官员享有特权，其涉及户婚田土等民事，可令子孙弟侄或家人代诉。"致仕、得代官员，即同见任。凡有追会公事，依例行移，事关侵欺取受私罪，自有应问官司。其争讼婚姻、田债等事，合令子孙弟侄或

---

〔1〕 陈高华：《元代的审判机构和审判程序》，载《陈高华文集》，上海，上海辞书出版社 2005 年版，第 131-132 页。

〔2〕 陈高华等点校：《元典章》，"诬告官吏断罪"，天津，天津古籍出版社 2011 年版，第 1766 页。

〔3〕 陈高华等点校：《元典章》，"不许妇人诉"，天津，天津古籍出版社 2011 年版，第 1776。

〔4〕 陈高华等点校：《元典章》，"禁治富户令干人代诉"，天津，天津古籍出版社 2011 年版，第 1775 页。

家人代诉。"[1]

（三）上诉的条件

《元典章》载："词讼，诸告人罪者，皆须明注年月，指陈实事，不得称疑。诬告者，抵罪反坐。如有论告本管官司者，许令直赴上司陈告，其余并不得越诉。如有冤枉，屡告不理，及决断不公，亦许直赴上司陈告。"[2]据此，元代对于上诉要求须符合以下条件。

（1）上诉必须"指陈实事"，包括案件的事实争端、有无"明白证验"等。

（2）上诉事项应该属于官府受理范围之内。元代设立状铺，在为当事人书写词状的同时，承担着审查、甄别和过滤诉讼的职能。所谓"各处状铺之设，本欲书写有力词状，使知应告、不应告言之例，庶革泛滥陈词之弊，亦使官府词讼静简，易于杜绝"。[3]

（3）不得越诉。元代明确规定，诉讼案件须自下而上陈告，不得越诉，否则，笞五十。但又规定："诸诉官吏受贿不法，径赴宪司者，不以越诉论。"若有本处官司受赃、理断不公，及应回避者，可赴刑部或断事官处陈告。对于此类越诉案件，"即便转发合属断罪归结"。[4]

（4）上诉案件主要是地方官员应受理而不受理、决断不公或期限内不予审结的案件。其中，因决断不公而上诉的案件必须是在案件审结之后。如果案件未审结便上诉，属于越诉，由上级衙门发交原审判衙门处理结案。至元二十四年（1287年），江西行省吉州路向行省请示："今后诉讼人等如有不候本路归结，辄便越诉，告状人合无转发本路归对？岂照详。"行省回答："本省议得：各路争告户婚、田产、家财、债负、强窃盗贼一切刑名公事，若各路偏徇，理断不公，许令直赴上司陈告。如有越诉告状之人，即便转发合属断

---

[1]　陈高华等点校：《元典章》，"闲居官与百姓争讼子侄代诉"，天津，天津古籍出版社2011年版，第1775页。

[2]　陈高华等点校：《元典章》，"告罪不得称疑"，天津，天津古籍出版社2011年版，第1754页。

[3]　陈高华等点校：《元典章》，"籍记吏书状"，天津，天津古籍出版社2011年版，第1745页。

[4]　陈高华等点校：《元典章》，"越诉转发元告人"，天津，天津古籍出版社2011年版，第1772-1773页。

罪归结。"[1]然而，若控告官吏因事取受财物，可以不受上述越诉的限制。至元二十六年，规定："今后告论官吏取受不公，若依越诉一例不受，则是知而不举。呈乞照详事。得此。都省相度：按察司系纠弹之官，若有告论官吏受赃不公，依例追问。"[2]

（四）上诉的处理

元代对上诉案件可以"亲为理问"或者"委官推问"。"今后如有告论州县官吏人等不公等事，先取各人重甘执结文状。若有附近去处，本管官司亲为理问。如地里远窎，事关人众，须合委官推问。本处摘官一员，将领请奉司吏人等前往被论去处，依理归问。如正官有阙，于附近县官内选差廉干正官，将引请俸人吏勾当。"[3]

宋代有翻异别勘之制。犯人不服判决、临刑称冤或家属代为申冤时，则改由另一司法机关重审（别移）或监司另派官员复审（别推）。元代似乎沿袭之。《元史·刑法志》载："若犯人翻案，家属称冤，听牒本路移推；其证验已明者，不在移推之例。"[4]

（五）上诉的审理

元代地方上诉案件的审理和普通案件程序基本没有差别，主要包括以下几个步骤。

首先，审讯。言词审讯时，证据确凿而拒不招认者，可以进行刑讯。如果"告指不明，无证验可据者，先须以理推寻，不得辄加拷掠"。[5]

其次，狱成。经过审讯后，证据确凿，案件事实无疑的，谓之"狱成"。如果有疑狱不能决者，申报本路上司；若仍不能决者，申报刑部。狱成不等于定案，不是案件的结束。

---

〔1〕　陈高华等点校：《元典章》，"越诉转发元告人"，天津，天津古籍出版社2011年版，第1772页。

〔2〕　陈高华等点校：《元典章》，"告论官吏不论越诉"，天津，天津古籍出版社2011年版，第1773页。

〔3〕　陈高华等点校：《元典章》，"词讼正官推问"，天津，天津古籍出版社2011年版，第1756-1757页。

〔4〕　（清）柯劭忞：《新元史》，"志第六十九·刑法上"，张京华、黄曙辉校，上海，上海古籍出版社2018年版。

〔5〕　陈高华等点校：《元典章》，"鞫囚以理推寻"，天津，天津古籍出版社2011年版，第1374页。

再次，定案。定案是依据案情确定刑罚。元代地方实行圆署法，定案时须经过同一衙门的官员集体讨论，取得一致意见。所谓"凡遇刑名词讼，推官先行穷问，须要狱成，与其余府官再行审责，完签案牍文字"。[1] 如果官员中有人对案件有异议，不肯签字，其意见可以上报，此案或申报上级衙门，或另行委官重审。

最后，宣判。刑事案件定案后，便要公开宣判。"本府、州官公座对众，将犯重刑人某至徒人某，对各人家属，同行引审，明示罪名，结定已招词因并是端的，别无冤枉，取到服辩文状。"[2] 元代要求对徒刑以上案件取到认罪的"服辩文状"。

第三节　明代上诉制度

明代司法制度对清代影响很大。下文分别从上诉审级、上诉人、上诉条件、上诉案件受理等方面，对明代上诉制度予以简要论述。

一、上诉审级

（一）直省审级

《大明律》载："凡军民词讼，皆须自下而上陈告。"明代地方审级，自下而上，民户诉讼一般为州县、府、按察使司、巡抚或巡按四级。[3] 若为军

---

〔1〕　陈高华等点校：《元典章》，"推官专管刑狱"，天津，天津古籍出版社 2011 年版，第 1374-1375。

〔2〕　陈高华等点校：《元典章》，"儒吏考试程式"，天津，天津古籍出版社 2011 年版。

〔3〕　除此之外，布政使司也是某些案件的一级审判衙门，对地方案件处理不服者，可以上控至布政使司。有学者因而提出"省级司法事务并不由按察司专掌，布政司、按察司、都司三司分理司法庶务。大致上，布政司主管民事，与民事相关的司法事务仍由布政司负责；都司主管都司卫所，在与军伍相关的司法中起到主持作用；与其监临一职相关，按察司主要负责复核申冤，官员犯罪以及一省大案要案的处理。"具体而言，与民事相关的司法事务主要包括三类：钱粮类案件、官吏公事失错案件以及勾军、解军违法案件。需要注意的是：一、对大多数案件，布政使司均发交相应下级衙门审理；二、布政使司不直接听审案件，而是交由其所属机构理问所直接处理。吴艳红、姜永琳：《布政司与明代司法：以明代〈四川地方司法档案〉为中心的研究》，载《南京大学学报》（哲学·人文·社会科学版）2016 年第 4 期。

户，则按照百户所、千户所、卫、都指挥司的层级，逐级上诉。此外，明初建立申明亭制度，本管里甲和老人对于户婚、田土、斗殴等普通纠纷有管辖权。对其处理不服者，可以上诉至州县。[1] 明成化之后，申明亭制度逐渐废弛，民事和轻微刑事案件多直接向州县提起诉讼。

直隶及各省军民人等案件提起诉讼后，若地方不为审理，或认为原审断不公，仍不服者，可至京城控告。具体的，有向通政使司呈控、击登闻鼓、叩阍等方式。六科给事中、通政使司根据相关法律规定，将案件上奏皇帝，并拟定受理或不受理的意见，供皇帝裁决。皇帝若同意受理，则由各科值鼓官员将案件批送刑部或都察院处理。刑部或都察院奏请皇帝决定后，或派人至直隶或外省调查审理，或发交原审机关以外的直隶或外省其他官员审理。[2] 具体而言，是指"系按察司问结者，行于巡按；巡按问结者，行于巡抚，或行南京法司问理。"[3] 总而言之，一般情况下，刑部和都察院并不直接审理控告到京城的案件，而是派人审理，或交由与原审司法机关同级的其他机关审理。这种案件处理方式，也被清代所沿袭。

（二）京师的审级

原则上，京师地方案件一般由刑部或都察院初审，奏闻皇帝后发交大理寺复审。大理寺复审后，刑部或都察院再具本奏闻皇帝定案。正德以前，大理寺复审刑部初审案件时，囚徒应到寺复审。此时，若"囚人称冤者"，则大理寺"驳之"。正德以后，囚犯不再到寺，大理寺只进行书面审理。则囚犯通过喊冤方式上诉的渠道即被堵塞。

二、上诉人

《大明律》"狱囚取服辩"条规定："凡狱囚徒、流、死罪，各唤囚及其家属，具告所断罪名，仍取囚服辩文状；若不服者，听其自理，更为详审。违者，徒、流罪，笞四十；死罪，杖六十。其囚家属在三百里之外，止取囚服

---

〔1〕　那思陆、欧阳正：《中国司法制度史》，台湾空中大学印行 2001 年版，第 263-264 页。

〔2〕　那思陆：《明代中央司法审判制度》，北京，北京大学出版社 2004 年版，第 228-233 页。

〔3〕　黄彰健编著：《明代律例汇编》，台湾"中央"研究院历史语言研究所专刊之七十五，1979 年版，第 992 页。

辩文状，不在具告家属罪名之限。纂注：取服辩者，欲使其无词也。不取服辩及不为详审，是违律也，罪坐问官。"[1] 明律上述规定和唐律相同，只是对于囚犯家属距离审判地三百里之外的，具告家属罪名并非必要程序。

《大明律集解附例》卷二十二"越诉"条附例载："各处军民奏诉冤枉事情，若曾经巡按御史、布按二司官问理，及法司查有原行已监重囚或在配所拘役等项，令家人抱赍奏告者，免其问罪，给引照回；其被人诬枉重情，见监未结、法司查无原行者，并军役户婚田土等项干己事情，曾经上司断结不明，或亲身及令家人老幼妇女抱赍奏告者，各问罪给引照回，奏词转行原籍官司，候人到提问。"[2] 因此，上诉既可由本人提出，也可由家人提出。此处之"家人"一般是指同居有服之亲属。犯人在押者，可由家人作为抱告，提起上诉。抱告人应为成年壮丁。若无故不亲自上诉或隐藏壮丁，而"故令老、幼、残疾、妇女、家人抱赍奏诉者，俱各立案不行，仍提本身或壮丁问罪"。[3]

三、上诉的条件

（一）禁止越诉

明律禁止越诉。《大明律》"越诉"条规定："凡军民词讼，皆须自下而上陈告，若越本管官司，辄赴上司称诉者，笞五十。"太祖年间，"北平民有为人所诬，逮至京者，其子诉之，事已白，刑部坐其子越诉。都御史赵仁执奏，上曰：子知父冤，其忍无词听父诬状，岂得为孝子？诉父枉，出其至情，不可加罪"。[4] 由此案可见，洪武年间，即使越诉得实，也要处罚。本案中，太祖只是念及孝道，法外开恩。为此，太祖敕刑部申明越诉之禁："凡军民诉户婚、田土、作奸犯科诸事，悉由本属官司自下而上陈告，毋得越诉；辄赴京师，亦不许家居上封事，违者罪之。"[5] 洪武末年，越诉至京师者，往往所诉

---

[1]《明律集解附例》卷第二十八"断狱"，"断囚取服辩"条，修订法律馆藏光绪戊申重刊本。
[2]《大明律》，怀效锋点校，北京，法律出版社 1999 年版，第 425 页。
[3]《大明律》，怀效锋点校，北京，法律出版社 1999 年版，第 425 页。
[4]《明太祖实录》卷一四九，"洪武十五年十月癸卯"。
[5]《明太祖实录》卷一四九，"洪武十五年十月戊戌"。

不实，二十七年又严越诉之禁。[1] 越诉使得"法司不胜其烦"，更主要的是"奸谲之徒往往构无情之词赴京陈诉，陷平人于罪，以复私怨"。[2] 洪武、永乐年间，对越诉者均予以治罪。

绝对禁止越诉，有利于维护正常诉讼秩序，但却不便于民众冤情上达，不利地方社会治理。宣德八年（1433 年）规定："凡民越诉得实者，免罪，不实者，仍发戍边。"[3] 然而，司法的效率低下、过程漫长以及官司衙役的欺凌勒索使得一些人甘冒严刑之风险，也要越级上诉。[4] 越诉诬告又一次成了朝廷"不可承受之重"。景泰四年（1453 年），不得不再一次关上了越诉的大门，规定"自今朝廷机密重情外，军民一切私忿细故，俱先所在官司理之，其越诉于京者，无问虚实，悉杖遣口外充军"。[5]

对于越诉，明代有三种处理策略：一、不问所诉真实与否，案件不受理，上诉者治罪；二、案件受理，若所诉真实，上诉者也须治罪；三、案件受理，所诉真实，上诉者无罪；反之，严惩越诉者。若采取第一种对策，则会减少越诉和诬告，但不利于平反冤抑和下情上达。第二种策略较不公平。相对来说，第三种对策较为公平。采取哪一种策略，与国家政治状况、皇帝勤政与否等关系较大。若政治清明，皇帝勤政且对朝政治理充满自信，往往采取第三种策略。反之，则采取第一种对策。

（二）上诉应针对已经审结案件

《明代条例》中规定，上诉应是已经审结的案件。"若见问未经结绝，又赴本管上司告理，不许辄便受状。"[6] 对于未经审结而上诉，不受理，且治以

---

〔1〕《明太祖实录》卷二三二，"洪武二十七年四月壬午"。

〔2〕《明宣宗实录》卷一〇〇，"宣德八年三月壬申"。

〔3〕《明宣宗实录》卷一〇〇，"宣德八年三月壬申"。

〔4〕 对于诬告者而言，至京城上控更多是一种报复的诉讼策略。第一，上控者一般不会"无中生有"，而是"小题大做"，即"往往搜求故故，罗织重情"，如此一来，对于秉持"大事化小"思维的官员来说，最后认定上控者是否"所告不实"就有很大的自由裁量空间。第二，即使所告不实被处以戍边严刑，但是其上控却有可能给对方造成极大的心理压力和事实损害。恰如明英宗时的一道诏令所言："比至究理，诬者过半，且连染无辜死于非命。"

〔5〕《明英宗实录》卷二三一，"景泰四年七月癸酉"。

〔6〕《明代条例》之《宪纲》"理断词讼"条，载杨一凡、刘海年编：《中国珍稀法律典籍集成》乙编，第二册，北京，科学出版社 1994 年版。

"越诉"之罪。明末，颜俊彦任广州府推官时，把尚未审结而提起的上诉称为"叠诉"，对其明令禁止。[1]

（三）其他一些条件限制

除上述两点之外，上诉还有一些特殊要求，大致如下。

1. 上诉地点

在特殊地点不能上诉，如在午门、长安等门内叫诉冤枉，奉旨勘问，即使得实者，也要问罪枷号一个月；若涉虚者，处罚更重，杖一百，发口外卫所充军。

2. 上诉方式

明律特定规定，假以建言为由挟制官府者、将暧昧不明奸赃事情污人名节报复私仇者、于登闻鼓下及长安左右门等处自刎自缢撒泼喧呼者、匿名上诉者、在外刁徒身背黄袱头插黄旗口称奏诉直入衙门挟制官吏者，均为违法上诉方式，或者不予受理，或者要处以相应刑罚。

3. 总结提炼

上诉后，上诉者被押回藉待审途中脱逃，或未在规定时间内（三个月）到案候审，或未等上诉审结再次上诉者，皆立案不行，即立案记录，但不再继续查究。

四、上诉的提起

《大明律》"告状不受理"条载："其已经本管官司陈告，不为受理，及本宗公事已绝，理断不当，称诉冤枉者，各衙门即便勾问。若推故不受理，及转委有司，或仍发原问官司收问者，依告状不受理律论罪。"[2] 可见，上诉有两种情形：一、当事人至案件相应衙门控诉，未被受理。此时可赴上级衙门控告；二、对案件处理结果不服提起的上诉。此种情况下，上诉须符合三个条件：（1）案件已经审结，即"公事已绝"；（2）案件审理有错误，即"理断

---

〔1〕（明）颜俊彦：《盟水斋存牍》，北京，中国政法大学出版社 2002 年版，第 666-667 页。
〔2〕《大明律》，怀效锋点校，北京，法律出版社 1999 年版，第 175 页。

不当"；（3）上诉者对案件不服，所谓"称诉冤枉"。实际上，"理断不当"和"称诉冤枉"是一个问题的两面。如果官员理断不当，当事人当然感觉不公；反之，若宣称自己冤枉，则必是对官府处理不服。

明律禁止越诉，但其同时对未审结的上诉案件规定"置簿立限，发当该官司追问，取具归结缘由勾销"。[1] 也就是说，当事人可能承受越诉而带来的一定惩罚，但案件由上级机关登记存档，事实上把案件纳入了上级监督范围之内，有利于督促地方加紧对案件的审办。这也可以解释为什么在实际司法实践中一些当事人未待案件审结便提起上诉。至于已审结、未审结案件，因一方不服不断上告，从而导致争讼多年的情况殊为常见。[2] 在此，上诉已经成为当事人的一种诉讼策略。当然，因上诉而缠讼不休的案件大多为户婚田土类案件，命盗案件较少。

五、上诉的受理

明律规定，对于上诉案件分几种情况处理：

1. 驳回上诉

对于不符合上诉条件的案件，驳回不准理。例如，对农忙时日提起的户婚田土等细事、被囚禁者告举他人之事、无抱告之老幼笃疾妇人呈控、呈词内牵连无辜者、事不干己而呈控者、朦胧告诉而无实据者，均不准理。

2. 立案不行

立案不行，即对一些案件，官司受理后立案，但不继续进行勘问。立案不行不同于驳回上诉。后者是指不符合案件受理条件，官府不予准理。"立案"类似于现代的"存档"；"不行"，是指无论所告内容虚实与否，对于所告之事均不予调查追究。律例中的"立案不行"，主要是指告诉人的告诉行为本身为律例所不准，立法对其严惩，以儆刁顽。

3. 发交审理

对于一些不符合上诉条件的案件，主要是未经本管官司陈告的越诉案件

---

〔1〕《大明律》，怀效锋点校，北京，法律出版社 1999 年版，第 175 页。
〔2〕 吴艳红、姜永琳：《布政司与明代司法：以明代〈四川地方司法档案〉为中心的研究》，载《南京大学学报》（哲学、人文科学·社会科学版）2016 年第 4 期。吴艳红、姜永琳：《明朝法律》，南京，南京出版社 2016 年版，第 168-169 页。

以及未经审结的案件，由上诉机关登记并确立审理期限，发交有管辖权的下级机关审理。下级机关在审理结案后，还必须报该上诉衙门销案。也就是，上级衙门对上诉到本机关的案件有监督权。《大明律》规定，"若都督府、各部监察御史、按察司及分司巡历去处，应有词讼，未经本管官司陈告，及本宗公事未绝者，并听置簿立限，发当该官司追问，取具归结缘由勾销。若有迟错不即举行改正者，与当该官吏同罪"。[1]

4.受理上诉

对于符合上诉条件的案件，上诉衙门不准托词不予受理，也不许委托其他衙门或发交原审判衙门处理。否则，对官员依照"告状不受理"律论罪。

六、上诉案件的处理

明律对上诉的审理范围，未作特殊规定。和初审一样，《大明律》明确规定"依告状鞫狱"。"凡鞫狱，须依所告本状推问。若于状外别求他事，摭拾人罪者，以故入人罪论。同僚不署文案者不坐。"[2]"纂注：凡官司讯鞫狱讼，须以原告所告本状事情轻重，据法推问。若于原告状外故行推求别项事，而摭拾人罪者，以故入人罪，或以全罪科之，或以增轻作重科罪之。其同僚官应联署文案者，若不知情，止依失入人罪论。"[3]

明代司法中，对于人命重狱，较为慎重，要求地方衙门将有关案件呈送中央司法机构进行复核。[4] 吕坤曾言："数批检问，非以求同，正谓恐有冤抑，相与平反耳……盖众官同勘一事，原为此事虚实；同勘一人，原为此人生死。"[5] 为追求公平、减少冤枉，明律不限制上诉次数，重大上诉案件往往在不同衙门之间反复审问、复核。有学者认为，"多方准案，多官问案，多个衙门进行复核，体现的是司法官员和机构之间的互相协调和补充，相互制约和牵制。通过这样的机制，可以集中司法信息，分享法律知识，平衡各方的司法意见，

---

〔1〕《大明律》，怀效锋点校，北京，法律出版社1999年版，第175页。
〔2〕《大明律》，怀效锋点校，北京，法律出版社1999年版，第216页。
〔3〕《明律集解附例》卷第二十八"断狱"，"依告状鞫狱"条，修订法律馆藏光绪戊申重刊本。
〔4〕（明）申时行等：《明会典》卷一七七，"详拟罪名"，北京，中华书局1989年版，第902页。
〔5〕（明）吕坤：《吕坤全集·实政录》卷六《风宪约》"提刑事宜"，北京，中华书局2008年版，第1092-1093页。

以获取司法公正、减少冤枉"。[1] 但是，这种制度设计的低效率也是毋庸置疑的。万历年间，谢肇淛以人命一事为例，指出："两造未服，争讼求胜，自巡抚中丞直至使者、藩臬之长、守巡二道、隔邻监司，纷然批行解审，及至狱成，必历十数问官，赴十数监司。"[2] 案件历经多个衙门，长久无法审结。犯人瘐毙，证人拖累致死者，屡见不鲜。在经济上，涉案人员往往因一案之牵涉，倾家荡产。此外，这种制度设计也给更多衙门勒索受贿留下较大的空间。其结果不仅无法达到司法公正，甚至造成更多的司法不公。

本章小结

受法家思想的影响，秦汉时期已经形成了一套较为规范的上诉制度，明确规定了上诉的条件、主体、期限、受理机关、审理等内容。唐代之后，随着大一统中央集权政治体制的不断完善，为加强司法监督、保证案件的公正裁判，封建中国逐渐形成了一套"双轨制"的司法控制和监督体系。在官僚体制内部，建立了以"五刑"为核心，根据官员层级高低分配刑罚权，并严格控制刑罚权行使的一套法定自动复审制。[3] 同时，为增强政权统治合法性、从外部加强对官员的司法监督，逐渐完善了秦汉以来由当事人发动的上诉制度。然而，"双轨制"是一个不平衡的双轨制，重心在于通过严密的制度设计，监督并强制官吏严格遵循成文法处理案件。由官僚体制外部发起的上诉制度是官僚内部自动复审制的一个补充，某种程度上，也仍然是监督官吏的一个部分。清末律学家沈家本曾言："西国司法独立，无论何人皆不能干涉裁判之事，虽以君主之命、总统之权，但有赦免，而无改正。中国则由州县而道府，而司，而督抚，而部，层层辖制，不能自由。"[4] 此言也道出了传统上诉制度的本质。

---

〔1〕 吴艳红、姜永琳：《布政司与明代司法：以明代〈四川地方司法档案〉为中心的研究》，载《南京大学学报》（哲学·人文科学·社会科学版）2016 年第 4 期。

〔2〕 谢肇淛：《五杂俎》卷十四，上海，上海书店 2009 年版，第 279 页。

〔3〕 ［日］滋贺秀三：《清代中国的法与审判》，熊远报译，南京，江苏人民出版社 2023 年版，第 14-24 页。

〔4〕 （清）沈家本：《历代刑法考》，北京，中华书局 1985 年版，第 2235 页。

第二章
清代上控制度

"上控"，即向上控告。《大清律例》载："词讼未经该管衙门控告，辄赴控院、司、道、府，如院、司、道、府滥行准理，照例议处。其业经在该管衙门控理，复行上控，先将原告穷诘，果情理近实，始行准理。"[1] 具体而言，上控，即指当事人及其家属对于案件审理不服而逐级向上控诉于府、道、司、院等各级衙门。

上控不同于审转覆核。"审转即'审理'与'转报'之意，即由上司衙门覆审后转报再上一级衙门。"[2] 徒刑以上案件，州县审理后拟律详报上一级衙门复核，再层层上报，直至有权作出判决的审级批准后方为终审。[3] 审转是下级机关定拟后，自动上呈于上级机关。无论当事人是否提出上控，案件均按照一定程序自动进入审转覆核。因此之故，其也被称为"必要的覆审制"[4] 或"法定复审制"。[5] 上控则由当事人或其家属提出和推动。此外，审转覆核中，不同案件的处理程序及层级由律例明确规定，属于强行性规定。上控案件审理后仍然要经过审转覆核程序。清代区分上控与京控。"其有冤抑赴都察院、通政司或步军统领衙门呈诉者，名曰京控。"[6] 上控"系对本管辖机关之上级机关的控告"。[7] 京控和上控的区分，主要是司法空间上的一种标志，

---

〔1〕 马建石、杨育裳主编：《大清律例通考校注》，北京，中国政法大学出版社 1992 版，第 873 页。

〔2〕 那思陆：《清代州县衙门审判制度》，北京，中国政法大学出版社 2006 年版，第 145 页。

〔3〕 郑秦：《清代地方司法管辖制度考析》，载《清代法律制度研究》，北京，中国政法大学出版社 2000 年版，第 94-95 页。

〔4〕 "不待当事者的不服申诉，作为官僚机构内部的制约，通过若干次反复调查的程序以期不发生错案的上述制度，可以称为必要的覆审制"。[日] 滋贺秀三：《中国法文化的考察》，载滋贺秀三等著：《明清时期的民事审判与民间契约》，王亚新等译，北京，法律出版社 1998 年版，第 9 页。

〔5〕 [美] 欧中坦：《千方百计上京城：清朝的京控》，载高鸿钧等编：《美国学者论中国法律传统》，北京，中国政法大学出版社 1994 年版，第 476 页。

〔6〕 (清) 赵尔巽等撰：《清史稿》卷一四四，"刑法志三"，北京，中华书局 1998 年版。

〔7〕 戴炎辉：《中国法制史》，台北，三民书局 1966 年版，第 186 页。

虽然其背后也蕴含不同的政治意义，但从案件处理方式、诉讼程序等司法视角看，京控和上控并无实质差别。前者是后者的一种特殊形式。基于此，为讨论需要，本书在使用"上控"概念时，一般包括京控在内。若需单独讨论时，均直接使用"京控"。

第一节　上控的提起

一、上控主体

上控主体，即上控人，是指有资格提起上控之人。上控人主要指原、被告及其亲属。清代律例规定，妇女、老、幼、官员等一些特殊主体不能直接作为上控人，必须由符合相应条件的抱告人代为控告。

（一）原、被告及其亲属

清律区别原告和被告。诉讼中一般以呈告先后为分，先呈者为原告，后呈者为被告。也有以理之曲直为别，理直者为原告，理屈者为被告。刑事案件，则以被害人为原告，犯罪人为被告。上控中的原、被告应该是原审案件的参与者。现代刑事诉讼中，实行国家追诉主义，原、被告双方诉讼地位不同，权利和义务也有较大差异。明确原告和被告，具有特别重要意义。清代司法区分原、被告，更多是审判程序上的要求，而非"诉讼事实之关系"。按惯例，升堂审问时，原告居左，被告居右。上控案开庭时，上控人和被上控人分居左右。

清代对告诉人有一定的条件要求。首先，对于谋反、叛逆、不孝或本身及同居亲属为人盗、诈、侵夺财产及杀伤之类的重案，任何人均可告诉。其次，除上述重案外的普通案件，80 岁以上老人、10 岁以下幼儿、笃疾[1]和妇人均不得告。此四类人犯罪可收赎，若准许其无限控告，可能导致其诬告

---

[1]　笃疾，指身体或精神上达到重大不治程度。《名例律》"老小废疾收赎"条辑注："笃疾者，或瞎两目，或折两肢，或又折一肢瞎一目，及癫狂、瘫痪之类。"（清）沈之奇：《大清律辑注》，怀效锋、李俊点校，北京，法律出版社 2000 年版，第 63 页。

他人情况的出现，影响社会秩序。[1] 再次，官员、士人、60 ～ 80 岁的老人、10 ～ 16 岁的幼儿和废疾[2] 可以提起告诉，但必须有抱告，否则不予准理。《大清律例会通新纂》规定："凡生监、妇女、老幼、残疾，无抱告者不准。"[3] 最后，上控人必须与案件有切身利害关系。康熙二十七年定例："凡实系切己之事，方许陈告。"[4]

（二）抱告人

抱告，是指在诉讼时，除少数特定案件外，官员（职官）、士人（有举、贡、生、监以上出身者）、妇女、老（年满六十岁以上者）、幼（未成年者）以及废疾者等六类人群不能独立参加诉讼，须由他人代为诉讼。此外，有的地方还把"绅士"列入须使用抱告的范围。抱告人，指可代替上述人员进行诉讼的人。具体而言，抱告人代替上控人起诉、接受官府讯问和羁押、到案备质、具结案件或承受因告诉而招致的可能刑罚。此外，不同地方对抱告也有一些特殊规定。[5]

传统社会，官员和士人地位较高，出入公堂呈告涉诉，有失身份。老、幼、废疾之人，因年龄或健康原因，犯罪后可减免刑罚，这与诬告反坐原则相冲突。妇女涉诉往往有伤风化、不利教化。更有一些泼辣之人利用妇女的

---

[1] "其年八十以上，十岁以下，及笃疾者，若妇人，除谋反、叛逆、子孙不孝，或己身及同居之内为人盗、诈、侵夺财产及殴伤之类听告，余并不得告。（以其罪得收赎，恐故意诬告人）官司受而为理者，笞五十。（原词立案不行）"载（清）昆冈等修、刘启端等纂：《钦定大清会典事例》，卷八一九，载《续修四库全书》编纂委员会：《续修四库全书》，上海，上海古籍出版社2002 年版。

[2] 废疾，指精神或身体上达到废于人事的程度。《名例律》"老小废疾收赎"条辑注："废疾者，或折一手、或折一足、或折腰脊、或瞎一目及侏儒、聋哑、痴呆、疯患、脚瘸之类。"（清）沈之奇：《大清律辑注》，怀效锋、李俊点校，北京，法律出版社 2000 年版，第 63 页。

[3] （清）姚雨芗原纂、胡仰山增辑：《大清律例会通新纂》，"越诉"条，台北，文海出版社1987 年版。

[4] （清）薛允升著述，胡星桥、邓又天主编：《读例存疑点注》，北京，中国人民公安大学出版社 1994 年版，第 689 页。

[5] 清末，广西太平府养利州无论何项起诉均无用抱告之例；梧州府怀集县惟重罪事件不用抱告，其余均用抱告，不以前列诸人之诉讼为限；庆远府河池州、南宁府之新宁州，惟生监职官及老幼废疾起诉用抱告，其绅士及妇女诉讼鲜有用抱告，参见（清）石孟函辑：《广西调查诉讼习惯报告书》，广西官书局排印，宣统二年。

特殊法律地位，逞强缠讼，胁迫他人。[1] 所以，清律规定："军民人等干己词讼，若无故不行亲赍，并隐下壮丁，故令老幼残疾妇女家人抱赍奏诉者，俱各立案不行，仍提本身或壮丁问罪。"[2] 乃因"奸徒刁讼，希图害人，以老疾等人奏诉，讼而不胜，亦得收赎也"，所以对此"立案不行"。总之，抱告之设置，或为维持风教，或为控制滥诉，或因诉讼人不具有相当之行为能力。

抱告人的资格问题，主要是依据年龄及其与上控人之间的关系进行区别。其一，抱告人应为"成丁"，即成年。清代律学家沈之奇在《大清律例》"脱漏户口"条的律后注中作"十六岁以上成丁……十五以下曰幼，六十以上曰老"。司法实践中，抱告人应为十六岁以上、六十岁以下。其二，抱告人与上控人之间的关系分为两大类：年老、妇女和废疾之人的抱告人应为"同居家属"或亲属；官员和士人的抱告人则扩大为"家人"。家人范围较大，包括同居之亲属、仆役和雇工人。在司法实践中，若妇女无成丁亲戚，亦可以家人为抱告人。[3] 此外，也有一些人雇用讼师等无关人等冒充家人抱告。[4]

抱告人与现代诉讼代理人虽有一定相似性，但二者实有本质差异。诉讼代理人主要利用其专业知识和经验为当事人服务，具有很强职业性和主动性。抱告人仅作为上控人之替身，对诉讼基本不具有主动性。[5] 质言之，"然必用抱告者，乃纯然身份上之关系，非知识上之关系，与各国法律之异点也。"[6] 一为身份故，一为知识故。从"身份"到"知识"，也为近代法律、法学专业化和职业化转型之一斑。

---

〔1〕 吴佩林：《清代四川南部县民事诉讼中的妇女与抱告制度——以清代四川〈南部档案〉为中心》，载《中国乡村研究》第 8 期，福州，福建教育出版社 2010 年版，第 106-131 页。

〔2〕 （清）薛允升著述、黄静嘉编校：《读例存疑重刊本》，台北，成文出版社 1970 年版，第980 页。

〔3〕 道光六年，宗人府具奏饬禁宗室觉罗妇女呈控、并酌定惩处专条一折，纂辑为例："凡宗室、觉罗妇女，出名具控案件，除系呈送忤逆照例讯办外，其余概不准理。如有擅受，照例参处。倘实有冤抑，许令成丁弟兄、子侄或母家至戚抱告。无亲丁者，令其家人抱告，官为审理。如审系虚诬，罪坐抱告之人。若妇女自行出名刁控，或令人抱告后，复自行赴案逞刁，及拟结后渎控者，无论所控曲直，均照违制律治罪。有夫男者，罪坐夫男。无夫男者，罪坐本身，折罚钱粮。"（清）薛允升著述、黄静嘉编校：《读例存疑重刊本》"有司决囚等第"，台北，成文出版社 1970 年版，第 23 页。

〔4〕 姚志伟：《控制与反抗：清代抱告制度的实践》，载《北方法学》2015 年第 2 期。

〔5〕 徐忠明、姚志伟：《清代抱告制度考论》，载《中山大学学报》（社会科学版）2008 年第 2期。

〔6〕 （清）石孟函辑：《广西调查诉讼习惯报告书》，"第二章　诉讼当事者"，广西官书局排印，宣统二年。

二、上控期间

现代上诉制度均明确规定上诉期间。期间内，当事人未提出上诉，则案件判决结果便发生法律效力。当事人在上诉期间外提起上诉，则将被驳回。清代并无上控期间之规定。"就一般来说，上控无期间的限制。有至秋审鸣冤，又有临决死刑呼冤，复有已配流、充军或发遣后而上控者。"[1] 清代司法档案和官员司法文牍中，常有案件审结数年后又上控者。为避免牵涉无辜、拖累人众，对此类案件，官府多不准理。光绪二十八年，蒲城县民赵金贵上控臬司，控告其叔赵温志被黄药客谋财害命。樊增祥认定，赵金贵在案结两年后上控，显系"藉命图讹"，"实属愚妄已极"。[2] 然而，清代并无现代司法"既判力"的概念和制度，若有新证据证明确有冤抑，即使案结数年后也准许上控。

三、上控理由

现代诉讼法认为，上诉为当事人的法定权利。只要其对案件结果"不服"，就有权依法提出上诉。法律并未对上诉理由有实质上的客观要求。上控主要是因对案件处理结果不服，"上控而关于法条解释者，实际上未能发现。"[3] 上控人提出控告理由也不在于法律适用而在于事实认定。[4] 清代规定："须本管官司不受理或受理亏枉者，方赴上司陈告。"由此，上控理由有三，详见下文。

（一）本管官司不予受理案件

案件不受理，或受理后未能及时审结，往往激起上控。包世臣认为："窃照听讼乃无讼之基，积案即兴讼之渐。民间雀角细故，有司随时听断，别其

---

〔1〕 戴炎辉：《中国法制史》，台北，三民书局 1966 年版，第 186 页。

〔2〕 （清）樊增祥：《樊山政书》，"批蒲城县民赵金贵呈词"，那思陆、孙家红点校，北京，中华书局 2007 年版。

〔3〕 戴炎辉：《中国法制史》，台北，三民书局 1966 年版，第 186 页。

〔4〕 [美] 欧中坦：《千方百计上京城：清朝的京控》，载《美国学者论中国法律传统》，北京，中国政法大学出版社 1994 年版，第 473 页。

曲直，则贫懦有所芘而足以自立，凶强有所惮而不敢滋事。若经年累月，奔走号呼，有司置之不理，是始既受气于民，终更受累於官。"[1] 在包世臣看来，听讼是无讼的基石，若案件长时间无法解决，轻者上控不断，重者酿成大狱。因此，清代官箴书中特别强调，对于控告不准的批词必须说理清楚，否则容易激起上控。清代名幕王又槐曾言："事无情理，无确据，或系不干己事，或仅口角负气等情，一批而不准，再渎而亦不准者，必须将不准缘由批驳透彻，指摘恰当，庶民心畏服，如梦方醒，可免上控。"[2] 此外，若案件受理后无法及时审结，往往也成为当事人上控的重要理由。清代中后期案件积压较为严重。不仅百姓深受其苦，官府也颇感头痛。嘉庆皇帝曾言："乃外省风气，督抚等养尊处优，不思勤以率属。……以致属员等罔知儆惕，任意废弛，于地方事件毫不介意，案件积压，狱讼滋繁，小民等冤屈莫伸，讦告愈炽，是以赴京控案。"[3]

（二）在外州县有事款干碍本官不便控告

如果上控人所控事项涉及本管官员，案件不宜由其审理。律例规定，此类案件得以向上级直接控告。《大清律例》规定："若命、盗等案，尚未成招，寻常案件，尚无堂断，而上控呈词内，义无抑勒画供，滥行羁押，及延不讯结，并书吏诈赃舞弊各等情，应即照本宗公事未结绝者，发当该官司追问律，仍令原问官审理。"[4] 由此条看，若原审官员有抑勒画供、滥行羁押及延不讯结、并书吏诈赃舞弊等情，案虽未结，当事人也可上控。

（三）当事人对于处理结果不服

清代例文规定："或有冤抑，审断不公，须于状内将控过衙门、审过情节开载明白，上司官方许受理。若未经告州县及已告州县不候审断越诉者，

---

[1]　（清）包世臣：《齐民四术》，卷第七（下），同治十一年刻本。

[2]　（清）王又槐：《办案要略》，"论批呈词"，光绪十八年刻本。

[3]　中国第一历史档案馆编：《嘉庆道光两朝上谕档》第12册，桂林，广西师范大学出版社2000年版，第86页。

[4]　（清）薛允升著述、黄静嘉编校：《读例存疑重刊本》，台北，成文出版社1970年版，第1238页。

治罪。"[1] 上控人对处理结果不服，认为自己遭受冤屈，可上控。惟应于上控状内将案件此前控告及审理情节载明。对于未经州县告诉及州县未审结而上控的越诉者，不予受理，并处以笞五十。

四、上控状

清代律例对诉状形式和内容未作统一规范，大多由各地自行规定。[2]

在结构上，清代诉状一般包括五部分。

（1）状头，标明诉状为"新告"或"旧告"，并附有官代书戳记等。

（2）案件当事人及相关人员信息，如原告、被告、干证、地保、抱告、代书等人的姓名、籍贯等。

（3）呈控事由。

（4）正印官批示。

（5）告状不准条款。

在内容上，告状不准条款包括以下情形：以赦前事呈控者、呈词内牵连无辜者、事不干己而呈控者、无故不行亲临者、被囚禁人呈控者、无抱告之老幼笃疾妇人呈控者。[3]

清代上控可以口头提出，由官代书予以记录，也可直接提出上控状。上控状属于诉状一种，其既有一般诉状特点，也有其特异之处。此处以清末"杨乃武与小白菜案"中杨詹氏京控诉状为例，简要分析上控状的结构及其内容。

---

〔1〕　马建石、杨育裳主编：《大清律例通考校注》，北京，中国政法大学出版社 1992 版，第 872 页。

〔2〕　随着地方档案资料的不断发掘和整理，学界关于清代诉状的研究取得较大进展，主要有如下代表性研究成果：邓建鹏：《讼师秘本与清代诉状的风格——以"黄岩诉讼档案"为考察中心》，载《浙江社会科学》2005 年第 4 期；邓建鹏：《清代〈状式条例〉研究》，载《清史研究》2010 年第 3 期；李艳君：《从"状式条例"看清代对诉状的要求》，载《保定学院学报》，2008 年第 3 期；[日]唐泽靖彦：《清代的诉状及其制作者》，载《北大法律评论》2009 年第 1 辑；江兆涛：《清代诉状制度研究》，载《黑龙江省政法管理干部学院学报》，2013 年第 5 期；吴佩林：《清代县域民事纠纷与法律秩序考察》，北京，中华书局 2013 年版，第 197-234 页。

〔3〕　参见《大清律例》"越诉"条（第 332 条）附例、"诬告"条（第 336 条）附例、"见禁囚不得告举他事"（第 339 条）附例，载（清）薛允升著述、黄静嘉编校：《读例存疑重刊本》，台北，成文出版社 1970 年版，第 977-1018 页。

浙江余杭杨氏二次叩阍原呈底稿

（1）上控人、日期。

具呈杨詹氏，浙江杭州府余杭县人。遣抱姚士法。同治十三年八月 日呈，九月二十日递。

（2）上控事由。

为无辜惨罹死罪，复审仍存锻炼，沥诉沉冤，叩求奏请提交刑部彻底根究事。

（3）前审衙门、控过情节。

窃氏夫杨乃武，年三十六岁，向系读书授徒糊口。上年十月初九日，有葛毕氏毒死本夫葛品连身死一案，葛毕氏诬指氏夫因奸谋害，由县解省审讯，刑逼氏夫诬服。氏于抚宪、臬宪及府宪呈诉冤情。氏夫胞姐叶杨氏遣抱赴都察院控诉，经都察院咨回原省复审在案。兹因原问官意存回护，氏夫含冤待毙，不得不再行呈诉实情。

（4）案情介绍。

先是……

（5）对案件判决的疑问……

（6）上控请求。

伏思此案再由本省问官审讯，势必回护前非，仍照原审议结，不过氏与氏夫又享受一番刑楚，而沉冤无由昭雪。氏与叶杨氏并氏之两个孩子，均经禁押公所，呼吁无从，不得不沥诉冤情，再抄呈本县通详原文，遣抱恩请宪天大人恩准，具奏请旨，提出交刑部详加审讯，究出正凶以成信谳而雪冤诬，感戴生成，永无既极，不胜急迫待命之至，上呈。

大致来说，从结构看，上控状包括以下六部分。

（1）上控人、上控日期。上控人必须明确，而且要写明住处，不准捏造。否则，官代书要承受责罚。有抱告者，要写明抱告姓名、和上控人的关系。

（2）上控事由。简要提出自己的上控事由，类似上控状的标题。

（3）前审衙门、控过情节。上控状须写明案件此前审办情况，以便官府判断是否越诉、应否受理。

（4）案情介绍。

（5）对案件判决的异议。针对州县、知府定案详文，提出疑问。

（6）上控请求。上控人在控状最后提出请求，或要求提讯，或要求委人复审。

总结而言，清代上控状在内容上有以下几个特点：第一，上控状须将案件控经衙门、审过情节开列明白。如，四川宁远府"状式条例"明确要求，上控状"不将控过衙门批断情节声明，及再诉不叙前词年月拟语者，不准"；保宁府上控状式也要求，"不将控过衙门批断情节声明，或不叙出批语及再诉不叙前词年月拟语，不准"。[1] 第二，上控状应针对此前认定事实阐明不服理由，并提出相应证据。在前述杨詹氏上控状中，针对地方认定杨乃武与葛毕氏通奸并将葛品连谋毒的事实，逐一提出了八个疑问，并因此认为地方官"总以案已具题，各顾考成，不肯再为翻案"。[2] 第三，上控状中大多会有对地方官吏控诉或不满的内容。命盗重案中，一旦州县官通详后，案情即基本确定。要想翻案，上控人只能把自己置于和前审官府的对立面。上控人会对官府审断"不公"给出自己的判断，或吏役受贿作弊、讹诈勒索，或对方当事人行贿操作，或经审官无能低效。杨詹氏就明确提出："问官虽知案系冤抑，因皆自顾考成，仍复含糊了事，似此酷虐奇冤，实有出于情理之外者。"[3]

寺田浩明先生认为，相对于西方近代以来"当事人依据法主张权利、法官依据法作出判定"的权利型诉讼，中国传统诉讼表现为一种"惩罚欺压、为民申冤"的申冤型诉讼。"冤"重点强调对遭受外界不当对待而不得自由或无罪而被罚的不公事实。"抑"则突出此种事实状态无法得以伸张。有冤而无法获得疏解，则表现为被压抑、被扭曲的状态，使人产生不平、怨恨、愤怒等心理。[4] 当事人诉诸官府，希望通过官府裁断消除冤屈；若初审处理不当，申冤者不仅无法得以平复，还会因对初审裁决的不满而增加新的冤屈，冤抑得以叠加。随着上控不断升级，不公平感和冤抑感会不断增强。

一些上控人最初只是提出对被告的控诉。随着上控升级，控告对象往往会增加经审官员和吏役。特别是地方吏役的违法乱纪行为，往往成为新一

〔1〕　李艳君：《清代民事上控制度述论》，载《保定学院学报》2010 年第 2 期。
〔2〕　王策来编著：《杨乃武与小白菜案真相披露》，北京，中国检察出版社 2002 年版，第 22-26 页。
〔3〕　王策来编著：《杨乃武与小白菜案真相披露》，北京，中国检察出版社 2002 年版，第 22-26 页。
〔4〕　[日] 寺田浩明：《权利与冤抑：寺田浩明中国法史论集》，北京，清华大学出版社 2012 年版，第 233 页以下。

轮上控的重点。^{（1）}刘衡记述，其任成都知府时，呈控中以控诉差役勒索案件居多；光绪元年，四川按察司札文称，放告日所接词状，控告差役者十居七八。^{（2）}此时，上控人所对抗的不仅是对方当事人，还包括案件此前经审官员和吏役。考虑到清朝严格的错案责任追究制，上控层级越高，牵涉官员愈多，平反愈难。如此，往往陷入一个怪圈：不上控，冤抑难平；上控后，更难得平。当事人只能逐级上控。

第二节　上控的管辖、处理和审理

现代诉讼理论认为，审级是上诉的载体。若非仅设立一级审判机关，任何国家均需建立相应审级制度，规定一国设立几级审判层级，以及案件应经过几级审判后判决或裁定产生法律效力。清代虽无现代司法意义之审级制，然其司法审判也设置多个层级。^{（3）}

清代司法、行政合一，司法层级和行政层级基本保持一致。^{（4）}各直省司法层级，自下而上包括州县、府（直隶厅州、道）、司、院、刑部、皇帝等。地方上，县一级有州和县。与府平级的有直隶州、直隶厅；府、直隶厅州亲辖地方第一审案件，由分守道审转。臬司执掌一省刑名。督、巡往往被视为一个司法层级。中央刑部为天下刑名总汇，对全国司法进行监督并负责京师案件审理，是实际上的最高专业司法层级。督抚与刑部并无职位上隶属关系，但由于刑部的专业权威性，形成了二者事实上的上下级关系，刑部在审转链条上位于督抚上端。大理寺、刑部和都察院，号称中央"三法司"。大理寺掌驳正，对于死刑案件参与九卿会审。都察院掌监察，纠劾百司，辨明冤枉。刑部为天下刑名总汇。皇帝为一切司法权力根源，行使最高司法裁判权，并亲掌死刑决定权。

〔1〕　瞿同祖：《清代地方政府》，范忠信等译，北京，法律出版社 2003 年版，第 85-86 页、第112-118 页。

〔2〕　周保明：《清代地方吏役制度研究》，华东师范大学博士学位论文，2006 年，第 272 页。

〔3〕　清代虽有审判的层级，但并无案经几级审判后判决或裁定发生法律效力的制度。具体见本书第七章"清代司法判决确定性研究"。

〔4〕　省级的藩司、提督、学政、总兵和中央的吏部、户部、兵部、理藩院等也有一定司法权。

一、上控案件管辖

乾隆六年定例："词讼未经该管衙门控告，辄赴控院、司、道、府，如院、司、道、府滥行准理，照例议处。"《清史稿·刑法志》载："凡审级，直省以州县正印官为初审。不服，控府、控道、控司、控院，越诉者笞。"[1] 直省州县为案件第一审，当事人不服州县判次，可以逐级向府、道、司、院衙门上控。

（一）府控

朝廷设官分职，均为牧民起见。除知县外，次等亲民的就是知府。知府承担的重要司法职能包括：审理亲辖案件、覆核州县审转案件、受理上控并审理司、道交审案件。府控是多数案件上控的第一层级，也是上控案件最主要的审理机关。清代律例规定，督抚、臬司、道接收的上控可向下交审，知府受理的上控则必须亲提审理。"但知府所辖管有十余县及七八五六州县不等，由司道交审，及具控即行亲提，是知府之案反有较州县为多者。"[2] 上控各层级中，知府距离案件最近，最先受理案件，也相对更易查得案情，予以平反。

（二）道控

清代设守、巡两道，其主要职能并非司法。"守、巡两道非止为理词讼之际设也。……两司堂上官，势难出巡，力难兼得。故每省计远近设分守、分巡道，令之督查料理。所分者总司之事，所专者一路之责。"[3] 道负责查核所属州县自理词讼、审转直隶厅州及穷远府州县招解案件。当然，道也接受所辖区域上控。如直隶厅、州无下属县，则道为上控第一层级；如直隶厅、州下辖属县，则道为上控第二层级。道，设于距省较远之地。上控至省的案件，"在督抚处具控，即发交司道审办。或距省较远，即发交该管守巡道审办"。

---

[1]（清）赵尔巽等撰：《清史稿》卷一四四，"刑法志三"，北京，中华书局1998年版。

[2]（清）薛允升著述、黄静嘉编校：《读例存疑重刊本》，台北，成文出版社1970年版，第1238页。

[3]（清）陈宏谋：《从政遗规》，卷上"明职"，载官箴书集成编纂委员会编：《官箴书集成》，合肥，黄山书社1997年版，第4册。

因此，道审理至本衙门上控的案件以及督抚交审的上控案。

（三）司控

督抚之下，设有提刑按察使司，又称"臬司"，为一省刑名总汇，经管治安、词讼、命盗、秋审、狱政等司法事务。除一省审转案件之覆核，臬司也审理案件，主要包括：一是督抚、两司、学政、提督衙门的书吏、差役、幕友、长随等人的轻微刑事案件；二是控告至本司以及督抚交审的上控案件；三是以官员为被告之官犯案件。官犯案件以两司为第一审，不经过州县府道等下级衙门。[1] 清代司法中，借助上控，臬司在解决疑难案件和平反冤案方面起到重要作用，是司法体制的"减压阀"和社会矛盾的"过滤器"。[2]

（四）院控

督抚是清代地方最高行政与司法长官。当事人对于案件结果不服，可以上控至督抚。对于所接收上控案件，督抚或发交司道审办，或亲提研审。《大清律例》规定："各首督抚，除事关重大，案涉疑难，应行提审要件，或奉旨发交审办，以及民人控告官员营私枉法滥刑毙命各案，俱令率同司道等亲行研审。"[3] 由此可见，对于重大疑难、京控发交，以及民人控告官员营私枉法滥刑毙命的"民告官"案件，要求督抚亲提研审。

（五）京控

京控，是指当事人或其亲属向京师各部院衙门呈控。[4]《清史稿·刑法志》载："其有冤抑赴都察院、通政司或步军统领衙门呈诉者，名曰京控。"[5] 广义的京控还包括案件当事人及其亲属直接向皇帝申诉的叩阍。在审转覆核的流水线上，刑部和皇帝分别居于督抚上端。研究者多将二者作为两个"审级"。

---

〔1〕　参见（清）石孟函辑：《广西调查诉讼习惯报告书》，"管辖"，广西官书局排印，宣统二年。

〔2〕　汪雄涛：《清代司法的中层影像：一个官员的知府与臬司经历》，载《政法论坛》2014 年第 6 期。

〔3〕　（清）薛允升著述、黄静嘉编校：《读例存疑重刊本》，台北，成文出版社 1970 年版，第 1237 页。

〔4〕　那思陆：《清代中央司法审判制度》，北京，北京大学出版社 2004 年版，第 214 页。

〔5〕　（清）赵尔巽等撰：《清史稿》卷一四四，"刑法志三"，北京，中华书局 1998 年版。

但从上控角度看，无论普通京控，还是叩阍，都是向皇权提出冤抑。都察院、通政司和步军统领衙门，均是代表皇帝接收控诉。因此，在上控框架下，京控可以作为一单独审级。就诉讼程序设置看，京控乃上控的一种，二者具有基本相同的案件处理程序。

二、上控案件的处理

清代对上控案件，分别不同情由，按照“不受理”“立案不行”“发回审理”“受理”四种措施予以处理。

（一）不受理

“不受理”，也称“不准理”。一方面，清代律例明确，对重至谋反叛逆、轻至婚姻田宅的一切案件，地方官均有受理的义务；否则，其要承受重轻不一的处罚。[1] 另一方面，清律明确以下几种情形不予受理：（1）时间限制。清继承前代“务限法”。每年四月初一日至七月三十日的农忙时日，若原、被告中有农民，则户婚、田土等细事不准受理。此外，地方州县官多采“三、五、八”放告日接受词讼，其余日期一般不受词讼。当然，涉及谋反、叛逆、盗贼、人命及贪赃坏法等重情，并不受此“务限法”限制。[2] 对于告谋反叛逆者，必须立即受理、差人掩捕。（2）地域限制。户婚田土等细事，起诉时须遵循“原告就被告”的管辖原则，“于事犯地方告理，不得于原告所住之州县呈告”。否则，案件不予受理。[3]（3）原告资格限制。被囚禁者告举他人之事、无抱告之老幼笃疾妇人呈控等，案件不得受理。（4）呈告内容限制。清代律例规定，以赦前事呈控者、呈词内牵连无辜者、事不干己而呈控者、朦胧告诉而无实据者，不准理。[4]

---

〔1〕《大清律例》，田涛、郑秦点校，北京，法律出版社 1999 年版，第 478 页。
〔2〕《大清律例》“告状不受理”例：“每年自四月初一日至七月三十日，时正农忙，一切民词，除谋反、叛逆、盗贼、人命及贪赃枉法等重情，并奸牙铺户骗劫客货，查有确据者，俱照常受理外，其一应户婚田土以及斗殴等细事，一概不准受理，自八月初一日以后，方许听断。若农忙期内受理细事者，该督抚指名题参。”《大清律例》，田涛、郑秦点校，北京，法律出版社 1999 年版，第 479 页。
〔3〕《大清律例》，田涛、郑秦点校，北京，法律出版社 1999 年版，第 478 页。
〔4〕参见《大清律例》第 332 条“越诉”附例、第 336 条“诬告”附例、第 339 条“见禁囚不得告举他事”。

（二）立案不行

"立案不行"是清代规定的一种案件处理方式，即对一些重要案件，官司受理后立案，但不继续进行勘问。《大清律例》"越诉"门下多处规定"立案不行"，兹简要列举数项，以便分析。

（1）擅入午门、长安等门内叫诉冤枉，……其临时奉旨止拿犯人治罪者，所诉情词，不分虚实，立案不行，仍将本犯枷号一个月发落。

（2）凡奸徒身藏金刃欲行叩阍，擅入午门、长安等门内者，不问所告虚实，立案不行，仍杖一百，发近边充军。

（3）曾经考察、考核被劾人员，若怀挟私忿，妄捏摭拾经该官员别项赃私，不干己事，奏告以图报复者，不分现任、致仕、闲住，文官问发为民，武官革职差操，奏告情词，不问虚实，立案不行。

（4）江西等处客人在于各处买卖生理，若有负欠钱债等项事情，止许于所在官司陈告，提问发落。若有蓦越赴京奏告者，问罪递回，奏告情词，不问虚实，立案不行。

（5）军民人等干己词讼，若无故不行亲赍，并隐下壮丁，故令老、幼、残疾、妇女、家人抱赍奏诉者，俱各立案不行，仍提本身或壮丁问罪。[1]

就上述规定看，"立案不行"不同于"不受理"。"不受理"是指不符合案件受理条件，官府不予准理。此处的"立案"类似于现代的"存档"；"不行"，是指无论所告内容虚实与否，对于所告之事则不予调查追究。律例中的"立案不行"，是指告诉人的告诉行为本身即为法律所不准，立法对其严惩，以儆刁顽。例如，前述第（3）项，曾经考核考察人员妄捏摭拾奏告经该官员别项赃私，因其所告之事与己毫不相干，无论"妄捏"还是"摭拾"，其主观动机和意图均在"报复"，属刑律严惩的对象。一方面，对此类告诉不能仅仅"不准理"，否则容易助长"刁行"，损害官府权威，故需对告诉者予以惩处；另一方面，对所告之事，无论虚实与否，不予调查处理，则可以使告诉者"报复""拖累"的目的无法达到。

---

[1]（清）薛允升著述、黄静嘉编校：《读例存疑重刊本》，台北，成文出版社 1970 年版，第 978-979、980、982、984 页。

（三）发回审理

《大清律例》"告状不受理"条规定："若各部院、督抚、监察御史、按察使及分司巡历去处应有词讼，未经本管官司陈告，及（虽陈告而）本宗公事未结绝者，并听（部院等官）置簿立限，发当该官司追问，取具归结缘由勾销。"[1]当事人必须先于本管衙门告诉，案件不受理或审断不公，方可上控。对于未在州县衙门控告或控告后尚未审结的上控，均由所告衙门登记并依法确定审限，发回本管衙门审理。现代诉讼法对于下级审判机关未审结的上诉案件，一律不予受理。根据"独立审判"原则，上级法院无权干预下级审判活动。清代对此类案件发回相应下级衙门审理，但规定由上控衙门"置簿立限"。如此，上控案件便被置于上级机关监督之下，地方审理时面临更多压力，比一般案件也多加用心。

1. 对越诉的上控，发回州县审理

原则上，诉讼必须自下而上，逐级进行。本管官司不受理，或审理不公，以及案件涉及本官而不便控告，方可至上级控诉。未经州县起诉而上控，大多不会被准理，多会要求其回原州县控诉。"赴上控告者，查系原未在县控告，即系越控。或予责处，或批赴县具告。"[2]实践中，有未在州县起诉而直接上控者，也有未经府控而直接上控于司、道、院等衙门者。对此类案件，大多批回州县处理。兹举一例：

去年十二月，我祖父同张葆信之子张乐吉在顺天府递上控呈词，业礼饬文安县讯办，前任姚县主未曾讯问。今年三月初六日，经王县主讯一次，亦未断结。三月二十日，我又来京在顺天府递呈，又蒙批县审办，我遂于五月十六日携带呈词，欲在摄政王前呈诉是实。经庭员会同检察官提，供词无异。查《奏定顺属清讼办法》，须该本县已经判结，果有冤（折）（抑）不服，方准来厅上诉。李增翘此案即便来厅呈控，已有不合。今该犯以本县尚在审判未结之案，遽行来京，欲在摄政王前呈诉，实属干犯例条，自应按例依律问拟。[3]

〔1〕（清）薛允升著述、黄静嘉编校：《读例存疑重刊本》，台北，成文出版社1970年版，第990-991页。

〔2〕（清）徐栋辑：《牧令书》，卷十八，"刑名中"，载官箴书集成编纂委员会编：《官箴书集成》，合肥，黄山书社1997年版，第7册。

〔3〕汪庆祺编：《各级审判厅判牍》，"判牍九·诉讼门·越诉"，李启成点校，北京，北京大学出版社2007年版。

　　该案中，李增翘及其祖父两次上控顺天府，一次未在州县呈诉而直接上控，一次因县审拖之不结而上控。两次越诉均发县重审。虽然清律规定对越诉者进行处罚，但两次上控均未对其越诉行为惩处。只是在其欲行京控时，方治以越诉之罪。此外，清末名吏樊增祥处理越诉案件时，对越诉行为也多不惩处，而是要求告诉者回县处理。[1]

2. 对未结案件提起的上控，发回原审机关

　　理论上，未审结而上控的案件，属于越诉，按律应予处罚。司法实践中，大多予以训诫，并要求上控人回现审机关待审。《大清律例》规定："若命盗等案尚未成招，寻常案件尚无堂断，而上控呈词内又无抑勒画供、滥行羁押、及延不讯结并书吏诈赃舞弊各等情，应即照本宗公事未结绝者发当该官司追问律，仍令原问官审理。该管上司仍照律取具归结缘由勾销。"[2] 此类上控的复杂之处在于，如何界定"审结"。据此，清代的结案标准可以归纳如下。

　　第一，命盗案件需要"成招"。此处"命盗案件"系指因处以徒刑以上，需要审转覆核的重大刑案。《大清会典》规定："凡听断，依状以鞫情，如法以决罚，据供以定案。"清代审判，极重口供，几乎"无供不定案"。供，包括原、被告供述和证人证言。"招"指刑案中被告人之供述。原则上，"招"对定案起决定性作用。除非案犯在逃或坚不招认，法官可据众证定罪。否则，法官须获得被告人的"招"（"服辩文状"）。"成招"，是指案件事实调查清楚，州县官根据各种证据材料确定了案情。对于命盗重案，成招后，州县官即可据此作出类似判决书性质的"看语"（作看）[3]，向上司申报（申详）。

　　第二，寻常案件需要"堂断"。"寻常案件"指处以笞杖刑以下的州县自理案件。"堂断"，也称"堂判"，指州县官在案件审结后所作的判决。堂断分

---

〔1〕"批蒲城县商民杨海云呈词：尔被恶差屈德借端讹诈，私刑拷打，并将铺内银钱衣物掳掠一空。尔不在县具控，辄来省垣，渎请提究。尔独不闻'越诉笞五十'乎？仰即讯回蒲城县，具控催案，越诉不准。"载（清）樊增祥：《樊山政书》，那思陆、孙家红点校，北京，中华书局2007年版，第9页。

〔2〕（清）薛允升著述、黄静嘉编校：《读例存疑重刊本》，台北，成文出版社1970年版，第1238页。

〔3〕　州县官对命盗重案所作的堂断称为"看语"。黄六鸿曰："夫所谓'看语'，乃上司告词批审，与本县详审之事，覆批拟议，而审明具狱之情罪可谳者也。不曰'审语'而曰'看语'者，以所谳不敢自居成案，仅看其原情以引律拟罪，而仰候宪裁也。"（清）黄六鸿：《福惠全书》卷十二，转引自那思陆：《清代州县衙门审判制度》，北京，中国政法大学出版社2006年版，第123-124页。

为针对州县自理案件的"审语"和前述命盗等重大刑案的"看语"。[1]堂断上须有当事人对案件审理结果认同的"甘结"，并表示日后不再翻案的证明。[2]清代司法中，两造输服，方可结案。

第二，若原问官有抑勒画供、滥行羁押及延不讯结并书吏诈赃舞弊各等情，案虽未定，当事人可上控。上控衙门受理后，或提审，或发审，或委审。

清代中后期，案件积压较为严重。律例明确规定了各种案件的审限，但各级官员仍能较容易找到规避之法，导致案件迟迟无法审结。饱受拖累之苦的当事人，无奈之下只能选择上控。此种案件，清律规定应发回现审机关继续审理，由上控衙门"置簿立限"，督促下级按期审结。通过上控，当事人既表达了对拖延审理的不满，也起到督促地方官员尽快结案的作用。当然，上控过程中的旅途劳累、费用支出只能由当事人独自承受，通过上控督促案件审理，也更多是不得为而为之。[3]

（四）受理

《大清律例》第334条"告状不受理"规定："其已经本管官司陈告，不为受理，及本宗公事已绝，理断不当，称诉冤枉者，各（部院等）衙门即便

---

〔1〕　州县官对自理案件所作的堂断称为"审语"。黄六鸿曰："所谓'审语'，乃本线自准告词，因情判狱，续其两造之是非，而断以己意者。夫不曰'看语'而曰'审语'，以主惟在我，直决以定案，而更书其判狱之词以昭示也。"（清）黄六鸿：《福惠全书》卷十二，转引自那思陆：《清代州县衙门审判制度》，北京，中国政法大学出版社2006年版，第123页。

〔2〕　甘结是当事人接受裁决结果的一种表现形式，但实践中当事人迫于压力出具甘结后又再次上控的也屡见不鲜。

〔3〕　清律规定了严格的审限制度，但中后期以后各级司法机关对案件拖延不结，似乎成为一个普遍现象。如嘉庆十二年，江西巡抚金光悌奏，江西"巡抚衙门未结词讼即有六百五十九起，藩司衙门未结者有二百六十八起，臬司衙门未结者有五百八十三起。"嘉庆十二年六月十八日，湖南巡抚景安奏称：自嘉庆元年大赦后起，至其到任之后，巡抚衙门批审未结讼案一千二百一十七件，藩司衙门自行批审未结讼案三百二十七件，臬司衙门自行批审未结讼案一千一百五十一件，粮道衙门自理批审未结讼案一百三十五件，盐道衙门自理批审未结讼案一百三十五件，其原有自理批审未结讼案三百九十八件；福建省仅巡抚衙门未结词讼就达二千九百五十七起之多；嘉庆十二年五月，直隶总督衙门自理词讼未结者五十七起之多，藩司、臬司两衙门自理词讼均有二百数十起之多；江苏省藩、臬两衙门以及历任督抚批提审讯未结之案及自理未结之案相对较少，均不过数十件及数件；河南省仅藩司衙门最多，有一百八十起，巡抚司道等衙门未结案件，自二三十案至一、二案不等；嘉庆十三年，阮元奏查明通省未结词讼设法清厘一折中称，清安泰任内有批发未结词讼三百二十二案，藩司衙门批准未结者八十六案，臬司衙门批准未结者一百八十五案。参见冯永明、常冰霞：《制度、资源与法律——嘉庆年间的控案繁多与应对之道》，载《聊城大学》（社会科学版）2011年第6期。

勾问。若推故不受理，及转委有司，或仍发原问官司收问者，依告状不受理律论罪。"[1] 对于州县不受理或审结后不服的上控，上控衙门既不能借故不受理，也不能直接转交其他机关或发交原审处理。《大清律例》第410条"辨明冤枉"下附例对处理程序做了较为明确的规定。此引述如下：

> 各首督抚，除事关重大，案涉疑难，应行提审要件，或奉旨发交审办，以及民人控告官员营私枉法、滥刑毙命各案，俱令率同司道等亲行研审。并司道等官接受所属控词，遇有前项各情，或经上司批发之案，亦即亲提审办。间有户婚、田土案件，头绪纷繁，必须酌派妥员代为查审者，于结案时，仍由该司道等官覆勘定拟具详，不得仅委属员承审外，其余上控之件，讯系原问各官业经定案，或案虽未定，而有抑勒画供、滥行羁押及延不讯结并书役诈赃舞弊情事。如在督抚处具控，即发交司道审办。或距省较远，即发交该管守巡道审办。如在司道处具控，即分别发交本属知府或邻近府州县审办。如在府州处具控，即由该府州亲提审办。概不准覆交原问官，并会同原问官办理。审明后，按其罪名，系例应招解者，仍照旧招解；系例不招解者，即由委审之员详结。其有委审之后覆经上控者，即令各上司衙门亲提研鞫，不得复行委审。[2]

简言之，对州县不受理、审结后不服以及前述原问官有抑勒画供、滥行羁押及延不讯结并书吏诈赃舞弊各等情的上控案件，根据案情轻重，分别提审（亲自提案审办）、委审和发审三种方式处理。（1）提审。若是奉旨发交、重大疑难以及民人控告官员营私枉法、滥刑毙命的重案，则由督抚、司道、府州等官员亲提审办。如在督抚处具控，各省督抚还须率同司道亲行研审。（2）委审。对于上控到督抚、司道处的复杂难解户婚、田土案件，可由司道官酌派属员代为查审。（3）发审。其余一些上控案件，则发交其他衙门审办。督抚受理上控，可发交司道审办；司道受理上控，可发交本属知府或临近府州县审办。需要注意的是，对上控到府州的案件，府州须亲自审理上控，不准发交或会同原问官审办。另外，上控案件委审后，若再次上控，上司衙门应亲提审问，不得再次委审。上述三种案件处理方式不可混淆，若使用不当，

〔1〕（清）薛允升著述、黄静嘉编校：《读例存疑重刊本》，台北，成文出版社1970年版，第991页。
〔2〕（清）薛允升著述、黄静嘉编校：《读例存疑重刊本》，台北，成文出版社1970年版，第1237-1238页。

也可能受到处罚。[1]

总之，案件当事人上控与否，决定于其对官府处理是否认可与接受。[2] 如果当事人认为裁判是公平的，则判决会得到遵守。否则，即使当事人已经具结，也仍有可能上控。在司法既无上诉期限规定，也未对上诉次数予以限制的情形下，只要当事人认为自己"冤抑"，理论上任何时候均可提出上控以再次启动审判。

三、上控案件的审理方式

（一）提审

提审又称"亲审"，即对于重大复杂疑难的上控或审转案件，由受理衙门长官亲自提案审讯。提审是相对于"委审""发审"而言。府、道、司、督抚等各级上控机关均可提审。

1. 督抚提审案件

《大清律例》规定"各省督抚，除事关重大、案涉疑难、应行提审要件，或奉旨发交审办，以及民人控告官员营私枉法、滥刑毙命各案，俱令率同司道等亲行研审。并司道等官接受所属控词，遇有前项各情，或经上司批发之案，亦即亲提审办。"[3] 督抚提审案件包括三种：（1）重大疑难案件。督抚对其辖下案件负总责，也是地方对中央负责的最后一道关口。若重大案件审理不实，出现冤假错案，督抚也难辞其咎。因此，对于案情纷繁复杂、牵涉重大的案件，要求督抚亲自提审。（2）"奉旨发交审办"案件。皇帝发交案件多为京控。民人上控至京，都察院、步军统领衙门受理后，简要审查后，根据案情轻重，或专折奏闻皇帝（奏交），或咨回各省督抚或将军办理（咨交），

---

[1] "该管上司仍照律取具归结缘由勾销。倘有应亲提而委审，或应亲提、委审，而发交原问衙门者，即令该督抚指名严参，交部照例议处。其所委之员，若有瞻徇听嘱等弊，亦即严参治罪。该督抚有违例委审者，亦照例议处。"参见（清）薛允升著述、黄静嘉编校：《读例存疑重刊本》，台北，成文出版社1970年版，第1238页。

[2] 寺田浩明先生把当事人承认官府裁决划分为基于官方权威的"命令—服从"型和基于当事人内心认同的"说服—合意"型，清代司法更多呈现为后一种。[日]寺田浩明：《权利与冤抑：寺田浩明中国法史论集》，北京，清华大学出版社2012年版，第247页。

[3] （清）薛允升著述、黄静嘉编校：《读例存疑重刊本》，台北，成文出版社1970年版，第1237页。

或径行驳斥（驳回）。奏交案件由皇帝批发督抚进行审理。此类案件，要求督抚必须亲自审理，可以"率同"但不可直接发交司道审办。[1]（3）"民人控告官员营私枉法、滥刑毙命"等"民告官"案件。此类案件不仅人命关天，更直接牵涉吏治，关系国本。[2]因此，规定由督抚亲自处理此类案件，乃因其对通省官员负有直接监督之责。

2. 司道提审案件

对上述重大疑难、上司批发以及"民告官"案件，若在司道处上控，其也应亲自提审。京控案件经奏交、咨交后由督抚提审。然而，督抚为一省或数省之长官，臬司总合一省之刑政，事务繁多。[3]即使对奉旨发交的京控案件，督抚、臬司等也往往不予亲审。嘉庆十一年，嘉庆帝特旨交审寿州三命重案，然而总督、臬司均未亲行确讯，而是委发苏州府县承审，结果酿成错案。对此，嘉庆帝十分不满。

臬司遇昌于此等重大之案，并不豫提犯证、亲行确讯，及府县具详后，又不细核案情，悉心推鞫。该司为刑名总汇，一任属员受嘱蒙详，颠倒狱情，竟同聋瞆。仅予革职，不足蔽辜。遇昌著革职，发往乌鲁木齐效力赎罪。至总督铁保于特旨交审之案，即与钦差无异。乃并不亲提严讯，率据承审属员照拟定案。[4]

实际上，此案曾数次特旨发交督抚审办，而两江总督、安徽巡抚又多次委淮徐道、江宁藩司等审理。可见，多层向下委审已经成为当时的一种潜规则。清末名吏樊增祥在一份争继上控案批词中说："如此断案，争继者欺天夺嗣，问案者坐地分赃，直是强盗作官，良民尚有生路耶？此案恐非兴安府县所能了，俟即日遴委妥员，速赴白河县将全案人证卷宗飞提回省，听候本司亲讯断案。"[5]此案中，由于原审法官判决之荒谬，不能不让人怀疑其涉嫌受贿枉断。如此，不仅案发地白河县不再适合重审此案，而且本属上司兴安府以及所属该府的其他州县也不适合审案，因此由臬司派人把案件提省亲审。

---

[1]　清朝后期司法实践中，由于京控众多，督抚无暇顾及，虽名为"率同"，实际上多把案件发交臬司审办；臬司再把案件交首府审办；首府则委托发审局具体审理。发审局审理完结后，督抚率同臬司审核后上奏。

[2]　封建中国，法是皇帝治理国家的重要工具。"明主治吏不治民"，通过"治吏"实现"吏治"的目标。李启成：《治吏：中国历代法律的宗旨》，载《现代法学》2017年第6期。

[3]　[日]织田万：《清国行政法》，北京，中国政法大学出版社2003年版，第234-250页。

[4]　《清仁宗实录》，卷177，"嘉庆十二年"。

[5]　（清）樊增祥：《樊山政书》，那思陆、孙家红点校，北京，中华书局2007年版，第8页。

3. 知府提审案件

知府提审的案件主要有三种：（1）知府受理的上控案件。此类案件应分别情形处理。第一步，先对上控状进行审查，若所告案情并无可疑，即可批驳不准；若发现尚有可疑之处，州县审断不平允，则批"仰某县送卷查阅"，令州县上报再查。第二步，该县只需将审后粘连之卷即日详文申报，详文只需数句，不必录供叙案，以免累赘拖延，此谓"奉批录案"。[1]第三步，上司查阅后，若原断案公允，则将案卷和州县详文一起批发，并将刁告之人予以责处。案件不须再审。若发现州县审判确实不公，则可提审。对于上控案件，既不可轻准，也不可轻易提审。[2]（2）司道受理而发交知府的上控案件。司、道等对上控到本衙门案件，经过审查后认为审断不公，则可将州县初审案卷发交知府提审。知府审明后改拟，只需将新的"看语"（谳语）叙入，并连县卷送呈上司查阅，不必如县级初审时一一叙供、具详，以省繁牍。但是对于上控案件，知府不得仍发原审衙门审理，否则容易导致地方回护冤累。清代名吏陈宏谋认为，"如此分别办结，层层责成，官无滥准批查之烦，民难施捏词翻告之计矣。"[3]（3）委审后再次上控，须由知府或相应上司衙门亲自提审，而不能再次委审。清律规定，府一级不能再把上控案件发交其他机关审理。从目前所见资料看，此规定似乎并未得到真正遵行。道光末年，贵州安顺府一位知府在给下属县令的信件中，说：

> 各宪批发上控案件，各属尽能如吾兄之急公，弟幸何如之？实以各州县积压之件太多，……其府控续词必须亲提之说，亦不过阻原告上控，而使各差闻风自惕之意。若果逐起亲提而亦不胜其累矣。兹读来函，似觉阁下会心太远，惟不肯以弟为妄言而一笑置之，足见遇事认真，非他可比，正不禁控案之一端耳，愈深钦佩。至弟虽到黔未久，而控案之积弊，早知并不在官，实系差与刁民各居其半。是以前次加函，欲使若辈知非具文，或可从此敛迹。

---

[1]　（清）方大湜认为，对奉批录案也要做到有理有据，对案件情节适用律例，要做到考究明白，"否则上控之后，奉批录案无词可措矣。"方大湜：《平平言》，卷二，"本案用何律例须考究明白"，载官箴书集成编纂委员会编：《官箴书集成》，合肥，黄山书社 1997 年版，第 7 册。

[2]　（清）陈宏谋："越告"，载《保甲书》卷 3，徐栋辑：《牧令书》，卷 18，"刑名中"，载官箴书集成编纂委员会编：《官箴书集成》，合肥，黄山书社 1997 年版，第 7 册。

[3]　（清）陈宏谋："越告"，载《保甲书》卷 3，徐栋辑：《牧令书》，卷 18，"刑名中"，载官箴书集成编纂委员会编：《官箴书集成》，合肥，黄山书社 1997 年版，第 7 册。

今祈吾兄将前函姑存其说，仍须借"亲提"二字严饬差役，倘各差真无贿弊，即或提质子虚，而刁民之反坐不难矣。[1]

据该知府所言，对案件"亲提"更多是为了防止"刁民"上控和督促差役认真办案的借口。实践中，该知府不仅没有提审上控案件，而且把其发交原审衙门再行审理。这种对上控案件的处理方法应该并非个案。

（二）发审

发审，也称"交审"，是指上级机关把有关案件发交下级进行审理。明清文献中，发审屡见不鲜。发审主要针对上控、驳审、官员犯罪案件等。

1. 上控案件的发审

上控案件一般不能越级发审。京控案件发交督抚审办；至督抚的上控案件发交司道，至司道的上控案件发交知府。京控案件一般不会直接发交司道，督抚处的上控案件也不会发知府审理。

如在督抚处上控，则发交司、道审办。一般来说，案件发生地距省城较远，即发交该管守、巡道审办；案件距省较近，则直接交由藩司或臬司审理。若为民间词讼，必须重新复查者，则由两司委派属员查案、取供后，再"亲提研讯，定拟复详"。类似于两司派员侦查终结后，自己再亲自审讯案件，给出判决意见，并上报督抚；若为控告官吏的上控案件，则必须由两司亲自勘问并定拟上报。二者区别之处在于，前者可由两司派员查勘，后者则必须自己查勘。[2]

上控至司道的案件，可分别发交本属知府或邻近府州县审办。对于一些不须亲提案件，为避免不必要讼累，司道往往发本属知府或邻近府州县审办。如《批山阳县民王万振呈词》："屡次缠讼，情殊可厌。惟念山阳刘、赵两令问案均不可靠，仰商州尹牧提案亲讯断结报夺，勿延。词发，仍缴。"[3] 此案案

---

〔1〕《稀见清知府文档》第1册，全国图书馆文献缩微复制中心2008年版，第139页。

〔2〕乾隆二十九年（1764年）覆准："民间词讼赴督抚衙门控告，发藩臬两司审理，内有必派员查案者，于取供后，仍由该司复加亲提研讯，定拟复详。其控告官吏之案，一经批发，即亲审勘问，定拟具详，不得复派他员代勘。"（清）昆冈等修、刘启端等纂：《钦定大清会典事例》，卷一二二，"吏部"，载《续修四库全书》编纂委员会编：《续修四库全书》，上海，上海古籍出版社2003年版。

〔3〕"批山阳县民王万振呈词"，载（清）樊增祥：《樊山政书》，那思陆、孙家红点校，北京，中华书局2007年版，第164页。

发地为山阳县，就由臬司发交山阳县的本属上级直隶州商州处理。此外，对于一些可能涉及原审官员审断不公、收受贿赂的复杂案件，也发交府一级审理。如南郑县孀妇袁姚氏上控一案中，就要求"此案仰汉中府杨守亲提审讯，查照县案，秉公断结。"[1]

如在府、州处具控，即由该府、州亲提审办。乾隆四十九年之前，上控案件可以发原审州县重审或发交临近州县会审，但由于原审州县往往回护前失，重审州县官也彼此之间祖护隐瞒，致使冤案无法平反，屡发屡控。因此，乾隆四十九年，定例："各省民间词讼，经州县审断不公，复赴上司衙门控告者，各省督抚亦应令原审之州县回避，或亲提研鞫，或派员会办，方足以昭雪民冤。"[2]换言之，对于上控案件，可以提审或委员会审，但不可发回原问官重审。然而，在司法实践中，由于提审和委审费时费力。案件距省较远之地，提集干证，更是殊为不便，仍时有上控被发回原审机关重审。

2. 驳审案件的发审

在审转覆核中，若督抚司道等上司衙门认为原审定拟不当，则得为驳诘。驳审后，案件大多发回原审机关重新审理定拟。在司法实践中，对于一些已经审转至省的案件，若案件驳审后发回原审州县重新审理，则需要把人犯、案卷一并发回。如此一来，往返提解，殊为不便，且增加了费用和犯人脱逃风险。发审局成立后，此类案件大多交其审理。

3. 职官犯罪案件的发审

《大清律例》规定："文职道府以上，武职副将以上，有犯公私罪名应审讯者，仍照例题参，奉到谕旨，再行提讯；其余文武各员，于题参之日，即将应质人犯拘齐审究，如督抚同驻省份，一面具题，一面行知应承审衙门，即行提讯。"[3]案件发生后，督抚等官员须先用题本或奏折，"开具事由实封奏闻请旨"，即把具体犯案情况上奏皇帝，提出对相关官员的革职请求。对

---

〔1〕"批南郑县孀妇袁姚氏呈词"，载（清）樊增祥：《樊山政书》，那思陆、孙家红点校，北京，中华书局2007年版，第122页。

〔2〕（清）昆冈等修、刘启端等纂：《钦定大清会典事例》，卷一二二，"吏部"，载《续修四库全书》编纂委员会编：《续修四库全书》，上海，上海古籍出版社2003年版。

〔3〕（清）薛允升著述、黄静嘉编校：《读例存疑重刊本》，台北，成文出版社1970年版，第28页。

重要案件，还可请示皇帝的具体处理意见。在皇帝批准参革之前，任何人均"不许擅自勾问"。皇帝批准革职后，即可依据法定程序进行审理。官员犯罪事涉吏治，除部分案件由督抚亲提研审外，大多均根据犯官职别，采取发审的方式，发交地方知府和道员进行审理。"凡参革发审之案，查明被参之人，如系同知、游击以下等官，遴委知府审理；系道、府、副将等官，遴委道员审理。统令就近提齐款证，秉公确讯。其案内牵连被害之人，无关轻重者，该道、府审明录供之后，即分别保释，止将重罪要犯带至省内，由司覆勘，解院审拟完结。"（乾隆二十六年定例）[1] 例如，嘉庆二十一年七月十八日奉旨："这所参擅受婪赃之竹堑巡检李华远，着革职拿问，交该抚饬令台湾道府就近提集人证，先行讯取确供，摘提要犯解省，由该督抚覆审，按律定拟具奏，钦此。"[2]

上述三类案件采用发审方式较多，这也是清代中后期设立发审局的一个重要原因。嘉庆、道光之后各省设立的发审局，其主要职能就是审理督抚、臬司发交的重大疑难案件。包世臣曾言："至于首府谳局，为全省总汇，或京控奉发，或上控提审，或翻异提全案人证。"[3] 其中，上控至省的重大案件，若为必要，即可提省由发审局直接审理。发审局的设立，极大方便了当时上控案件的审理。[4]

（三）委审

针对州县审判情况，那思陆教授对"发审"和"委审"作了简单区分："民人上控，如为越诉，上司衙门常发回原州县审判，谓之发审。如非越诉，上司衙门亦有时不自行审判而另委他州县审判，谓之委审。"[5] 有学者提出："委审指的是清代司法实践中，因案情重大复杂或当事人上控等，而由上级审判机关委派属员，或委员单独审理，或委员会同原问官共同审理案件的审判

---

[1]　（清）薛允升著述、黄静嘉编校：《读例存疑重刊本》，台北，成文出版社 1970 年版，第 28 页。

[2]　台北"故宫博物院"印行：《清宫谕旨档台湾史料（四）》，1996 年，第 3228 页。转引自那思陆：《清代州县衙门审判制度》，北京，中国政法大学出版社 2006 年版，第 300 页。

[3]　包世臣："与次兄论谳狱第二书"，载《安吴四种》，台北，文海出版社 1968 年版。

[4]　李贵连、胡震：《清代发审局研究》，载《比较法研究》2006 年第 4 期。

[5]　那思陆：《清代州县衙门审判制度》，北京，中国政法大学出版社 2004 年版，第 74 页。

制度。"[1] 一般来说，发审就是上一级司法机关把自己接收的上控、审转等案件发交下级审办；委审更多是上级机关委派属员单独或联合其他机关审理案件。实际司法实践中，"委审"和"发审"往往区分不是特别清楚。对一些重大复杂案件，上级为了掌握第一手情况，避免下级隐瞒虚报，也往往会派属员参加审理，以获得真实案情。

委审是上控案件的重要处理方式。"有供情翻异及控诉原审不实者，不得不委员覆审。"[2] 其中，清代前期的钦差办案是委审的一种特殊形式。如果所委得人，委审往往能够规避或减少官僚等级化的信息过滤，有利于上级更直接掌握案件审理情况。对于上控至督抚藩臬的非刑事重案，为了避免往返拖累，一般均委府道审理，府道也可再委员审理。[3] 此外，道光十二年（1832年）七月定例规定，对上控案件委审之后，再次上控者，即令各上司衙门亲提研鞫，不得复行委审。[4] 此外，清代律例未明确规定所派委员的身份、职务，但司法实践中，实职与候补官员均可，其中以后者居多。

本 章 小 结

清代中期以后，对上控案件逐渐形成了不予受理、立案不行、发回原审以及受理四种不同处理模式。上控机关受理的案件又通过提审、发审、委审

---

〔1〕 刘洋洋：《清代委审研究》，河南大学硕士论文，2016 年，第 8 页。江兆涛指出，"委审"不同于"委员会审"。委审，是指上级审判机关委派原审官员之外的官员对案件进行复审；委员会审，是指上级审判机关委派属员会同原审官员共同审理案件。江兆涛：《清代委员会审研究》，载《福建江夏学院学报》2015 年第 5 期。

〔2〕《清宣宗实录》卷二八三，道光十年五月。

〔3〕 "惟民间户婚田土罪止杖枷之案，及胥吏蠹役藉端讹诈等情，州县不为受理，或审断不平，赴上司控告。在督抚藩臬驻扎省城，所属州县道里远近不同，人犯之寡不一，若概令亲提，未免往返拖累。嗣后民间词讼，州县审断之后，复赴督抚藩臬等衙门具控者，即饬令各本管道府按其事之轻重，或亲行集讯，或委员另审。将审拟情由详明该上司察核。其中稍有疑义，该上司即亲行提审。如赴道府衙门呈诉者，即行亲审，遇有冤抑者，即为昭雪，如有检验查勘等事，即遴委贤员，不得仍会同原问官办理。倘有故违成例，仍发原问官收问，或仍令会审者，即行论罪如律。其所委之员，若有瞻徇听嘱等弊，亦即题参。"（清）昆冈等修、刘启端等纂：《钦定大清会典事例》卷八一七，"乾隆二十九年"，载《续修四库全书》编纂委员会：《续修四库全书》，810·史部·政书类，上海，上海古籍出版社 2002 年版，第 45—46 页。

〔4〕《清宣宗实录》卷二一五，道光十二年七月。

等方式分别重审。然而，随着上控案件数量增多，一些应该提审的案件不得不通过发审和委审的方式处理。薛允升曾言："从前此等案件，颇为认真，条奏者，亦复不少，近则绝无人议及，而定例亦视为具文矣。"[1] 随着各省发审局的设立，对于上控和重大疑难复杂案件，应该由督抚、司道亲自提审的，也往往直接交由发审局处理。有学者就提出，清代虽然规定了详细具体的上控程序，但实践中却很难落实。上控案件往往发回原审衙门审理，上控的真正意义很难体现出来。[2]

---

〔1〕　（清）薛允升著，黄静嘉编校：《读例存疑重刊本》，台北，成文出版社 1970 年版，第 1238 页。
〔2〕　柏桦：《清代的上控、直诉与京控》，载《史学集刊》2013 年第 2 期。

第三章

清代京控案件审办——以"发审局"为核心

第一节　清代京控案件审办程序

一、"京控"的概念

何谓"京控"？《清史稿》载："凡审级，直省以州县正印官为初审。不服，控府、控道、控司、控院，越诉者笞。其有冤抑赴都察院、通政司或步军统领衙门呈诉者，名曰京控。"[1] 即案件经过州县、府、道、司、院审判，当事人仍然不服，赴京城的都察院、通政司或步军统领衙门控告，称之为"京控"。就"京控"的字义看，"京"指京师，"控"乃控诉、控告。检讨《大清律例》，并无"京控"字样，更多采用"赴京控诉""来京控告"。"小民有冤欲白，始至兴讼；有冤难白，始至上控。乃讼之于有司而冤不得申，控之于上台而冤仍不得伸，始至激为京控。"[2] 虽然，上控是指当事人或其亲属向督抚司道府等衙门逐级呈控，京控则系向京师各部院衙门呈控。[3] 但从案件处理方式、诉讼程序等司法视角看，京控和上控并无实质差别。因此，可以认为京控是一种特殊的上控。[4]

京控不完全等同于"叩阍"。《清史稿·刑法志》载："其投厅（登闻鼓厅）击鼓，或遇乘舆出郊，迎驾申诉者，名曰叩阍。"[5] 清人闵齐伋《六书通·通·阍》："又凡吏民冤抑得诣阙自诉者，曰叩阍。"[6] "诣阙"即指直接向

<hr />

〔1〕　（清）赵尔巽等撰：《清史稿》卷一四四，"刑法志三"，北京，中华书局 1998 年版。
〔2〕　"论京控"，载《申报》光绪二年八月二十五日。
〔3〕　那思陆：《清代中央司法审判制度》，北京，北京大学出版社 2004 年版，第 214 页。
〔4〕　阿风先生认为京控是上诉的一个审级。参见阿风："第八章 清代的京控——以嘉庆朝为中心"，载 [日] 夫马进编：《中国诉讼社会史研究》，范愉、赵晶等译，杭州，浙江大学出版社 2019 年版，第 311 页。
〔5〕　（清）赵尔巽等撰：《清史稿》卷一四四，"刑法志三"，北京，中华书局 1998 年版。
〔6〕　武树臣：《中国传统法律文化词典》，北京，北京大学出版社 1999 年版。

皇帝提出。其具体方式主要包括"投厅击鼓"和"迎驾申诉"两种。清代"投厅击鼓"者较少。迎驾申诉则不限于京城内。皇帝巡幸地方时，也有叩阍发生。此外，清初曾有擅入午门、长安门、堂子叩阍，及打长安门内、正阳门外石狮申冤者，后予以禁止。因此，"京控"和"叩阍"都是向皇帝提出控诉，前者是由中央部院代替皇帝接收，后者则是寻求直接向皇帝提出。实践中，叩阍被作为京控案件的一种来处理，二者的处理程序基本一样。[1]但是，由于叩阍影响更大，结案报告中须说明是否为叩阍案件，不能和普通京控完全混淆。[2]

因此，作为上控之特殊形式的京控可分广义和狭义，前者指当事人及其亲属至京城向各部院及皇帝控诉，后者则把向皇帝直接申诉的叩阍排除在外。

二、清代京控案件审办模式

崇德元年（1636 年），设都察院于盛京，并明确规定："凡人在部控告，未经审结，又赴告于尔衙门者，尔等公议，应奏者奏，不应奏者逐之。"[3]其有告理而被断屈者，可先在刑部告诉；如果刑部不为断理，将审理者的名字写明，赴都察院呈告，都察院审明转奏。若直接投驾前告诉者，照例打鞭子。[4]民人在地方冤屈不得伸者，许赴刑部和都察院逐级告理，不准直诉。顺治八年（1651 年），颁布谕令："若总督、巡抚、巡按不准或审断冤枉，再赴都察院衙门击鼓鸣冤。都察院问果冤枉，应奏闻者不与奏闻，准赴通政使司衙门具本奏闻。"[5]康熙朝以后，清朝建立奏折制度。随着奏折适用范围的放宽，

---

[1]　"京控及叩阍之案，或发回该省督抚，或奏交刑部提讯。如情罪重大，以及事涉各省大吏，抑经言官、督抚弹劾，往往钦命大臣莅审。发回及驳审之案，责成督抚率同司道亲鞫，不准复发原问官，名为钦部事件。"（清）赵尔巽等撰：《清史稿》卷一四四，"刑法志三"，北京，中华书局 1998 年版。

[2]　同治四年刑部上奏，要求各省京控案件不得节删"车驾"及"击登闻鼓"字样、摘引申诉不实律迁结完结。即各省在处理京控案件时要区分京控和叩阍案件，不得把叩阍当作普通京控案件。（清）沈家本：《沈辑刑案汇览三编》，李贵连、孙家红主编，桂林，广西民族出版社、广西师范大学出版社 2023 年版，第 10 册，第 2 页。

[3]　（清）昆冈等修、刘启端等纂：《钦定大清会典事例》卷九九八，载《续修四库全书》编纂委员会：《续修四库全书》，上海，上海古籍出版社 2002 年版。

[4]　《清太宗实录稿本》，第 9 页。转引自张晋藩主编：《中国司法制度史》，北京，人民法院出版社 2004 年版，第 379 页。

[5]　《清实录·世祖实录》卷五十八，顺治八年七月乙亥。

奏折逐渐取代题本的作用。通政使司虽仍承担呈递题本，但其地位却逐渐低落。都察院和步军统领衙门成为京控的主要受理机关。

清代京控案件处理程序大致经历了中央督审、督抚主审、发审局主审三个不同的发展阶段。乾隆中期以前，京控较少，主要以叩阍案件为主。案件发生后，一般均能得到皇帝的重视，多由皇帝钦派六部堂官或司员等大臣前往审理或提交刑部审办。此为中央主持审办阶段。中央主审的优点较为明显，一方面，方便皇帝直接掌控案情，避免地方官员的干预；另一方面，有利于防止地方督抚回护徇私，以保证司法公正。但也存在钦差大臣不务本业、与地方官员暗中交通以及耗费繁多扰累地方等弊端。[1]

乾隆中期以后社会矛盾激化，纠纷增多，特别是嘉庆皇帝对京控的开放，使得案件增多，派审和提审不但从经济成本上使朝廷不堪重负，而且也容易诱发更多的京控。面对"潮水般"涌来的京控案件，原有中央主审的京控处理方式已经无法适应司法治理的需要。嘉庆以后，基本上形成了奏交、咨交和驳回三种处理模式。通过"奏交"和"咨交"的方式发交地方督抚审办的发审成为京控案件的主要和常规处理方式。而派审和提审则成为朝廷加强地方整饬和管制时的非常规手段和权力行使模式。此为督抚主审阶段。

为了让督抚重视京控案件，嘉庆帝要求督抚对发审京控案件亲提审理。然而京控案件大多案情复杂，审理耗时耗力。作为封疆大吏的地方督抚公事繁多。除少数案件外，其不可能一一亲自审办。同时，朝廷又规定了京控案件的审理期限。官员逾限则要承受各种处分。一方面，中央要求督抚亲提严审；另一方面，限于条件督抚又不可能做到亲自审办。为解决这一矛盾，嘉庆后期以后，各省陆续自发在首府设立发审局，由其负责京控案件实际上的主要审理工作，案情基本确定后再由督抚会同臬司简要审核结案。此为发审局主审阶段。这种京控案件审办模式一直沿用至清末法制改革。

三、清代京控案件审办程序

清代京控案件的审办程序大致包括受理、处理、审理和结案等四个环节。下面分别简述之。

---

[1]　李典蓉：《清朝京控制度研究》，上海，上海古籍出版社 2011 年版，第 104-105 页。

（一）京控案件的受理

京控案件的主要受理机构为都察院和步军统领衙门。通政使司"职专收受四方章奏，臣民密封建言陈情申诉等事"，掌登闻鼓，受理少量京控。理藩院为专门处理少数民族司法案件的最高上诉机关，也接收并审理涉蒙古等少数民族的京控案件。[1] 此外，八旗都统衙门受理一些旗人词讼，户部也接收和处理涉及旗民争控的户口田房等民事上控案件，但通常认为二者均非常规京控受理机关。[2]

都察院为清代主要监察机关，职掌"察核官常，参维纲纪"，同时受理上控案件。告状人向都察院提出呈词后，一般先由京畿道御史询问，根据案情轻重，分别提出咨交或奏交的意见。情节较轻者，直接咨回本省督抚将军审办，也有部分转咨刑部等衙门先初步审理后，再咨交各省审办者。如果是奏交的重案，则由都察院长官提出或交督抚或交钦差大臣审理的建议，最后由满、汉御史在奏文上画稿同意，然后奏请皇帝裁决。[3]

步军统领衙门负责京城地方治安，有会审刑狱之权，也是京控的另一重要受理机构。步军统领衙门既被动受理至该衙门提出的京控案件，也会在巡查时盘获一些怀有呈词欲行京控者。[4]

---

〔1〕 蒙古词讼，"扎萨克、盟长俱不能决者，即将全案遣送赴院。其或扎萨克、盟长均判断不公，亦准两造赴院呈诉"。对理藩院的审理仍然不服者，可以至通政司击鼓鸣冤。（清）昆冈等：《大清会典》，台北，新文丰出版公司 1976 年版，卷六十八，第 11 页；（清）昆冈等修、刘启端等纂：《钦定大清会典事例》卷九九七，"刑罚·审断·康熙九年题准"，载《续修四库全书》编纂委员会：《续修四库全书》，上海，上海古籍出版社 2002 年版。关于理藩院受理京控的具体情况可以参见《京控十三案折稿》。（该稿本收集了道光年间蒙古鄂尔多斯达拉特贝子旗的一件京控案件，是了解清代蒙古京控的重要材料。）不著辑者：《京控十三案折稿》，北京大学图书馆藏，民国 25 年。此外，从清代实际司法情况看，都察院也可受理蒙古京控案件，见附件一，案 11.12。

〔2〕 "旗民争控户口田房之案，旗人于本旗具呈，民人于地方官具呈。如该管官审断不公及实有曲抑，而该管官不接呈词者，许其赴部（户部）控诉。"（清）昆冈等：《大清会典》卷二十四，台北，新文丰出版公司 1976 年版。

〔3〕 关于"奏交"和"咨交"的区别，阿风先生认为，涉及命案、贪赃枉法、重征勒收、冒捐冒考、教匪案件以及多年积案往往要奏请皇帝指示裁决；其他一般案件则咨回本省查办。阿风："第八章 清代的京控——以嘉庆朝为中心"，载［日］夫马进编：《中国诉讼社会史研究》，范愉、赵晶等译，杭州，浙江大学出版社 2019 年版，第 320 页。

〔4〕 阿风："第八章 清代的京控——以嘉庆朝为中心"，载［日］夫马进编：《中国诉讼社会史研究》，范愉、赵晶等译，杭州，浙江大学出版社 2019 年版，第 320 页。

作为天下"刑名总汇"的清代刑部，一般不直接受理京控案件。清末时，薛允升言道："现在各省京控，已经题咨到部，均未在部递呈，亦未见有由部接收办理之案。"[1] 但刑部也参与部分京控案件的处理工作。都察院和步军统领衙门接收呈词后，决定奏交的，应先交刑部讯明，再将控告人或抱告人解回原省。如果是叩阍案件，皇帝交办后，通常先由刑部单独或会同都察院审讯后录供。

（二）京控案件的处理

都察院和步军统领衙门受理京控案件后，通常根据案情，分三种情况处理：或专折奏闻，或咨回各省督抚、将军办理，或径行驳斥。在接到呈词后，经过简单审讯，若控告者的口头呈供与呈词不符、案情支离破碎、情节显著轻微者，则可直接驳回。对于情节较轻者，则咨回本省审办。其中，既有都察院和步军统领衙门直接咨交，也有转咨刑部等衙门先初步审理后再转咨给督抚将军审理。其情节较重者，则由都察院或步军统领衙门具折上奏，或受理后转咨刑部、理藩院等衙门由其上奏皇帝交地方或衙门审办，所谓"特旨交办之件"。对于案情较重者，若应上奏而不具奏，而直接咨交地方处理，则将面临处分。

嘉庆四年，嘉庆皇帝真正执掌大权后，为使下情上达，决定开放京控，不准都察院、步军统领衙门擅自驳斥京控案件。同时，要求咨回本省处理的京控案件，也要在一月或两月内视控案多少汇奏一次，并将各案情节于折内分析注明，等待皇帝批阅。由此也导致京控案件数量激增，处理机关不堪重负。

（三）京控案件的审理

京控案件多数通过"咨交"或"奏交"的方式发交各省督抚将军审理，也有个别重大案件由皇帝委派钦差大臣审理或提交刑部审理。

发审，即把京控案件发交原审地方或相关衙门审理。康熙四十六年，皇帝出巡直隶，有旗人张六十等因田土一事和民妇李氏因夫被害两件叩阍

---

〔1〕（清）薛允升著述、黄静嘉编校：《读例存疑重刊本》，台北，成文出版社1970年版，第985页。

案。案发后，直隶巡抚赵弘燮审明案情，提出分别咨送户部和山东巡抚审理，并得到批准。[1] 发审成为嘉庆以后绝大多数京控案件的处理方式。当然，即使是皇帝特旨交审的案件，督抚也很少亲自审理，而是交给下属藩、臬督同首府、首县，或者另外委员办理。针对督抚层层发审敷衍塞责的情况，嘉庆十一年，皇帝发布敕令，奏交案件"一经奉旨，交该督抚审办，即与钦差无异"，必须由督抚亲提审办；对于咨交案件，督抚查明事由后，只准转委藩、臬两司审结，两司不得再转委办理。同治九年，又定例："其京控交审案件，无论奏咨，均应亲提审办，实则立予昭雪，虚则按律坐诬，毋得含混了结，庶冤抑不至无伸，而刁风亦可稍息矣。"[2] 实践中，此时各省多已设立发审局，由其具体审办京控案件。所谓督抚的"亲提审办"更多只能是形式上的。

提审，是指对于重大复杂疑难的京控案件，若在地方上无法审理得实，可特旨把案件卷宗、人证、犯人提交中央刑部审理。嘉庆以后，提审案件十分少见。大多为在发审和派审后，控告人仍然不服，且案情确有嫌疑时，方提审。在清末杨乃武小白菜一案中，第一次京控后，特派侍郎胡瑞澜审理，仍不得实，御使边宝泉奏请提交刑部审理，朝廷却以案内人证往返拖累，并且"若外省案件纷纷提交刑部，向亦无此政体"为由拒绝。直至两月之后，在强大舆论压力和都察院再次请求下，方准予提审。[3]

对于距京遥远地方的京控案件，提审殊为不便。但是，京控案件往往案情重大，甚至事关地方吏治。为慎重起见，皇帝常特派钦差大臣赴当地审理。康熙五十一年，广东曲江县杨津叩阍一案，因为牵涉人数众多，案情复杂，康熙帝特旨派遣侍郎萨尔泰、通政使汤右鲁至当地审理。[4] 乾隆五十六年上谕

---

[1]　中国第一历史档案馆编：《康熙朝汉文朱批奏折汇编》第 1 册，北京，档案出版社 1984 年版，第 645-647 页。

[2]　柏桦编纂：《清代律例汇编通考》，北京，人民出版社 2018 年版，第 2168 页。

[3]　案件提审则表明皇帝对地方官员不信任的态度，同时一旦审理后平反了冤狱，则此前各级审理官员均要承担责任，所以对于提审案件向来十分慎重。在道光四年审理的阎思虎强奸赵二姑一案中，第一次京控后发回该省审理，仍以原审奏结，二次京控后提交刑部审理后方平反。（清）昆冈等：《大清会典》卷一千七，"都察院·宪纲·谕旨十"，台北，新文丰出版公司 1976 年版。

[4]　中国第一历史档案馆编：《康熙朝汉文朱批奏折汇编》第 4 册，北京，档案出版社 1984 年版，第 288-291 页。

曰："朕勤求民隐，唯恐乡曲小民含冤莫诉，每遇来京具控之案，无不特派大臣前往审办。"[1]派审有利于皇帝直接掌控案件审理情况，但钦差出行，随从众多，耗资较大。案件较少时尚可采用，案件数量繁多时往往造成较大财政负担。

乾隆中后期以后，各省赴京控诉之案急剧增多，以往以派审为主的京控处理方式已经不能适应需要。经济上的庞大开支、案件处理效果不佳使得当政者不得不考虑对京控案件审理方式进行改革。[2]先是乾隆三十四年定例，[3]依据案情轻重，规定了京控案件的四种处理方式：案情重大者，奏闻请旨查办，或提审或发审（发交督抚审办）；一般命盗案件事关罪名者，或咨会督抚查审或由刑部提审；诬告者，直接处罪；户婚田土之事驳回，由当事人在地方控诉处理，但须治越诉之罪。

乾隆后期，京控案件已经达到让人极为头痛的地步。审理结果中诬告的大量存在，使朝廷不得不在乾隆五十六年再次整顿京控，并对诬告者提出加倍惩处的严厉警告。[4]当然，京控的数量并不会因多颁布几道谕旨就下降。形势发展要求对案件的审判和处理方式加以调整。嘉庆以后，成本较高的派审和提审很少使用，也不再作为京控案件的常规处理方式。发交地方督抚审办成为京控案件的常规处理方式。嘉庆四年上谕，京控案件在接收后分别奏

---

〔1〕（清）昆冈等修、刘启端等纂：《钦定大清会典事例》卷一〇〇一，载《续修四库全书》编纂委员会：《续修四库全书》，上海，上海古籍出版社 2002 年版。

〔2〕乾隆曾抱怨说，"且钦派审案大臣经过地方，徒劳驿马，靡费供支，于沿途驿站亦恐不无扰累"。另外，钦差大臣至各省审案，效果未必理想。一方面，由于人生地不熟和地方官的各种干预，钦派大臣往往很难查出案情真相；另一方面，畏于地方势力和各种关系，钦派大臣和地方官串通一气而不愿平反冤狱者也所在不少。

〔3〕"外省民人凡有赴京控诉案件，如州县判断不公，曾赴该管上司暨督抚衙门控诉仍不准理或批断失当，又虽未经在督抚处告理有案，而所控案情重大、事属有据者。刑部、都察院等衙门核其情节，奏闻请旨查办。其命盗等案，事关罪名出入者，即将员内事理行知各该督抚秉公查审，分别题咨报部。如地方官审断有案，即提案核夺，或奏或咨，分别办理。若审系刁民，希图陷害，捏词妄控，报复私仇，即按律治罪。其仅止户婚田土细事，则将原呈发还，听其在地方官衙门告理，仍治以越诉之罪。"载（清）昆冈等修、刘启端等纂：《钦定大清会典事例》卷八一五，载《续修四库全书》编纂委员会：《续修四库全书》，上海，上海古籍出版社 2002 年版。

〔4〕（清）昆冈等修、刘启端等纂：《钦定大清会典事例》卷一〇〇一，载《续修四库全书》编纂委员会：《续修四库全书》，上海，上海古籍出版社 2002 年版。

交、咨交和驳斥三种方式处理。[1]

（四）京控案件的结案

京控奏交案件，经过地方督抚审拟后，直接上奏皇帝，皇帝敕交刑部复核议奏，再奏请皇帝请示意见。皇帝对于案件处理结果无异议的，则直接结案。对于咨交案件，则咨回刑部复核。刑部对于处理结果认可的，就此结案；刑部不认可的，和往常案件一样驳回地方再审，直至得到刑部认同。此外，对于咨交案件，若案已审明，众证确凿，但原告坚不成招，按例应取具众证情状，请旨定夺。

督抚办理京控案件，除对案件分别单独奏咨外，还需要每半年结算一次，将本省办理京控案件的结果汇奏上报，包括已结、未结、新交等。

对京控案，皇帝要求督抚亲提研审，以示慎重。然而，作为一省或数省之长官，其事务十分繁忙。实际上，督抚对于多数发交案件无法亲自审理，只能交由其他官员代为审理。对此，皇帝十分不满。乾隆三十五年，其上谕曰："外省督抚每遇应行审拟之案，动辄委员查讯，最为恶习。"命令地方督抚务须"亲提研讯"。[2] 督抚亲审，在案件较少时也许能遵行一二。随着案件大规模增加和案情变幻复杂，要求每案均由督抚亲审，注定无法实现。[3] 虽然皇帝不断强调督抚亲审的重要性，但也不得不默认督抚委派属员审办的通行做法。立法和司法实践中，京控案件多由臬司负责审理，特别是奏交案件，交审谕旨均言"交由督抚督同臬司亲提人证卷宗秉公研讯确情，按律定拟具奏"；督抚结案奏折中也写明"当经某某（督抚）钦遵行司委提人卷至省审办，据臬司某某讯明拟议解勘前来……"[4]

---

[1] "向来各省民人赴都察院、步军统领衙门呈控案件，该衙门有具折奏闻者，有咨回各该省督抚审办者，亦有径行驳斥者，办理之法有三。"（清）昆冈等修、刘启端等纂：《钦定大清会典事例》卷一〇〇二，载《续修四库全书》编纂委员会：《续修四库全书》，上海，上海古籍出版社 2002 年版。

[2] （清）昆冈等修、刘启端等纂：《钦定大清会典事例》卷一二二，载《续修四库全书》编纂委员会：《续修四库全书》，上海，上海古籍出版社 2002 年版。

[3] 例如，光绪朝时河南省每年京控 100 件左右，即使河南巡抚只处理此事，也不一定能够完全审结所有案件。见附表四"光绪朝朱批奏折所见各省京控案件审结表"。

[4] 如光绪四年四年十二月初十日山东巡抚文格上奏审明京控案件按律定拟的奏折中写道："光绪四年三月初十日奏奉谕旨，此案着交文格督同臬司亲提人证卷宗秉公研讯确情，按律定拟具奏，原告民人孙宗美该部照例解往备质。钦此。当经奴才钦遵行司委提人卷至省审办，据臬司陈士杰讯明拟议解勘前来。"第一历史档案馆编：《光绪朝朱批奏折》，北京，中华书局 1994 年版，第一〇六辑，折 017。

京控案件大多错综复杂、案卷较多，审理难度大，耗费时日多。一方面，立法上不准督抚臬司再转委他人审办京控案件；另一方面，无论督抚还是臬司，均不可能亲自全程审理案件。"准专门性司法机构"发审局的出现正是解决这一问题的产物。发审局虽不被中央政府正式承认，却系由各省正式设立且有独立经费和人员的地方机构。由发审局审理京控案件并草拟判决意见，然后上报臬司、督抚决定，成为嘉庆后期以后京控案件的主要审办模式。

第二节　发审局与晚清京控

"发审局"，又称"谳局"，时而也称"总局"，是清朝中后期各省地方政府为了适应经济、社会和人口的变化而设立的一个专门的案件审理机构。[1] 郑秦先生认为发审局为省级审判的预审机构。[2] 美国学者欧中坦先生在论述晚清京控时提及了发审局在审理此类案件中的作用，唯对其评价不高。[3] 那么，发审局到底是一个什么样的机构？它是如何产生的？其组织、职掌和活动如何？发审局在清代司法中承担何种角色？其在晚清法律改革中的最终命运如何？可能更值得深思的是，何以一个距今并不遥远的事物，今人却对其知之不多，甚至舛误连连？弄清这些问题对于我们了解清代中后期的上控司法实践及其发展，以及法律是如何随着社会发展而变化等课题有着显明的意义。

一、"发审局"考释

对发审局的考察应该将其放在清代司法的整体框架中进行。不了解清代的司法审级、审转覆核制以及上控案件的审理程序及其运作机制，就无由知

---

〔1〕"发审局"和"谳局"所指相同，使用也无严格的区别，惟当时的各种官方章程和文件中多使用前者，而私人著述以后者为多。

〔2〕郑秦：《清代司法审判制度研究》，长沙，湖南教育出版社 1987 年版，第 48-49 页；《清代州县审判程序概述》，载氏著：《清代法律制度研究》，北京，中国政法大学出版社 2000 年版，第 123 页。

〔3〕[美] 欧中坦：《千方百计上京城：清朝的京控》，载高鸿钧等编：《美国学者论中国法律传统》，北京，中国政法大学出版社 1994 年版。

道发审局产生的历史语境，也就无法理解其在清代司法运作中的制度角色。发审局是司法运作实践的产物，更是清代中后期政治、经济和社会发展的结果。下文先从发审局的产生及其产生的缘由出发，分析这一机构的人员、经费、职掌及其活动，最后讨论其在晚清司法改革中的消亡过程。

1."局"释

"局"的本意指整体之一部分。《礼记·曲礼上》载："进退有度，左右有局。"郑玄注："局，部分也。"孔颖达疏："写之在左右，各有部分，不相滥也。""局"一词用来指称官署或机构的名称迄于何时，现已不可考。较早的记录见于南北朝时期，南朝梁陈时设有"外厩局"，为太子仆下面的一个机构，主要负责东宫的用马事务。北齐时以局命名的机构较多，如右牝局、白间局等，但是这些以局而称的官署，名称各异，地位悬殊，并不统一。总括来说，以"局"为名的官署基本上都为中央负责具体技术性事务的机构，其长官名称有丞、令、都尉等，也有直接以其他机构的官员来监督和管理局务的。[1]

从隋至清，中央都设有以局命名的机构，如隋唐时期掌管皇帝衣食、供奉等日常生活事务的六局；宋朝隶属秘书省的太史局；元朝专司宫廷器用衣冠服饰制作的金丝子局、画局、尚衣局、御衣局等；明清詹事府下设司经局，掌经籍、典制、图书刊刻收藏诸事。局的设置在明代出现较大的变化，开始出现一些以局命名的地方性机构，如当时省级机构承宣布政使司内设有杂造局、军器局、织染局等。[2]

为处理一些临时性政务，清代中晚期政府开始设立一些新机构，如厘金局、善后局[3]、清讼局[4]、发审局等。其中，一些机构在事务结束后予以裁撤，厘金局、发审局等则一直延续至清末。随着西方自然和社会科学传入中国，清末出现了许多新的以局命名的机构，如清政府创办的江南制造局、轮船招商局等。清末新政中，设立了一批以局命名的机构，如清末内阁置制造、叙官、统计和印铸四局，并首次出现了"局长"这种称呼。[5]在地方

---

〔1〕 张政烺主编：《中国历代职官大词典》，郑州，河南人民出版社 1990 年版。

〔2〕 陈茂同主编：《历代职官沿革史》，上海，华东师范大学出版社 1988 年版。

〔3〕 魏星：《重建与管理：以明清金陵善后局为中心的考察》，载《近代中国》2019 年第 2 期。

〔4〕 董丛林：《曾国藩督直期间的"清讼"处置》，载《明清论丛》2015 年第 1 期。

〔5〕 吕宗力主编：《中国历代官制大辞典》，北京，北京出版社 1994 年版，"局"词条。

上，各省为了配合新政的开展设立了调查局、清理财政局等，局下设科或处，科下分股。其中影响最大的是由各省成立的谘议局，在清末新政改革中令人瞩目。[1]

2. "发审局"小考

清代颁布的各类正史典章中很少提及"发审局"。我们仅能于一些时人的笔记、传记和地方文献中偶见提及，但是对于它设立的年代以及原因，则没有记述。今人以为"清末各州县官所不能处理的诉讼案件，由督抚委派候补官组成审讯机关审理，这种非正式的审讯机关称为发审局"。[2] 姑且不论这种定义的准确与否，单就"清末"二字来看，界限过于宽泛，并不能得知发审局何时出现。下面从笔者所见几条较早提及发审局的资料略推其产生时间。

包世臣（1775—1855 年）曾言及当时发审局情势："我走过多省，见谳局中能员坐堂，但闻问官乱喝乱叫，先教供后逼供，箠楚无数，号恸盈廷。是非曲直安得不颠倒乎。"[3] 桂超万（1784—1863 年）记述自己曾在发审局审理案件："道光十四年十二月朔到省（江苏），旋乞差赴皖回里省亲，甲午四月朔回苏，三大吏以书院阅文见委，间到首府谳局同徐倅问上海一案。"[4]《晋政辑要》载："卷查道光十六年正月巡抚申启贤批准藩、臬两司详定章程内开，省会地方理应设立发审局，由首府派委人员督率审理，今省城因无公廨，向在太原府署设局。"[5] 嘉庆二十五年，经山东巡抚钱臻奏请，山东设立专门审理京控案的"专局"。由臬司总司局务，从候补道府、承倅州县中选用局员，在巡抚监督下审办京控案。[6]

包世臣为嘉庆、道光年间名士，通晓律例，曾在江西、江苏等省做幕、任职。与汪辉祖不同，包世臣更多活动于中央刑部、省臬司等中上层司法机构，对上控、审转覆核等司法程序及实践较为熟悉。从其言述来看，当时发

〔1〕　清末各省调查局和清理财政局一般设总办一名，以道员或知府充任。刘子扬：《清代地方官制考》，北京，紫禁城出版社 1988 年版，第 156-161 页。

〔2〕　徐连达主编：《中国历代官制词典》，合肥，安徽教育出版社 1991 年版，"发审局"词条。

〔3〕　（清）包世臣：《与次兄论谳狱书》，载氏著：《安吴四种》，台北，文海出版有限公司 1968 年版，第 2241 页。

〔4〕　（清）桂超万：《宦游纪略》，台北，文海出版有限公司 1972 年版。

〔5〕　（清）刚毅纂、张煦续纂：《晋政辑要》卷三四，"审断四"，光绪十四年山西官刻本。

〔6〕　阿风："第八章　清代的京控——以嘉庆朝为中心"，载 [日] 夫马进编：《中国诉讼社会史研究》，范愉、赵晶等译，杭州，浙江大学出版社 2019 年版，第 341-344 页。

审局的设立已经不是个别、局部情况，由发审局审理发交案件成为当时各省较为普遍的现象。桂超万在分发到省被正式委任前，曾在发审局帮审学习。山西省发审局在道光十六年以前已经存在，唯其组织活动没有明确章程规定，故通过官方正式文件《晋政辑要》（省章程），对谳局的设立、组成、职能以及经费开支作出明确规定，从而使发审局具有了地方机构的合法地位。

由上可以推定：从文本记载看，至少清朝嘉庆至道光年间不少省份已经设立了发审局。

3. "发审局"释解

清代发审局一般设在各省首府所在地。欧中坦认为，"一省的司法事务集中于设在省城内的附属审判机关，即发审局或谳局，发审局隶属于按察司，但却受到主管知府的直接监督，它接受全部上诉和全部法定复审"。[1] 这里主要提出了三个问题：发审局是一个什么样的机构？发审局和各省的首府以及按察司的关系如何？发审局承担何种司法职能？本节拟围绕前两个问题对发审局先作一个简括的外部描述，并对欧中坦的观点予以评析。第三个问题后文将有详细的介绍，兹不赘述。

清代设官定制甚严，每一官职之设立、官员之任命均有明确规定。如果发审局是一个官方正式设置的机构，那么当时的各种文献典章中应该留有记录，然而，《大清会典》《大清会典事例》《大清律例》以及《六部处分则例》等官方典籍却鲜有明确提到发审局者。与此形成对比的是，地方各省颁发的地方性法规却对发审局有较多记载。[2] 其中，有些还对发审局的机构设置、

---

[1]　[美] 欧中坦：《千方百计上京城：清朝的京控》，载高鸿钧等编：《美国学者论中国法律传统》，北京，中国政法大学出版社 1994 年版。

[2]　除了本文重点提及的《晋政辑要》《四川通饬章程》《福建省例》外，依笔者所见提及发审局的尚有以下在特定意义上可以称为"地方性法规"的省例和章程：《直隶现行通饬章程》（光绪十七年保定臬署刻本）、《江苏省例三编》（江苏书局光绪九年刊本）、《江苏省例四编》（江苏书局光绪十六年刊本）、《湖南省例》[（清）吴达善纂修，清刻本]、《皖政辑要》（光绪三十三年稿本）、《粤东省例新纂》（光绪二十六年刊本）、《治浙成规》（道光十七年刊本），《山东宪规》（载杨一凡、田涛 主编：《中国珍稀法律典籍集成续编》第七卷，哈尔滨，黑龙江人民出版社，2002 年）。关于清代地方性法规的研究，可参见王志强：《清代的地方法规》，载氏著：《法律多元视角下的清代国家法》，北京，北京大学出版社 2003 年版；[日] 谷井阳子："清代则例省例考"，载 [日] 寺田浩明主编：《中国法制史考证·丙遍第四卷》，北京，中国社会科学出版社 2005 年版。胡震：《清代省级地方立法：以"省例"为中心》，北京，社会科学文献出版社 2016 年版。

人员构成、办事规章作了较为明确的规定。虽然各省并不统一，但大体相同。

首先，谳局被公认为"首府之专司"。何谓"专司"，欧中坦的解释是"直接监督"，而在关于"司"的字义中，并没有"监督"的意思，而是指"主持；掌管"。[1] 实际上，"专司"的确切含义应该是指谳局乃由首府专门主持和管理的一个机构。[2] 从当时各省谳局章程的制定来看，既有藩、臬两司联合详报督抚批准，也有首府制定后经臬司报督抚批准。发审局设于首府衙署之内，所用杂役也均为首府所有。因此，由首府负责管理局务，尤便于其运行。例如，发审委员的委派、考验和奖惩，发审局幕友的聘用等事务俱由首府亲自负责。同治三年，安徽重设发审局时，便由首府安庆府知府陈浚禀请臬司札委州县正印官二员随同审案，并报明延请幕友、添派书役。[3] 从经济上看，局中所需委员薪水以及各项杂费开支也主要由首府筹给。发审局是首府管理下的一个审判机构，负责部分应该由督抚、臬司审理案件的预审。因此，首府对发审局行使直接管理权，而督抚、藩臬两司则对其予以监督。

发审局不是中央正式"经制内"的机关，但却作为各省负责重大疑难案件的审判机构长期存在。[4] 清朝实行官缺制，各级衙门的设置、员额都有明确的规定。发审局虽然不被列入中央官制，但实际上在各省普遍存在，并得到当时中央政府的默认。它一般由各省督抚制定的地方性法规和习惯来规范，在经济上也由省府两级财政拨款负责。可以说，发审局并非国家正式设立的司法机关，其既没有自己的明确受案范围，也无专业性审判人员，而是各省因应清代中晚期司法情势而创设的地方临时性司法机构。

---

〔1〕《辞源》，北京，商务印书馆 1979 年版，第 463 页。

〔2〕 欧中坦先生讨论谳局的该段英文原文为 "Attached to the judicial commissioner's office but directly supervised by the head prefect, the auxiliary court received all appeals and all automatic reviews." (Jonathan K. Ocko, 1988, "I'll Take It All the Way to Beijing: Capital Appeals in the Qing." The Journal of Asian Studies 47, no.2, 291-315)。原文对发审局的理解并无不当，只是译者在翻译时如将 "directly supervised" 译为"直接管理"，似乎更合乎本意，因为该词的英文释义就有"掌管、主持"的意思。

〔3〕（清）冯煦主修、陈师礼总纂：《皖政辑要》，合肥，黄山书社 2005 年版，第 749 页。

〔4〕"经制内"一词借用于张伟仁先生论述幕友、家丁等由官员私人聘用"不能动用公帑给以公食，只能由主官自费给以报酬"的人员。此处，主要指发审局虽由地方政府设立，但并不被中央政府正式承认并给予编制员额。张伟仁：《清代法制研究》，台湾研究院历史语言研究所专刊之七十六，第一辑，第 158 页。

4. 发审局之产生及其产生缘由

发审局设置因缘于清代的审转覆核制，直接原因可能在于处理上控或州县招解至省的案件。《福建省例》载："至于谳局之设，原因招解各案未协，若俱发回，非但长途跋涉，疏忽堪虞，且省外动须禀详请示，非如省局可以面陈请示办理。是以从前谳局经费本系出自州县捐解，兹若悉听驳回，诚如宪示何必设局委员耶？"[1]清初狱讼并不繁多，负责一省司法的督抚、臬司基本上可以按照《大清律例》的规定处理各类案件。臬司、督抚对审转而来的各类案件进行覆核或覆审，如果发现案情有疑、供证不合或者犯证犯供，则驳审（驳回原州县重审）、提审（提省发首府审办）或委审（委交其他州县重审）。但是，乾隆中后期以后，随着案件数量急遽增多和法律关系愈加复杂，在实践中案件发回州县重审拥有诸多不便。其一，对于驳审案件，即使审理不当，原审州县也很难愿意承认错误。为了回护前失，其大多继续逼供或找出各种借口拖延不结，致使冤案累累。如此则又导致上控、京控增多，所以当时又有"积压小案而酿成大狱"之说；其二，原审州县再次审理后，命盗重案仍需提省审转。而每一次审解，来回辗转，都需由州县支付数量不菲的解费。为此，部分州县官往往对案件拖延不解，长期无法结案。其三，由于清代州县官更换频繁，一些州县官既寄希望把疑难案件留给后任，更不愿对于前任遗留案件代人受过，致使案件积压严重。基于此，如果把此类重大疑难案件提省专人负责，既能避免案件往返提传，又可节省开支，更有利于案件的解决。[2]

发审局的设立不仅便利审转覆核的进行，而且极大满足了当时上控和京控案件审理的需要。清律规定，对于民间词讼，如官府不准或当事人对审理不服，均可以向府、道、臬司、督抚等衙门上控。以往州县上控至省的词讼，往往发回原州县审理。由于原审州县往往回护前失，致使冤案难平。乾

---

[1] 《福建省例》，"各属解省案件发审章程"，台北，大通书局有限公司、宗青图书有限公司1997年版，第1016页。

[2] 从发审局的人员组成及其章程来看，也更有利于案件审理：其一，各省发审局委员都为等待候补人员，和各府厅州县官勾连较少，相对更易独立处理案件。其二，参与审结大案要案，可以使得发审委员获得更多接近督、抚、臬司等上层官员的机会；其三，许多省份都规定了具体的发审案件审办奖惩办法，处理发审案件得力者可以更快得以委署。

隆四十九年定例："各省民间词讼，经州县审断不公，复赴上司衙门控告者，各省督抚亦应令原审之州县回避，或亲提严鞫，或派员会办，方足以昭雪民冤。"[1] 既然不准发回重审，对于负责一省甚至数省事务的督抚、臬司而言，派员审办上控案件显然是最好的选择，而提省发交谳局审办则更易及时了解案件审理情况，作出指示。

京控向来被视为朝廷体恤民瘼、下情上达的重要标志。清朝前期京控案件较少，也相对受重视，多采取皇帝委派钦差大臣赴当地审理。乾隆中后期以后随着京控案件的急剧增多，原先的处理方式既不适当，经济上的庞大开支也越来越令政府难以承受，特别是案件的审理结果使得政府不得不考虑对京控案件的审理方式进行改革。先是乾隆三十四年明确了京控案件的四种处理方式，规定京控命盗重案可直接咨交地方督抚秉公查办，但要求督抚"亲提研讯"。这一规定在京控案件较少，案情简单时尚可得到遵行，随着京控案件的大规模增加和案情的变幻复杂，要求每案均由督抚亲自参与整个案件的审讯，既不现实，在操作上也障碍多多。实践中，督抚对于京控发交案件并不亲审，往往交由省城的候补官员代理。对此，乾隆曾深表不满："外省督抚每遇应行审拟之案，动辄委员查讯，最为恶习。"[2] 但京控案件的数量并不会随着皇帝的几道谕旨而减少，嘉庆初年已经不再把钦差审理和刑部提审作为京控案件的常规处理方式，而明确了奏交、咨交和驳斥三种处理方式。[3] 督抚亲审之规定虽仍得以保留，随着上控和京控案件数量的进一步增加，委员审办的通行做法也得到了事实上的默认。虽然如此，中央政府仍然反复告诫督抚亲审的重要性和必要性，希望通过对审理级别的强调，提高地方上对京控发交案件的重视程度，以保证中央司法权威和对地方司法的监督。直至清末，京控案件基本均由臬司负责审理，特别是奏交案件，交审谕旨中一般都有"交由督抚督同臬司亲提人证卷宗秉公研讯确情，按律定拟具奏"的字样。

〔1〕（清）昆冈等修、刘启端等纂：《钦定大清会典事例》卷一二二，"吏部·处分例·外省承审事件"，载《续修四库全书》编纂委员会：《续修四库全书》，上海，上海古籍出版社2002年版。
〔2〕（清）昆冈等修、刘启端等纂：《钦定大清会典事例》卷一二二，"吏部·处分例·外省承审事件"，载《续修四库全书》编纂委员会：《续修四库全书》，上海，上海古籍出版社2002年版。
〔3〕（清）昆冈等修、刘启端等纂：《钦定大清会典事例》卷一〇〇二，"都察院·宪纲·谕旨"，载《续修四库全书》编纂委员会：《续修四库全书》，上海，上海古籍出版社2002年版。

督抚上奏奏折中也写明"当经某某（督抚）钦遵行司委提人卷至省审办，据臬司某某讯明拟议解勘前来……"[1]

京控重案大都错综复杂，案卷较多，往返提传十分烦琐。由于审理极为不易，且费时费力，无论督抚、臬司均不可能长期专注于案件审理。嘉道时京控案件奏折中很少写明由首府研究审理。从光绪朝京控案件的奏折来看，当时发交各省首府谳局审理已成为一种通例。基本上都是臬司督同首府谳局讯明案情，按律拟议，然后再招解至督抚衙门。案件经过多方会同审理后，案情清楚，拟律也较妥帖。督抚一般只需按原议题奏上闻即可。谳局为首府专司，和督抚、臬司同城而居。由其审理既便于上司对其监督，又有利于上下交流，共同推进案件解决。

清朝中后期，经济发展带动人口大幅度增长，而过多的人口并不能被当时小农经济的生产模式所吸收。土地等资源的匮乏和社会流动的加速，使得社会下层民众的生存压力剧增。经过几十年的发展，"盛世"所掩盖的各种社会矛盾也逐渐暴露出来，社会关系愈加紧张。[2]反映在司法上，法律关系日渐复杂，案件急遽增多。清朝前期尚能运转自如的审转覆核制，在实际运作中日渐暴露出较多弊端。京控、上控等重大疑难案件的剧增更使得行政主官具体负责司法的体制无法顺利实施。为应对上述问题，各省地方政府从实际出发，自主创设了发审局这一"准专门性/专业性法庭"，并通过本省地方性法规和惯例对其进行规范。[3]

---

[1]　如光绪四年十二月初十日山东巡抚文格上奏审明京控案件按律定拟的奏折中写道："光绪四年三月初十日奏奉谕旨，此案著交文格督同臬司亲提人证卷宗秉公研讯确情，按律定拟具奏，原告民人孙宗美该部照例解往备质。钦此。当经奴才钦遵行司委提人卷至省审办，据臬司陈士杰讯明拟议解勘前来。"第一历史档案馆编：《光绪朝朱批奏折》，北京，中华书局1994年版，第一○六辑，折017。

[2]　参见[美]孔飞力：《叫魂：1768年中国妖术大恐慌》，上海，上海三联书店1999年版，第30-62页。

[3]　"准专门性/专业性法庭"是在下列意义上使用的：第一，发审局不同于府县等政府机构，它只承担案件的审理和拟判，是一个纯粹的司法事务部门；第二，发审局又不是现在意义上的审判机构，它只能对案件进行审理，提出自己的意见（看语），而不能审结案件，其拟制的审理意见也没有法律约束力，不具有判决的裁决性意义；第三，发审局是从传统行政司法合一的审判机制向现代社会司法独立转型变迁的产物。

二、发审局的人员、经费、职掌及其活动

发审局不是清代中央立法统一设立的机构，而由各省地方政府在实际司法活动中自发创生。了解发审局内部的人员构成、经费来源、职能权责及其运作，对于真正认识清代司法真实面目意义较大。

1. 人员

发审局的主要组成人员包括首府知府、坐办（提调）、委员、发审友和书役佐杂人等，下面分别简述之。

发审局由首府专司。作为一省之中事务最为繁忙的知府，首府上下应酬、左右逢源，事务极多。发审局事务仅仅是其诸多公事之一。知府更多负责统筹局务，如制定章程、考核委员、筹措经费等，偶尔也参与一些重要案件的审讯。发审局审办及奖惩章程大多由首府草拟，经臬司详由督抚批准施行。为了督促委员认真审办，一般设有考勤簿和委员审办案件的登记簿，登记簿记明案件、承审委员、发审日期、结案情况。登记簿是考察承审委员、定明功过的根据。另外，对于京控、部驳的发审重案，知府均会同局中委员审理，必要时还和督抚、臬司协商办理。普通上控案件，多由谳局审理拟律后，知府审核后上报。首府和参与审办委员均需列明姓名、职衔。

发审局一般都设有负责局中具体事务的总管官，各省情形不尽统一，有名"提调"者，也有名"坐办"者，既有首府派充，也有臬司派委。[1]也有发审局，不设总管官，而是由首府总管。[2]"各省有发审局承审案件，……而莫不以候补道为总办，候补府为提调，候补同通州县为承审员。"[3]其中，坐办和提调并不同设，一般仅设其一。山西发审局于同治十一年设置提调一员，光绪九年又增加一员。提调于候补知府、直隶州内派委，总理局务。"凡发审

---

[1] 发审局设立前期，主要由首府负责，局中委员也大多为候补丞倅州县，级别较低，后期随着发审案件的增多，事务愈加繁忙，加上各省候补等待委任的人员日见其多。谳局审理京控、部驳重案，接近督抚较易，愿意入局者也逐渐增加，局中各员的级别也有所增高，不仅候补知府常见，候补道也偶见入局。

[2] 同治三年重设的安徽发审局，先是由臬司札委州县正印官二员随同审案；同治九年开始选派正副委员二人常川入局办公。其后，由于案件日增，审限较严，不得不增加委员人数。（清）冯煦主修、陈师礼总纂：《皖政辑要》，合肥，黄山书社2005年版，第749页。

[3] "发审局判讼事"，载（清）徐珂编纂：《清稗类钞》，第三册，北京，中华书局1984年版。

之案，即令提调率同研审，如遇重大之件，由提调专讯。"四川省发审局设有坐办两员，其职责大致相同，以总核局务，督催审办为务。并且"一充坐办，则通局案件均有承审之责，而重大要案大率归坐办审理，任重事繁，非别员可比。"[1] 但是，由于坐办是临时负责局务，且坐办和委员随时都有可能被委任出缺，二者之间也不是上下级关系。坐办对于委员并没有任何实际的制约权力。因此，委员和坐办之间每每龃龉不断。按照惯例，委员承审案件，无论难易，俱应商同坐办，实际上大多委员并不照办，甚至有审案后不经首府和坐办直接禀告督抚者。

委员是发审局主要组成人员，承担大部分案件的审办。各委员基本上都是等待补缺的候补官员，其中以候补的州县、知府、直隶州居多，偶尔也有候补道员入局。其中既有任官经验丰富，因事临时候委者，也有初出经堂，首次踏入官场的新手，并以后者居多。各省发审局委员从数人至数十人，并不统一。有名额固定者，如山西发审局，自道光十六年定额委员八人，正、副各四员，每案由副委一员帮同正委审理。正委如果缺出，以副委挨次顶充，再派一员充补副委，以符定数。当局中案件较多时，也可由知府随时禀请派委有审办经验者入局帮忙。四川发审局委员有二十多人，并且没有固定员额。安徽发审局除正副委员外，还设立帮审数员，从入局学习者中选拔。总体上看，各省局中委员额数并不固定。委员主要负责外出提传犯证、审理案情和拟判。委员奖惩由首府负责，有专门章程规定，主要以案件审理决定委员功过，案件不仅要"审"，而且要"结"。[2] 如果委员审结的案件中有上报后被驳回重审以及当事人上控、京控者，则该案不能当作委员审结的案件予以记功。[3]

发审局所承接案件多为复杂疑难重案，多数承审委员自身律学知识和审案经验较为欠缺。因此，发审局中一般会有首府所聘数名幕友参与案件的审

---

〔1〕"计开劝惩章程八条"，载《四川通饬章程》，台北，文海出版有限公司1977年版。

〔2〕　安徽发审局规定："凡局员审结京控并疑难重案三起者，准予超委一次。寻常命盗案件，以两案作一案，讯结六起者，准予超委一次。此外，户婚、田土及本省上控案件以三案作一案，讯结九起者，准予超委一次。其异常出力、审断勤能者，从优请奖。倘有遇事因循草率从事，亦由府随时留心甄别，禀请撤参"。（清）冯煦主修、陈师礼总纂：《皖政辑要》，合肥，黄山书社2005年版，第752页。

〔3〕"臬例·臬局委员承审案件功过章程"，载《江苏省例四编》，江苏书局光绪十六年刊本。

拟，称"发审友"。不同于州县幕友，发审局一般不要求发审友拟制判词，而是由委员审理草拟判词后送交首府阅定，再交由发审友核办。大致来说，幕友主要负责案件文书的整理和润饰，以免案件上呈后遭到上司批驳。尽管不亲拟判词，由于幕友知晓律例，在某种程度上甚至可以左右裁判结果，其作用十分突出，又有"谳局主政"之称。一些委员并不尽心于案件审办，经常请幕友代笔拟判，愈加凸显了幕友的重要地位。[1] 除此之外，发审友也受知府委托兼带对没有任职经验的学习委员进行法律知识的培训和指导。

除上述诸员外，发审局中还有一些辅佐性的书役人等，其中负责文书工作的称为"局书"，还有一些处理局中杂务的差役，但数额不固定，按照需要添派。书役俱由首府人员派充，在编制上属于首府内人员。[2]

从一些资料看，清末发审局的专业性越来越强，一些地方对委员的选拔也较为严格，要求有较高的断案经验能力和司法操守。樊增祥在一份针对首府的批词中说："谳局问案，与县署寻常词讼不同。案关生死，罪关出入，老手高才，犹或时有舛错，用人不可不慎也。"他接着谈及陕西发审局委员中，往年有"旧五鬼""新五鬼"之称，并言其"真谳局之耻也"。[3]

2. 经费

谳局的经费开支主要有三部分：发审友的束修（薪水）、委员在局办公饭食经费和委员薪水。幕友为官员私人助理，系经制外人员，其所得束修和礼金出自主官养廉、规费等项下，而不是由官帑直接支给。幕友报酬金额视时代、地域、工作、宾主关系等而异，但大致每年数百两至一千两左右。[4] 道

---

〔1〕　发审局委员由于经济上的限制以及事务较少，在被正式任职前一般并不聘有自己的幕友。然而，这些由首府聘有的幕友虽为谳局主政，大多数人却并不悉心于案件的审办。（清）包世臣：《与次兄论谳狱第二书》，载氏著：《安吴四种》，台北，文海出版有限公司1968年版。
〔2〕　同治十三年（1874年），清末状元张謇曾为在江宁发审局（江苏省）任职的孙云锦聘为幕友，担任发审局"书记"，月薪白银十两。（隗瀛涛：《实业之梦——张謇传稿》，成都，四川人民出版社，1995年。）笔者尚未查到江宁发审局组成人员的情况以及孙云锦所任职位，但如果张謇为孙私人所聘，则一般不会在局中任书役之类经制内职务。"书记"是否为书役，尚不清楚，但从张謇的报酬来看，似乎和发审友的束修又不相符合。据此笔者推测，张当时可能为孙聘请的私人助理，负责文书工作并陪同查案，但不是幕友。
〔3〕　（清）樊增祥：《樊山政书》，"批西安府傅守世炜禀"，那思陆、孙家红点校，北京，中华书局2007年版，第16页。
〔4〕　张伟仁：《清代法制研究》，"中央"研究院历史语言研究所专刊之七十六，第一辑，第226页。

光十六年山西省例定,"发审幕友每岁修缮银一千两,向系太原府捐廉致送,应循旧例。"[1] 发审局委员每日在局办公,供给饭食所需银两由山西省两司四道九府十州分别摊捐,于应领养廉银项下按季扣收,藩库发给支领。其约计每日需银三两,统计一千二百两,以为备办委员饭食并酌赏伺候人役之资。后期饭食银两不再摊捐,改由首府筹款发给。发审委员原本并无薪水,光绪以后由于发审案件较多,委员在局候委审办案件的时间不断增长,清末基本上各谳局都酌给委员薪水。提调月给三四十两,委员二三十两不等,总共年需一二千两,由首府筹给。从上述经费的开支情况来看,发审局被视为首府负责主持管理下的一个机构,较为符合实际。

3. 职掌

发审局的作用如此重要,那么它在清代司法体制中承担着怎样的具体职能呢? 发审局,顾名思义,其负责审理上司发交之案件。以四川为例,当时的《清讼局章程》说:"发审局虽为首府专司,而实院司分局。承审京控、部驳及提省发委审办一切案件。"[2] 曾在江苏发审局学习的包世臣也认为:"至于首府谳局为全省总汇,或京控奉发,或上控提审,或翻异提全案人证。"当时的直隶发审局也大体相同。[3] 由此看来,发审局并不受理所有上控或者发交到省级司法衙门的案件。大致来说,它主要经办京控交审、部驳发回和提省后发交的案件。[4] 提省案件又可细分为三:第一,地方招解至省的重大案件,

---

〔1〕 按照通常的理解,幕友和主官之间是一种雇佣关系,幕友的报酬也无统一标准。山西省明确规定发审友的报酬,这种情况在清代并不常见。笔者怀疑其时发审幕友可能为首府所聘有,但又不完全为首府个人的私人助理,在某种程度上已经含有"官聘"色彩。安徽发审局也是如此,"局中幕友脩银每年一千两,膳银一百二十两,每月共支银九十三两有奇。"(清)冯煦主修、陈师礼总纂:《皖政辑要》,合肥,黄山书社2005年版,第749页。

〔2〕 "计开清讼局章程",载《四川通饬章程》,台北,文海出版有限公司1977年版。

〔3〕 "凡京控、省控、奏交、咨交各案,总督独擎其纲而两司与首府分任其责。"(清)曾国藩:《直隶清讼事宜十条》,载(清)葛士濬编:《皇朝经世文续编》卷一六,台北,文海出版有限公司1972年版。

〔4〕 欧中坦所谓"它(谳局)接受全部上诉和全部法定复审"的说法明显是不准确的。即使在发审局已经作为一个公开机构出现的光绪时期,它仍只负责省级司法审判中的一部分而已。在清朝,外省省级机构有司法职能的机构有督抚、提督、学政和藩臬两司,虽然我们暂时没有发现各省每年受理的上控案件数量,但是从发审局每年大约百十来起的收案数来看,显然不是上控的全部。另外此处"法定覆审",不知所指。从原文看是指审转中督司的覆审,实际上谳局仅承担督司覆审中的部分疑案,并不承担全部覆审。这种说法显然夸大了发审局的作用。参见"发审局问案章程及劝惩章程",载《四川通饬章程》,台北,文海出版有限公司1977年版。

经臬司或督抚覆核后，如发现案情疏漏、供证不符或者犯证翻供，可直接交由发审局审办；第二，因上控而提省发交谳局审办的案件；第三，逆伦重案或者官员犯罪案件大案。为慎重起见，对此类重大案件，臬司会在覆核定案前委派谳局再审一次。[1] 因此，发审局所审多为案情重大复杂或当事人屡控不休、难于审结的案件，普通上控案件一般并不交发审局审理。

除审理案件，发审局还作为外省对等待候委官员进行任前法律培训的主要场所。道光年间，山西太原知府张集馨记述了分发等待任命官员在山西发审局学习的情况。"分发县令廿余名到省，皆书生不知吏事。余派刘叙等十员在县学习，派陈经增等十员在府学习。每晚令阅律，次日互相讲求。令值堂吏设立考勤簿，注明到局时刻。其中有心人俱感欣慰。后各员补缺，于例案俱有把握，不致受制于人。"[2] 首次分发各地等待委任的官员，大多在发审局充当副委，帮助正委审办案件，以资学习处理案件。四川谳局要求局中学习各员必须亲自参与审理案件和草拟判决，并且严格禁止请人代办，以锻炼其司法能力。若发审局能按照要求，严格督促谳员认真学习和磨炼，未尝不失为一种较好法律训练方法。实际上，发审局在某种程度上也确实成为各省官员法律实践经验培训的重要场所。以致在清末法制改革中，不少人认为发审局可以用来培训新型司法人才。当时的山东巡抚就提出"而令曾在京外各法政学堂毕业之优秀者，择优派充发审局帮审委员，俾有学问之学生，得增长其阅历"。[3]

4. 活动

对发审局审理案件的具体过程的论述向来不多。曾国藩曾论及谳局审理京控案件的情形，或许可以从中一窥其审案活动。"凡京控巨案，初到时正副二员将卷宗细看，过堂一二次，寻出端倪，开一节略，其末即稍判曲直，五日之内臬司带同首府及正副承审官上院本部堂，与之商论一番，名曰谳狱。

---

〔1〕 道光时期在江苏任职的桂超万曾经提及自己碰到的一件逆伦重案：江苏沭阳县华学文为二子所杀，沭阳王县令讯明该案后解省。在臬司核转前由首府李令讯问明白，认为原供明确，罪名允协，上报臬司廉访。但廉访却以凌迟重罪无尸不肯定案。（清）桂超万：《宦游纪略·略卷一》，台北，文海出版有限公司1972年版。

〔2〕 （清）张集馨：《道咸宦海见闻录》，北京，中华书局1981年版。

〔3〕 "山东巡抚袁树勋奏山东筹办审判厅并请变通州县审判厅办法及初级审判厅权限折"，载故宫博物院编：《清末筹备立宪档案》下册，北京，中华书局1979年版。

其应由藩司主稿者,则两司带同首府局员上院议狱,议毕再行审讯,紧要工夫全在议狱。一次及初讯一二堂而案之是非已明矣。未过堂之先,不妨详慎访查,即过堂则须求速了,愈速则真情易露,愈久则幻愈多,其业已淹滞者,尤须设法催办。"[1] 因此,谳局审理京控案件程序大致分为看卷、过堂、开节略、谳狱、再审和定案等六个步骤。看卷和过堂是了解案件的前提;开节略则是对案件的整理和初步拟判;谳狱是由例应参与审案的一省主要司法官员共同会审,讨论案情,找出案情关键之处,再行审讯定案。经过上述几个步骤,基本就可以定案了。此为京控发审案件的一般程序,遇有案情复杂、人证不全、犯证狡展时,案件审理更加复杂。例如,在审理过程中,若关键证人(干证)或罪犯不到,则须派人至外地关提。京控案件审结后按例上报刑部,如果是钦发或奏交案件,则须上报皇帝。上报后的京控案件审理结果同样要接受刑部审查。

结合案情和本人审案心得,包世臣从总体上论述了谳局案件审理的要点。其所论颇为精当。兹录于此,以观当时谳局京控案件的审理过程。

至于首府谳局,为全省总汇。或京控奉发,或上控提审,或翻异提全案人证,其案多有自数年至十数年者。又本案两造先后控诉之词多出岔头,更有牵砌别案作证,自数案至十数案者。提卷动至盈箱,提犯动至数十百人。首府有发审友,例为主政,然近来幕友莫肯悉心看卷,且难保不别存意见。此宗大案奉委,例有一月审限,为期本宽。必须将全卷先看一遍,摘出紧要之人,再将全卷逐人摘出其紧要情节。遇有岔出头脑,必须细想前后与本案是否有关涉处。盖岔出情节,每有股大于腰,指大于股者,一经挑掣,常至本案不可收拾。此种情节虽要摘出,然须于摘略内注明不可追究或竟不置一词,以便正案合龙。摘节略时务要详明。日后堂讯但看节略,免再查卷之烦。摘定节略,把鼻已得,必须细检律例,拿定一正经归宿。讯供时,皆注定正条,则供成而看亦成。发审友即有意见不能动弹供情。盖发审大案,断不能如自理小案一一得实,然或移情就例,或择例就情,务求平允而宽厚,则问官与犯人两无所撼,而讼师不能簸弄其间,则案易了结而自无翻异。若一挑

---

[1] (清)曾国藩:《直隶清讼事宜十条》,载(清)葛士浚编:《皇朝经世文续编》卷一六,台北,文海出版有限公司1972年版。

掣岔头，必至辗转提犯，逾限既自关考成，拖延更累及无辜。造福作孽只争一间，慎之又慎。至于牵砌之案，其已结者勿论，其未结而人集者，于本案有涉而无碍，便宜于大案后提出，略加数语便可带结。若牵掣重大，头绪纷繁，便宜以人证不齐等语，蹬归原衙门自行集讯结。正分合机宜至为不易。又堂讯数次之后，每有两造当堂递禀，此必情有难白，而以笔代舌，必须细看细想或收受或发还，断不可草草下一字，或反为所持，有碍大局。说虽浅近，大要尽此。盖看卷、摘略最为紧要，然亦有堂讯时真情与卷载迥异者，又不可执略硬做。至案情即得与承审官常有干碍，不得不设法周旋。[1]

三、清末法律改革中的发审局

从目前资料看，清末法律改革前，各省基本均设立了发审局。[2] 清末司法改革，原有上控制和审转覆核制被现代上诉制度所取代。伴随旧司法体制的瓦解，发审局被新式审判厅所取代。发审局在清末法律改革中的变革情况，由于材料限制，无法作一细致描述，只能大致勾勒，以为将来进一步研究的起点。

谳局变化首先缘于清末省级司法体制的变革。光绪三十四年，清政府改革官制，各省按察使司改称提法司，其组织结构和职能随之调整。提法司设有总务、刑民事和典狱三科，同时临时设立审判厅筹备处，负责各级审判厅的筹设。变革省级行政司法机关是为随后进行的司法改革做准备。作为旧司法体制组成部分的谳局与即将设立的新制度"既形势扞格，不能相通"，当然

---

〔1〕（清）包世臣：《与次兄论谳狱第二书》，载氏著：《安吴四种》，文海出版有限公司 1968 年版。
〔2〕　清末法制改革前各省基本上都设有发审局，目前所见资料表明，当时地方上设有发审局的省有直隶、安徽、河南、江西、山东、山西、四川、浙江、江苏、广东、陕西、云南、甘肃、福建、湖北、湖南；热河、奉天、吉林等地在清末新政中始改行省制，但此前也设有发审局；台湾、广西、贵州、西藏、青海、新疆等地区笔者尚未见到相关资料，无法断言。黑龙江设省较晚，没有设立发审局，而是设立裁判处，受理"各属上控、提审之命盗杂案级大小词讼"，并作为设立裁判厅的基础。另外清末北洋大臣袁世凯在济南自开商埠的奏折中曾经提到要在开设商埠设立发审局，"专理中外一切词讼之事"，但商埠后来设立的诉讼机关，名为"济南商埠审判公所"，由商埠总局派员办理商埠界内一切诉讼事宜。《黑龙江志稿》，哈尔滨，黑龙江人民出版社 1992 年版，第 2119-2123 页；"北洋大臣袁世凯为济南城外开埠缮拟开办章程事奏折"所附开埠章程第三条，载济南市志编纂委员会编：《济南市志》，北京，中华书局 1997 年版，第 32 页。

应在废除之列。[1] 但谳局特有的职能及其原有的司法资源又在某种程度上和即将设立的审判厅具有契合之处，可能为当时更张伊始的法制改革提供借鉴之处。如此，何时以及如何裁撤发审局成为当时必须面临的一个问题。此外，清末司法变革自改革官制开始，在原有审转覆核制和上控制度废除之前，发审局所承审案件由谁负责，也成为当时不得不考虑的问题。

法部所制定的《提法使官制》规定，死罪案件备缮供勘及军流以下人犯汇案申报等招解勘转事宜，在各级审判厅未成立前，仍遵从旧章办理。[2] 京控案件仍然大多发回各省审理。针对这种情况，各地处理方法并不统一。湖北省提出，暂时保留谳局，改名督审处，仍由提法司督率审理原有提审案件，待各级审判厅成立后裁撤。[3] 浙江省则提出直接裁撤发审局，只保留一位刑幕，专办招解勘转事宜。[4] 随着各省高等审判厅逐渐成立，又出现了新的问题。对于解勘过程中的已结案件，若有情节可疑、罪名未协以及招解到省后翻供等情形时，应该如何处理，并无明确规定。按照原有惯例，此类案件"例得发局另审"，而现在提法司专为行政机关。发审局虽未废除，其作为行政机关行使司法权，也较为不妥。为此，法部提出，此类疑难案件应由提法司令高等检察厅提出非常上告或再审，由高等审判厅审理；招解到省翻供之案，则由高审厅勘转报提法司照章办理；对于院司提省案件，不论已结、未结，应统归高审厅审理。[5] 随后，宪政编查馆联合法部上奏变通勘转办法，以地方上覆审结合大理院的覆判代替原有勘转，把原本应由谳局审理的案件交由高审厅处理。宣统二年七月，奉天在原省城行营发审处遗址设立特别地方审判厅，专门审理未设地方厅各地赴省上控、逆伦、告官重案、督司提审

---

〔1〕《浙江巡抚增韫奏浙江筹办各级审判厅情形折》，载故宫博物院编：《清末筹备立宪档案》，北京，中华书局 1979 年版。

〔2〕（清）刘锦藻编：《清朝续文献通考》卷一三三，"提法使官制"，杭州，浙江古籍出版社 2000 年版。

〔3〕（清）刘锦藻编：《清朝续文献通考》卷一三三，"湖广总督瑞澂奏改设湖北提法使司"，杭州，浙江古籍出版社 2000 年版。

〔4〕（清）刘锦藻编：《清朝续文献通考》卷一三三，杭州，浙江古籍出版社 2000 年版。

〔5〕《宪政编查馆大臣奕劻等覆奏锡良所奏解释法令纷歧并窒碍情形折》，载故宫博物院编：《清末筹备立宪档案》，北京，中华书局 1979 年版。

以及京控发回原省审讯案件。[1] 但是，此种做法不久即因与当时《法院编制法》的规定不符而被命令裁撤。

宣统元年所颁《各省城商埠各级审判厅筹办事宜》对变革之际谳局原审案件，要求“未设地方审判厅之府厅州县依法递控到省之案，向归臬司或发审局审理者，俱应向省城高等审判厅起诉”。至此，谳局原审的省控案件明确交由高等审判厅审理。关于京控案件，依照新司法程序曾经高审厅审判后上诉至大理院的，由大理院终审，对于未按照新章上诉于大理院并发回各省审讯的案件，则由该省高等审判厅区别第二审、终审判决后，呈明督抚及提法使分别奏咨结案。[2]

专门审判机构的出现，使得发审局失去了存在的空间。但是，谳局作为“准专业性／专门性法庭”所具有的司法资源，却为清末司法改革所袭用。发审局各员虽于现代西方法律知识十分隔膜，却拥有较为丰富的司法实践和经验。清末司法改革中，不少新式审判厅内的法官就来自发审局。宣统元年，安徽省为筹办各级审判厅，在省城安庆设立审判研究所，招收法政学堂毕业生、发审局在职人员入所学习，以期培养司法人才。[3] 山东省则一方面对发审局委员进行现代法律知识培训，同时令法政学堂优秀毕业生进入发审局帮审锻炼，“俾得有学问之学生，得增长其阅历”。[4] 其他各省情况也大致相差不大。

四、小结

清朝中后期，社会经济发展使得法律关系愈加复杂，案件数量急遽增多，导致运行已久的审转覆核制不堪重负。特别是上控（京控）案件等重大疑难案件的剧增使得当时行政主官具体负责司法审判的体制无法适应社会需要。基于此，各省地方政府从实际情况出发，自主创设了发审局这一“准专门性／专业

---

〔1〕 此类案件例由发审局进行审理，当时也曾考虑过保留发审局来审理此类案件，但念及此举“有乖法权统一之旨”，因此作罢。“奉省特别地方审判章程”，载汪庆祺编：《各级审判厅判牍》，李启成点校，北京，北京大学出版社 2007 年版；“东三省总督锡良奏设省城特别地方审判厅”，载刘锦藻编：《清朝续文献通考》卷一三九，杭州，浙江古籍出版社 2000 年版。
〔2〕 政学社编：《大清法规大全·法律部》，政学社石印本。
〔3〕《安徽通志稿·司法考》卷一，民国 23 年铅印本。
〔4〕 “山东巡抚袁树勋奏山东筹办审判厅并请变通州县审判厅办法及初级审判厅权限折”，载故宫博物院编：《清末筹备立宪档案》，北京，中华书局 1979 年版。

性法庭”，并通过本省地方性法规和惯例对其予以规范。发审局不同于身兼多种职能的地方政府，也异于清末法制改革中建立的各级审判厅。它是传统司法体制下专职负责案件审理的职能部门，是从传统到现代变迁过程中的产物。

从发审局的产生缘由、组成结构、人员、运作以及清末的变革来看，它确实在某种程度上满足了清代中后期司法发展的需要，一定程度上解决了由于案件数量增多、案情复杂难结导致的司法资源紧张困局。当然，发审局运行之中也面临一些批评。例如，当时的一些州县官在审理时，即使案情不确，情罪不符，也结案上报，以期由发审局来审办，而自己则可置身事外。[1] 但作为一种“从实践中来”的规则，发审局的出现及其持续运作至少证明了一点：在传统法制铁板一块的面纱下掩藏着悄然前行的裂变。

第三节　京控的终结——清末法律改革与民初大理院

一、晚清京控的终结

京控是空间概念，也是一个法律概念。作为法律概念，京控是指各省案件经督抚衙门审理结案后，当事人或其亲属如认为原审审断不公，得向京师各部院衙门呈控。以现代法学观念看，京控颇类似古代审判中的最高级别。这也是前述《清史稿》编纂者对京控的理解和认识。从实际司法实践来看，京控并不能作为一级审判，因为恰如前面所述，小民赴京呈诉的案件绝大部分通过咨交或者奏交的形式发交各省审办，由中央审理的案件很少。

清代已经形成一套完整的京控制度，但其实施效果却不尽如人意。京控案件层出不穷，能平反者却寥寥无几。[2] 恰如杨乃武案审结后御史王昕上奏：

---

[1] “又查：同治十二年巡抚鲍源深批，准藩臬两司详太原府详，命盗案件均由各厅州县研讯明确，定拟审转，一切援情定罪关系匪轻，自应力求平允，乃竟有草率从事，情罪未能符合，供词亦多支离，迨经发审一任谳局为难，原办之员转得置身事外，实属不成事体。”载（清）刚毅纂修、张煦续纂：《晋政辑要》卷三四，“审断四”，光绪14年山西官刻本。
[2] 在我们统计的光绪朝朱批奏折中所收集的六十多个京控案件中，最后平反者只有3例。“平反”是和“冤抑”相对应的一个词，无冤抑即无所谓平反。

"臣惟近年各省京控，从未见一案平反，该督抚明知其冤，犹以怀疑误控奏结。又见钦差查办事件，往往化大为小，化小为无，积习瞻徇，牢不可破。"[1]清末法制改革，作为传统司法制度的组成部分之一，京控也成为改革内容之一。那么，在晚清法律改革中京控发生什么变化呢？新建立的制度又是如何承接"上诉"这一重要功能的？自西方移植而来的以程序保障为核心的这套司法制度的适应性若何？

早在晚清法律改革之前，京控的一些问题已暴露出来，并提出了相应对策。例如，针对当时案件迁延不结，要求接收京控的都察院和步军统领衙门每两月一次将所收案件立档并开单咨部，并要求地方上每半年一次将已结和未结案件数目、交审日月以及未结缘由等开单具奏并分咨刑部，以凭稽核而清讼狱；[2]为慎重狱讼，要求督抚对于京控案件亲提研审，不准委审或发交原审衙门审理；对于书差舞弊，则要求各省严加察访，一旦发现严惩不贷。然而，这些建议不能说毫无道理，但由于各种原因，直至清朝结束，京控中的上述问题仍未能解决。在司法改革之初，改革京控的建议仍然是老调重弹。[3]

清末变法修律以 1906 年清政府宣布预备立宪为界，大致可分为前后两个阶段。前一阶段的修律，在旧法的基础上修修补补，多是传统法律体系的修正和延续。具体到司法制度上，前期无论是张之洞的"变法三折"，还是沈家本等人以禁止刑讯为中心的司法变革，都仍然是以传统儒家"仁政"观念为指导，并没有突破原有体制。后一阶段是以西方法律为学习对象而进行的"数千年未有"之改革。司法改革就是以"宪政"为号召，其直接目标就是废除领事裁判权，实现独立司法，并最终达到"富国强兵"。[4]

光绪三十二年（1906 年），作为新政首曲的官制改革，在一片喧嚣和纷争中，艰难地迈出了第一步。九月，清政府宣布正式厘定官制，二十日，上

---

[1]　"光绪二年十二月癸丑王昕奏"，载朱寿朋等辑：《杨乃武冤狱》，长沙，岳麓书社 1986 年版。
[2]　"各省京控交审案件每年将已未完结数目开单具奏分咨刑部（光绪九年议覆大理寺少卿延茂条奏）"、"都察院步军统领衙门接受京控之案两月一次开单咨部（光绪九年）"，载（清）沈家本编：《〈刑案汇览〉三编》卷三十九，南京，凤凰出版社 2016 年版。
[3]　"上谕御使崇兴奏请整顿京控办法一折。京控章程关系民命，岂容任意迟延，嗣后凡由都察院奏交咨交各案件著各督抚恪遵旧例办理，倘有逾限不结或该督抚不将承审衔名送院等情。即由都察院奏参惩处，以警疲玩而恤民瘼。钦此。光绪三十四年十二月十一日"。载政学社编印：《大清法规大全·法律部》卷一，谕旨，宣统元年北京政学社印行。
[4]　李贵连：《沈家本评传（增补版）》，北京，中国民主法制出版社 2016 年版，第 277-302 页。

谕："刑部，著改为法部，专任司法；大理寺著改为大理院，专掌审判。"随后，清廷公布了筹备立宪的各项计划，司法方面的重要任务就是建立近代司法制度和司法机关、制定近代诉讼法律。经过地方和中央的努力，宣统二年（1910年）底，各直省省城商埠各级审判厅基本建立，新式司法体制和制度初步成型。[1]法院编制法、民事诉讼法、刑事诉讼法等法律法规也陆续草拟编纂。

为明确大理院的权限、编制和职责，光绪三十二年十二月十二日，法部编成《大理院审判编制法》[2]，上奏后颁行。该法共四十五条，分五节：总纲、大理院、京师高等审判厅、城内外地方审判厅和城谳局。《大理院编制法》是中国历史上最早施行的法院编制法，建立了中国近代的一些基本司法审判制度，如独立审判、国家公诉、民刑分离、四级三审制等。[3]该法规定了最高审判机关大理院的管辖范围为："第一，终审案件；第二，官犯；第三，国事犯；第四，各直省之京控；第五，京师高等审判厅不服之上控；第六，会同宗人府审判重罪案件。"[4]其中，明确规定京控案件为大理院的管辖对象之一。宣统元年制定的《法院编制法》则把京控案件作为"依法令属于大理院特别

〔1〕　关于清末司法改革中各级审判厅的设置情况，参见李启成：《晚清各级审判厅研究》，北京，北京大学出版社2003年版，第32页以下。

〔2〕《大理院审判编制法》在词语使用、制度安排等方面仍表现出较明显的传统痕迹。例如，第一，作为最高的审判机关，凡是上诉至大理院的案件，大理院的判决即为终审。从大理院上奏的审判权限厘定办法折中看，"终审"案件似指"其他地方审判厅初审之案，又不服高等审判厅判断者亦准上控至院为终审，即由院审结"。如此一来则似有和该条第五款重复之嫌；第二，清代对于官员犯罪有一套特殊的审判程序，清律要求对于奏交京控案件和民人告诉官员各案，督抚应该亲行研审，不得仅委属员审理，这二类案件均由大理院审判；第三，该法对于上诉案件既有传统的"京控""上控"等概念，又有"控诉""上告"等，颇不统一。

〔3〕　虽然在"大理院奏审判权限厘定办法折"中确定了四级三审制，但是由于《大理院审判编制法》主要是大理院和京师审判厅、局的组织法，所以并没有明确规定四级三审制，三审终审制的正式确立始于《各级审判厅试办章程》，该法第二章专列"审级"一节，规定："凡民事、刑事案件，由初级审判厅起诉者，经该厅判决后，如有不服，准赴地方审判厅控诉。判决后，如再不服，准赴高等审判厅上告。（第四条）凡民事、刑事案件，除属大理院及初级审判厅管辖者外，皆由地方审判厅起诉，经该厅判决后，如有不服，准赴高等审判厅控诉。判决后，如再不服，准赴大理院上告（第五条）。"参见政学社编印：《大清法规大全·法律部》，卷七，"审判"，宣统元年北京政学社印行。

〔4〕《大理院审判编制法》（光绪三十二年），载《大清法规大全·法律部》卷七，"审判"，政学社印行。

权限之案件"。[1] 然而，实践中，原来接收京控的都察院、步军统领衙门又如何把此类案件统一移交大理院？作为新建的最高法院——大理院如何处理京控案件？其实际效果如何？这些问题尚需进一步研究。

首先，京控案件，按其控告人来源地，区分为已设、未设审判厅地方的京控。当然，对于已设立新式审判厅的京控，如果符合诉讼规则的，则由大理院按照上诉案件予以审理。由于直至宣统二年年底各省高等审判厅方基本成立，在此期间，对于在地方上由各省臬司或高等审判厅审结之案不服而京控者，由大理院处理。[2] 对于非照新章上诉于大理院之京控案件，以及未设审判厅地方的京控案件，区别情况由大理院发回原省审讯者，由该省高等审判厅照前条区别第二审、终审判决后，呈明督抚及提法使分别奏咨结案。[3]

虽然《大理院审判编制法》把"各直省之京控"作为大理院的专属管辖案件，但实践中都察院和步军统领衙门仍受理京控案件。为进一步理清审判权限，宣统元年《法院编制法》和宣统二年《死罪施行详细办法》均要求"未设审判厅地方京控案件"由大理院专管。随后，宣统二年三月，宪政编查馆通知各衙门，要求其以后不得再收受京控案件："嗣后凡未设审判厅地方人民来京具呈都察院、步军统领衙门暨各衙门控告者，无论民刑诉讼，俱应驳令原告自赴大理院呈控，一应行查解交提审等事，统由大理院照例办理，以符奏案而一法权。"[4] 其实，京师各级审判厅成立后即已规定，步军统领衙

---

〔1〕　大理院对于不服高等审判厅第二审判决而上告之案件、不服高等审判厅之决定或其命令按照法令而抗告之案件以及依法令属于大理院特别权限之案件有终审权。参见《法院编制法》第36条，宣统元年十二月二十八日。
〔2〕《附法部等奏定营翼地方办事章程》（光绪三十三年十二月），政学社编印：《大清法规大全·法律部》，宣统元年北京政学社石印本。
〔3〕《拟定各省城商埠各级审判厅筹办事宜》第4条，载政学社编印：《大清法规大全·法律部》，宣统元年北京政学社石印本。
〔4〕《大公报》大清宣统二年三月廿五日，西历一千九百十年五月四号（礼拜三），第二千七百九十号，第二张，第一至二版，"北京"，"宪政馆通咨划清诉讼事宜"。《大公报》（天津版），人民出版社出版，西安新华印刷厂1982年印刷。转引自韩涛：《晚清大理院：中国最早的最高法院》，北京，法律出版社2012年版，第129页。

门不再作为京控受理衙门，所有呈词口喊，概不接收。[1]只是京控者仍习惯赴步军统领衙门控诉。接到通知后，都察院、刑部等衙门分别和大理院会商，把所办京控案件统行改归大理院办理。[2]至此，从法律规定和司法实践中实现了大理院对京控案件的完全管辖。

为此，大理院积极筹备，明确总检察厅为接收京控案件的具体部门，并规定"惟因接管伊始，所有规模亦应仿照都察院办理，每逢双日准递呈者赴院投递云"。[3]同时，宣统二年四月初七日颁行的《大清现行刑律》对大理院受理京控案件的程序做了具体规定。

大理院遇有京控之案，先由总检察厅详核原呈，分别准驳。如实系冤抑或案情较重者，即交本院分庭审明，咨回本省再审。于一月或两月视控案之多寡汇奏一次，各案情节于折内分晰注明。如距京较近省份，将原告暂行散禁，提取本省全案卷宗细加查核，再行分别酌办。其关系行政事务，如官吏营私骩法及被参冤抑之类，仍于都察院呈控。[4]

可见，由大理院附设的总检察厅收受京控呈状，然后分别情况，获准或驳。其准理者，可分为三种情形处理：第一种，如确系冤抑或案情较重者，即交由大理院分庭审明，咨回本省再审，然后每一月或两月，根据案件多少，汇奏一次；第二种，若是距京较近省份，则将原告暂行散禁，并提取本省案件全宗审核后，再做处理；第三种，涉及官员营私枉法或被参冤抑的行政事务，关系吏治，仍向都察院控告。由此可见，此时大理院处理京控案件仍以传统方式为主。不同的是，大理院承接了都察院和步军统领衙门的职能，接收京控并简

---

〔1〕《附法部等奏定营翼地方办事章程》（光绪三十三年十二月），载政学社编印：《大清法规大全·法律部》，宣统元年北京政学社印行。

步军统领衙门设于顺治元年，作为北京城维护治安的重要机构，它兼有司法审判的职能，清末法制改革其职能有所变动，但从民国初年的资料来看，步军统领衙门仍然负责某些京城案件的处理。民国13年步军统领衙门裁撤，北京政府司法部令京师高等、地方两级审检厅负责筹设地方分庭就近受理，并将统领衙门司法案卷即日先行接收。北京市档案馆利用处、编目处合编：《北京审判制度研究档案资料选编（民国部分）》，影印版1999年，第395页。

〔2〕韩涛：《晚清大理院：中国最早的最高法院》，北京，法律出版社2012年版，第129-130页。

〔3〕《申报》大清宣统二年庚戌四月初五日共二张，西历一千九百十年五月十三号（礼拜五），第一章，第六版，"京师近事"，转引自韩涛：《晚清大理院：中国最早的最高法院》，北京，法律出版社2012年版，第233页。

〔4〕《大清现行刑律》卷四，"事应奏不奏"条后之"条例"。

要审理后咨交地方各省再审。相对于改革前，主要的程序变化就是一些重要京控案件无须再上奏后发交本省再审，废除了"奏交"这一发审形式。

兴革之际，新旧杂糅。区分京控为"已设审判厅地方的上控"和"未设审判厅地方的京控"，本身已经表明一种变革。一方面，全国独立完整的现代司法机构尚未建立；另一方面，对于几千年来习惯到衙门请求父母官申冤的小民百姓，面对这种转变，也必然面临一个适应过程。[1] 辛亥革命后不久，清廷覆亡，作为一种制度的京控，也随着清朝法律和司法制度而消失。

二、民初大理院审判——一个与京控的粗略比较考察

清末法制改革废除了京控制度，但是对于那些认为自己遭受了不公正待遇的平民百姓来说，通过申冤方式寻求救济和司法正义，仍然是他们解决问题的主要思路。

经过清末司法改革的实践以及宣传，司法独立观念在民初已经作为一种重要理念被大多数关心政治的人所接受。[2] 司法独立的要求之一即审判应该由专门司法机关负责，行政部门不再受理诉讼。民国元年三月十日，临时大总统袁世凯下令在民国法律未经议定颁行前，所有从前施行之法律及新刑律除与民国国体抵触各条外，其余均暂行援用。五月，民国大理院成立。[3] 民国三年，北京政府设立平政院，正式采行行政诉讼和民刑诉讼分立的制度。[4] 民国沿用清末建立的四级三审制。除初级审判厅受理的一审案件外，地方审判厅和高等审判厅审判的一审案件均可上诉至京城的大理院。"京控"成为一个单独的审级。

---

〔1〕 李启成：《晚清各级审判厅研究》，北京，北京大学出版社 2003 年版，第 180-181 页。

〔2〕 北京政府《司法公报》在"发刊小引"中首言"民国肇造，百度更新，司法独立之声已喧腾国人之口而强吾人之耳矣。然天下事有理论上宜如此，事实上可如此，而外界环象、内界阻力偏若挤之，使有不得骤如此者。"《司法公报》，第 1 年，第 1 期，1912 年 10 月 15 日。

〔3〕 大理院正卿、少卿等官名不适于民国制度，在新的《法院编制法》修正颁布前，应先更正其名称，而宜暂仍保持其组织，以便继续执行。大理院正卿可改为大理院长，少卿一席裁撤，其余如旧。

〔4〕 参见黄源盛："平政院裁决书整编与初探（1914—1928）"，载氏著《民初法律变迁与裁判（1912—1928），台湾政治大学法学丛书（47），2000 年。

现代诉讼制度拥有完整的程序规定。这是整个司法制度得以正常运转的关键。然而恰恰正是这套关于程序的规定，在民初司法中不得不一再由司法者用命令、告示等形式向民众宣传、解释和灌输。法律的教育和对社会变革的促进作用在此得以进一步展示。我们以民初大理院在实际司法实践中碰到的几个问题为例，了解一下在这种社会转型之际民众的法律意识与国家法制之间的关系。

首先，关于被害人的上诉权。法律规定，军民人等只要有冤在地方上不得伸均可京控，并且特别强调必须为冤抑难伸者，否则可能被治以诬告等罪。对于案情较重的刑事案件，无论原告、被告还是受害人及其亲属均可提起京控。然而，现代诉讼制度中民刑分立，刑事犯罪被认为是对国家利益的一种侵害，刑事案件的侦查、起诉均由国家专门机关负责。清末法制改革取法大陆法系，刑事诉讼由检察厅提起，受害人及其亲属对于审判结果不服必须通过检察厅提起抗诉，而不能自己提起上诉。[1]民初沿用清末的《法院编制法》，规定对刑事案件判决不服的上诉只能由检察机关提起。但就实际的施行情况来看，这一点和传统法规定及民众的一般社会心理相差较大。从民初大理院的司法实践来看，在民国二年所作出的25件刑事上诉决定书中，因被害人提起上诉被驳回的占5件。[2]虽然比例不是很大，但可以看出当时的民众对于只能由国家机关提起刑事上诉的规定并不是很能理解。民国大理院的第一份刑事上诉决定书就是对此问题的处理，兹录原文，略观大概。

大理院刑事决定二年上字第一号（二月十七日）黄邓氏等对于广东高等审判厅就该上告人等籍学骗财案件所为判决不服上告一案：查现行规例已采国家诉追主义，上告权惟属于检察官及不服第二审判决之被告人，若被害人则无上告权。本案判决无论是否适法，广东高等检察厅检察官及被告人均逾期未经声明上告，被害人陈汉英等依法既不能有上告权，其声明不服之处，本院碍难受理，故特为决定如右：上告驳回。[3]

---

〔1〕　清末制定的《大清民事刑事诉讼法》和《各级审判厅试办章程》均规定了刑事案件受害人可以告诉，作为刑事原告，并可以提起上诉。但是随后的《法院编制法》和《大清刑事诉讼律（草案）》均排除了受害人的直接上诉权，而只能通过检察厅提起。

〔2〕　大理院书记厅编辑：《大理院判决录》，华盛印书局印刷，第1～10册，民国二年各月出版。

〔3〕　大理院书记厅编辑：《大理院判决录》，华盛印书局印刷，第1册，民国二年二月出版。

　　同样的问题也见于当时各地方审判厅，民国二年四月，在答复广东高等审判厅的电文中，大理院再次重申了这一规定。[1] 被害人是否应该被赋予上诉权的问题一直争论较大，时至今日，并无定论。[2] 笔者在此无意多言，但是一项移植而来的制度如果和现行的国情民俗格格不入，即使民众会暂时逼迫自己去适应，但是一旦有另外的解决渠道，该制度的实施效果能否如其所愿，实在值得思考。[3]

　　其次，关于审级和期间。清代虽然也规定京控案件必须由州县逐级上控，不得越诉，但是对于确有冤抑的当事人，如果甘冒被处刑（笞五十）的危险，也可以越诉并使案件引起官方的注意而使问题得以解决。对于现代司法来说，越过相应的司法机关，即使案情属实，原判决不当，相应机关也不会受理。民初大理院曾经多次强调，大理院不受理直接提起的诉讼以及未经高等厅判决的案件。民国元年的"外省民事上告案件应由原审衙门转送通告"云："民事上告案件除在京师高等审判厅判决者，得由上告人或代理人赴院呈递上告状外，其各省上告案件概由当事人在原审衙门呈递上告状，如声明上告已逾上告期间或在高等厅已为终审，及未经第一审第二审径行对于本院请求审理者，均由高等审判厅以决定驳回，并将决定书送达当事人。"[4] 清代司法追求"案情确凿、引断允协、罪名恰当"，因为审判中无"判决"，也就无所谓上诉期间的规定，对上控的时间无限制，只要发现新的证据，任何时候提出都可能再次启动审判。[5] 清末引进了西方

<hr>

〔1〕　郭卫编：《大理院解释例全文汇编》，"统字第一三号"，上海会文堂新记书局，民国二十年。

〔2〕　主张刑事诉讼中应该赋予被害人上诉权的相关论述可以参见：姜福先 张明磊：《论刑事公诉案件被害人的上诉权》，载《中国刑事法论丛》2005 年第 2 期；李慧英：《从被害人在刑事诉讼中的利益谈被害人的上诉权》，载《江苏公安专科学校校报》第 15 卷第 4 期。

〔3〕　当受害人及其亲属认为公权力并不能给自己提供看得见的司法公平和正义时，通过私立救济实现自己心目中的公平和正义会成为相当一部分人的选择。上访在某种程度上也可以被看作私立救济的一种，事实上由受害者及其亲属提起的上访在上访案件中占有相当大的比例。

〔4〕　"元年十一月十六日大理院特字一二号"，余绍宋编：《司法例规》，北京司法部，民国十一年，第 946 页。

〔5〕　汉初规定"狱已决盈一岁，不得气（乞）鞫"，后把申诉的时效改为三个月，后世一直沿用。宋代大大延长了申诉时效，一般为三年或者五年。清代并无上控期间的相关规定。朱红林：《张家山汉简〈二年律令〉集释》，北京，社会科学文献出版社 2005 年版，第 77 页；王云海主编：《宋代司法制度》，郑州，河南大学出版社 1992 年版。

诉讼制度，上诉"期间"也一并在法律中予以规定。但是从当时的施行情况来看，好像并不理想，还是以上述民初大理院的决定来看，在 25 件决定中，除了 1 件关于大赦和 5 件驳回被害人上诉的决定，其余 19 件均为因超过上诉期间被驳回的案件，其中被驳回者既有刑事案件中的受害人，也有代表国家公诉的检察官。[1]

再次，关于诉状。传统司法对于诉状书写有特殊的规定。一般要求遵状式双行叠写，有告状者名称，代告者还需写明代告人姓名、年龄、案情等。对于曾经在各衙门控告的上控案件，还要求对原控衙门及控告次数开载明白，以审查是否越诉。民国时期上诉至大理院的民事上诉状，则要求必须具备下列内容：（1）当事人；（2）第二审判决及对于该判决上诉之陈述；（3）对于第二审判决不服之程度及求如何废弃或变更之声明。对于上告状中必须叙述事项有欠缺或不明了时即以决定令其补充后将原上告状及补充之状一并送至原高等审判厅，对于不补充者则不予受理。[2]

最后，关于审判。中国传统司法中不区分事实审和法律审，只要发现案情未确、引断未协或者罪名出入，案件就不会得到彻底解决。即使是"天下刑名总汇"的刑部在审查地方上报案件时，也不是简单的"法律审"所能概括的。[3]清末编订的《大清刑事诉讼律（草案）》和《大清民事诉讼律（草案）》均规定对于不服第二审之上诉（上告）应以判决违法为理由，也就是说上诉至大理院的案件，当事人仅能以法律问题为上诉之理由。大理院在判决时也为法律审，除特别需要调查事实者，一般不会涉及事实问题。[4]

从上述几点来看，随着司法和行政的分立，各级审判机构的成立，特别是现代西方司法制度的引进和实施，原有的京控已不复存在了。黄源盛先生

〔1〕　大理院书记厅编辑：《大理院判决录》，华盛印书局印刷，第 1～10 册，民国二年各月出版。
〔2〕　"关于上告大理院案件之注意事项（二年二月二十四日大理院统字三六号）"，余绍宋编：《司法例规》，北京司法部民国十一年，第 948 页。
〔3〕　王瑞峰认为："所谓的法律审和事实审在现代法律中的含义及司法过程如何实现是一个十分复杂的问题，在此笔者只想指出，用法律审来概括刑部在清代刑事司法中的活动起码不是十分恰当的。以《刑案汇览三编》所见的案件而言，可以说案情确凿与否、引断允协与否、罪名恰当与否都是清代刑部在刑事司法中所要解决的问题。"王瑞峰：《罪名・引断・情理——〈刑案汇览三编〉研究》，北京大学博士论文，2005 年第 63 页。
〔4〕　"审理民事上告案件酌用书面审理通饬（四年四月二十日第五〇七号）"余绍宋编：《司法例规》，北京司法部民国十一年，第 945 页。

认为，如果不是各省也可设立大理分院，至北京大理院的上告亦可称为"京控"，就名称言尚可，但是作为一种制度的京控，就其宗旨、运行情况及其结构等方面看，二者完全是两种迥然不同的制度，已经分属两个不同的世界：传统与现代。

本 章 小 结

"京控"是一个法律概念，也是一个地域性术语。绝大多数京控案件，均由中央机关接收后发回各省处理。因此，严格意义上，京控并不是清代司法中的一个审级。随着社会政治、经济和文化的发展，京控案件处理程序也有所变化，嘉庆以后逐渐形成了不予受理、立案不行、发回原审以及受理等四种不同处理方式。对受理的案件，通过提审、发审、委审等方式分别重审。然而，随着京控案件数量增多，地方督抚无暇审案。一些应提审的案件不得不通过发审和委审的方式处理，并最终形成了晚清主要由发审局承担京控案件审理（预审）工作、督抚臬司过堂复核的案件处理模式。发审局是传统司法体制下适应社会形势变化的自发性产物。清末法律改革，作为专制司法体制之一部分的京控也随之消亡，新设大理院成为国家最高司法机关，并用新的以权利、程序为核心的现代司法取代了传统"申冤"式的京控。

第四章

上控中当事人的诉讼策略和官方应对

　　在清政府构造的官方话语中，理想状态是由代表皇帝在地方统治的仁人君子般的父母官和温良训恭的小民构成的一幅安宁美好的图画。反之如果地方上政治不良，诉讼较多，则主要是衙役鱼肉百姓和讼师唆讼的结果。[1] 这幅图像背后是封建中国官方意识形态所宣扬和标榜的"德治"和"无讼"。"德治"与"法治"相对，无讼则与厌讼相连。[2]

　　理想不等同于现实，但现实往往又是理想影响下的产物，尽管这个产物不是理想者所追求的。在儒家思想为主导的官方话语和民间观念中，"法"或"律"都是必要之"恶"。言其"必要"，因为是统治之必需；既为"恶"，则当竭力避免之。对统治者而言，"古者，未有君臣上下之时，民乱而不治。是以圣人别贵贱、制爵位。立名号以别君臣上下之义……民众而奸邪生，故立法制，为度量，以禁之。"[3] 对于多数普通安分的小民百姓，走上大堂对簿公堂，仍是被迫无奈和令人畏惧之事。[4] 无论健讼抑或厌讼，一旦进入诉讼领域，其目的都是一致的：赢得诉讼。一位丢了六捆稻草的乡下农夫和一位不远千里进京申冤的弱女子在这一点上没有实质的差别，没有为了败诉而主动涉入诉讼的当事人。

〔1〕　有的学者在研究现代上访的过程中也发现了同样的一个逻辑，即"中央—地方—基层"，当出现问题时，老百姓认为中央的政策是好的，地方的传达是对的，基层的执行是错的，之所以出现问题是因为某个基层官员这个歪嘴和尚念坏了经。应星：《大河移民上访的故事》，北京，生活·读书·新知三联书店 2001 年版。

〔2〕　此处的"法治"不是我们现在所要建立的法治，而是古代法家把法律作为一种社会治理工具的"法治"。

〔3〕　高亨：《商君书注译》，"君臣第二十三"，北京，中华书局 1974 年版。

〔4〕　以往研究认为无论官方抑或民众对诉讼都是讨厌的，现在这种观点已经发生变化。[美]黄宗智：《清代的法律、社会与文化：民法的表达与实践》，上海，上海书店，2001 年；陈玉心：《清代健讼外证——威海卫英国法庭的华人民事诉讼》，载《全球法律评论》，2002 年秋季号；[日]夫马进：《明清时代的讼师与诉讼制度》，载滋贺秀三等著《明清时期的民间审判与民间契约》，王亚新等译，北京，法律出版社 1998 年版。

日本学者棚濑孝雄教授在研究现代司法过程时发现，"一些诉讼中，一方当事者本身或利害关系者进行组织动员，明显以己方的胜诉为目的，通过种种直接或间接的方式给审判施加影响或压力。"[1] 即使在现代国家，忠实适用法律以解决具体纠纷的审判理念在事实上也很难得到完全彻底的贯彻和实行。在封建中国注重社会综合效益以及司法行政不分的政法体制下，不仅各种社会因素和官僚体制会影响案件裁判，诉讼参与者也会运用各种于己有利的条件和规则，寻找法律和司法中的漏洞以达到胜诉之目的。本部分并不打算对影响案件决定的各种因素作全面考察，而是聚焦于上控案件中诉讼当事人为达目的而采取的各种诉讼手段和策略以及官方的应对。当然，诉讼策略和官方应对是相对应和互动的。一方面，官方针对诉讼当事人不同的诉讼策略、手段和技巧，会有相应的对策；另一方面，针对官方的对策，诉讼当事人又会产生新的策略、手段和技巧。基于此，我们既要关注诉讼者和官方的具体行为，更须探究行为背后的主观心态，甚至深层次制度因素。

法教义学缺少对案件社会因素的过多关注，但是愈来愈多的研究表明，案件的裁判过程不是一个单纯三段论的法律适用。围绕清代司法是否"依法裁判"，学界进行了深入讨论。[2] 某种程度上，"依法裁判"是西欧近代

---

〔1〕　[日]棚濑孝雄：《围绕审判的影响和压力活动》，载[日]棚濑孝雄：《纠纷的解决与审判制度》，北京，中国政法大学出版社 2004 年版。

〔2〕　此问题讨论文献较多，主要可参见[日]滋贺秀三：《中国法文化的考察——以诉讼的形态为素材》，王亚新译，载王亚新、梁治平主编：《明清时期的民事审判与民间契约》，北京，法律出版社 1998 年版，第 1-18 页；[美]黄宗智：《清代以来民事法律的表达与实践：历史、理论与现实》（第 1 卷），北京，法律出版社 2014 年版，第 64-90 页；张伟仁：《中国传统的司法和法学》，载《现代法学》2006 年第 5 期，第 59-67 页；[日]寺田浩明：《清代民事审判：性质及意义——日美两国学者之间的争论》，载《权利与冤抑：寺田浩明中国法制史论集》，北京，清华大学出版社 2012 年版，第 298-310 页；高鸿钧：《无话可说与有话可说之间——评张伟仁先生的〈中国传统的司法和法学〉》，载《政法论坛》2006 年第 5 期，第 98-109 页；陈景良：《反思法律史研究中的"类型学"方法——中国法律史研究的另一种思路》，载《法商研究》2004 年第 5 期，第 135-144 页；林端：《韦伯论中国法律传统：韦伯比较社会学的批判》，北京，中国政法大学出版社 2014 年版，第 37-43 页；徐忠明：《清代中国司法类型的再思与重构——以韦伯"卡迪司法"为进路》，载《政法论坛》2019 年第 3 期，第 47-69 页。关于"依法裁判"的最新讨论，参见李栋：《超越"依法裁判"的清代司法》，载《中国法学》2021 年第 4 期。

法思想和文化的独特产物。[1] 封建王朝司法浓厚的行政化色彩决定了司法根本不可能完全依律例裁判，必须综合考虑各种法外因素。[2] 滋贺秀三先生说："概言之，比起西洋人来说，中国人的观念更顾及人的全部和整体。也就是说，中国人具有不把争议的标的孤立起来看而将对立的双方——有时进而涉及周围的人们——的社会关系加以全面和总体考察的倾向；而且中国人还喜欢相对的思维方式，倾向于从对立双方的任何一侧都多少分配和承受一点损失或痛苦中找出均衡点来，等等。"[3] 滋贺的论述是针对州县自理词讼而言，实际上，即使在审理重罪案件过程中，地方官也经常持有类似思维方式。在封建时代，司法只是社会治理诸多手段中的一种，其最终目的是保证国家统治秩序。在裁判过程中，参与各方具有不同的诉讼目的和心态。当事人关心能否胜诉，地方官更多考虑尽可能把案件控制在自己可以掌握的范围内，避免案件处理影响上司对自己的印象和考成。仕途是多数官员处理问题的出发点。国家真正关心的并非个体的正义，而是社会整体秩序的稳定和控制。[4] 法律是国家治理和统治的工具，但也可能成为维护权益、社会抗争的工具。

---

[1]　马克斯·韦伯认为："当今的法科学，至少是在方法论和逻辑合理性方面已经达到最高境界的那些形式，即产生于'学说汇编派'民法的法科学形式，是从以下五项假定入手的：第一，任何具体的法律裁决，都是把某个抽象法律命题'适用'于具体的'事态'。第二，在任何具体案件中，都必须有可能借助法律逻辑、根据抽象的法律命题推出裁决。第三，法律必须实际或真正地构成一个'无漏洞'的法律命题体系，或者至少能被看作这样一个无漏洞的体系。第四，凡是不可能使用法律术语加以理性'建构'的，也与法律无关。第五，人的一切社会行动，必须始终被具体化为法律命题的'适用'或'实施'，或者被具体化为对法律的'违反'，因为法律体系的'无漏洞性'必定导致对一切社会行动的无漏洞'法律排序'"。（参见 [德] 马克斯·韦伯：《经济与社会》第一卷，阎克文译，上海，上海世纪出版集团 2010 年版，第 799-800 页）。同时，他强调"近代西方特有的司法裁判形态乃是奠基于此种理性的、有系统的法创造"。"因此，奠基于法学专门教育的法律阶段，如我们所见的，除了西方之外，没有其他任何地方能够完全达到"。[德] 马克斯·韦伯：《法律社会学》，康乐、简惠美译，桂林，广西师范大学出版社，第 317 页、第 321 页。

[2]　实际上清代司法中不仅是在所谓的民事诉讼中并不会依法裁判，即使在刑事重罪案件中，完全按照律例依法裁判很大程度上也只是一个假相。当然此处的"依法裁判"与否并不含有价值判断的前设，只是对裁判的描述。

[3]　[日] 滋贺秀三：《中国法文化的考察》，载滋贺秀三等著：《明清时期的民间审判与民间契约》，王亚新、梁治平等译，北京，法律出版社 1998 年版，第 13 页。

[4]　在出现异常的自然现象时，皇帝之所以亲自审理冤狱，并不仅仅是考虑个案的正义问题，更主要是个案不公可能会影响国家稳定和统治秩序。

在诉讼这个场域中，原告、被告和官员之间的关系应该放在一个博弈的情境下进行分析。[1]本部分尝试将研究对象由静态的立法分析转向一种动态的过程分析。官方诉讼应对和民众诉讼策略行为共同构成了清代实际生活的诉讼形态。诉讼塑造国家权力，也被权力塑造。

第一节　当事人的诉讼策略

在官方勾画出来的"无讼"理想境界中，温顺而厌讼的普通草民只有在冤抑难伸时才会被迫走上公堂寻求生路。公堂之上，普通百姓匍匐在地，战战兢兢；父母官谆谆告诫，耐心开导。只有那些真正的罪犯和刁民才会在法庭上巧舌如簧、畏刑抵赖。除此之外，诉讼也有可能是那些平日不安本分的"讼棍"为谋取私利挑拨是非的结果。但是，当我们把观察的目光投向清代司法档案、判牍文书和公案文学作品时，却发现在官方话语中，百姓也并不都是纯粹被动地、消极地接受国家司法裁判。很多时候，他们也会主动涉诉，为胜诉而采取种种策略和非常规手段。这些策略和手段经过长期发展具有了某种相对固定的模式和特点，成为封建王朝司法独特的构成部分。这些策略和手段既是当事人的诉讼观念和行为，也是其为了迎合帝国道德主义意识形态的产物，更是国家官僚体制长期规制的结果，姑且简称之为"诉讼策略"。

"策略"，指计策和谋略，即行为者为了达到自己的目的而采取的行动方针和斗争方式，是一种主客观条件的产物。清代上控中的诉讼策略是指诉讼当事人为了达到自己的某种目的而在既有政法体制下采取的诉讼行为方式。

---

〔1〕　此处的博弈分析并不等同于西方"竞技型诉讼"，即指诉讼双方以证据和辩论术武装起来，遵照一定的规则进行斗争或对决。审判人并不介入这一斗争，而以保证诉讼竞技公正进行，且最后确认胜负并把结果宣布出来作为自己的任务。而在本书关于诉讼的博弈分析中，作为审判人的地方官作为博弈的一方，参与各种决策，并努力使自己的效用和利益最大化，同时对于诉讼双方来说，有时参与诉讼的目的并不纯粹如竞技型诉讼中那样为了胜诉，某些情况下还夹杂着其他的不能表现出来的潜在目的，例如报仇、陷害、图赖等。博弈论在社会现象分析中的应用，参见潘天群：《博弈生存——社会现象的博弈论解读》，北京，中央编译出版社2002年版，第13-21页。

大致来说，清代当事人的诉讼策略大致有以下五种：越诉、诉冤、诬告、缠讼和拼命。[1]

一、越诉

为维护全国司法统一，保持各级裁判的稳定性和权威性，现代国家须建立一套完整的审级制度。封建王朝，司法审级和行政等级基本合而为一。从州县官至省级督抚，他们即为本地区的最高行政首长和裁判者。政府设官分职，各审级职权有定，不可紊乱。《大清律例》规定："凡军民词讼皆须自下而上陈告。若越本管官司，辄赴上司称诉者，（即实，亦）笞五十。（须本管官司不受理，或受理而亏枉者，方赴上司陈告。）"[2] 仅就越诉行为本身而言，其对国家司法秩序的影响并不十分严重，但是在传统司法行政合一的政法体制下，越诉还掩藏着国家独特的治理理念和策略。清代律学家沈之奇曾言："听断词讼，下官之职也。词讼必自下官，军民之分也。下官未经受词，乌知其听断必亏枉，而辄赴上司称诉，蔑视本管之官，挟借上司之势，越分妄逞，即非良善。律贵诛心，此越诉之所以有罪也。"[3] 这段话可分三层来理解：第一，越诉破坏了国家统治秩序。各安其分、各守其位的理想社会是国家治理追求的目标。等级社会最大的特点，就是要求人的生活方式和行为应该符合其社会、政治和法律地位。逐级而讼，既是地方官的职责，更是小民必须遵

---

〔1〕 徐忠明先生总结了明清小民百姓的四种诉讼策略，分别是谎状、缠讼、自杀和械斗。在此基础上，我作了一定的修改，谎状用诬告来代替，自杀被归入过激行为一类。对于械斗，徐忠明认为："在某种情形下，私斗、械斗也会成为上控、京控的事由。据此，我们仍然可以把械斗看作'把事情闹大'的一种手段，从而成为一种诉讼策略。"笔者并不赞同把械斗作为诉讼策略的一种：第一，械斗是私力救济的手段和结果，上控和京控并不会因为械斗本身产生，而是因为械斗产生的结果——人命，例如在附表一案 50 中，京控者重点强调的是"族匪纠众杀毙 32 命"，该案是家族之间因为土地纠纷而起，械斗产生的结果是京控的案由。第二，诉讼策略是为了胜诉而有意识采取的，它的目的并不是诉讼，而是争斗的结果。第三，对于一件"民转刑"的案件，民事案由已经退居次要地位，虽然在最后的处理意见中一般也会对其作出决定，但是刑事部分才是审理关注的重点。徐忠明：《明清诉讼：官方的态度与民间的策略》，载《社会科学论坛》2004 年第 10 期。
〔2〕 （清）薛允升著，胡星桥、邓又天主编：《读例存疑点注》，北京，中国人民公安大学出版社 1994 年版，第 675 页。
〔3〕 （清）沈之奇：《大清律辑注》，怀效锋、李俊点校，北京，法律出版社 2000 年版，第 798 页。

守的分内之事。"越诉"更是"越分"，是对国家统治秩序的藐视和扰乱；第二，越诉是上控人对于官府权威的蔑视和不信任，破坏了上下一致的和谐关系。上控越诉，是对地方官员的不信任，是给没有合理处理案件的地方官僚施加压力。对于父母官来说，这些上控者已不再是寻求自己保护的柔顺"子民"，而是敢于挑战自己权威和能力的"刁民"；第三，越诉惩罚的不仅是行为本身，更是行为背后敢于犯上作乱的主观心理。"律贵诛心"恰恰点出了这一本质要点。

此外，相对于被处罚的风险，越诉也可能带来相应的收益。清代司法对越诉者往往并不按律处刑，多数越诉案件发回原审机关重审，并由上控机关登记在案立限督催。上级监督使得案件处理在公正和效率上得到提高。

欧中坦先生说，当时从县官到皇帝的各级统治者均意识到，京控是有关社会运行信息的丰富来源，其与监察系统一起承担着重要的督察功能。[1] 上控不仅是国家通过对案件的裁判来实现司法公正，它更承担着中央对地方、上级对下级的监督职能。一方面，对于力图有所为的皇帝，刷新朝政的重要措施之一就是广开言路。上控则被视为下情上达的重要渠道。通过对京控案件的受理，皇帝可以及时从地方上获得社会治理的各种信息，监视官员各种不法行为，降低地方官僚蒙蔽的概率。[2] 另一方面，过多的越诉也会使得上级司法机关背上沉重的经济和治理负担，同时京控"控无不准，准无不办"的特点又极易为诬告者所利用，成为他们泄忿逞凶、拖累无辜的工具。[3] 越诉虽然会给地方官僚施加压力，但同时这种压力在某种程度上也有利于督促他们勤于职守。正是对越诉的模糊性态度，使得国家并不完全禁止越诉的存

---

〔1〕　[美] 欧中坦：《千方百计上京城：清朝的京控》，载高鸿钧等编：《美国学者论中国法律传统》，北京，中国政法大学出版社 1994 年版。

〔2〕　嘉庆四年，在警告受理衙门不要轻易驳斥京控案件后，皇帝说："现当广开言路，明目达聪，原俾下情无不上达，若将具控之案擅自驳斥，设遇有控告该省督抚贪黩不职及关涉权要等事，或瞻顾情面，压阁不办，恐启贿嘱消弭之渐，所关匪小。"（清）昆冈等修、刘启端等纂：《钦定大清会典事例》，卷一〇〇二，"都察院·宪纲·嘉庆四年"，载《续修四库全书》编纂委员会：《续修四库全书》，上海，上海古籍出版社 2002 年版。

〔3〕　这种矛盾的心态在现代上访这种新中国的诉苦技术中得以复制，有的学者称其为"越级上访（尤其是进京上访）模糊的合理性"。一方面，国家把上访视为人民民主的一种实现形式，视为他们与人民群众直接沟通的重要渠道，借此可有效地迈过'官僚主义'这个障碍物，接受群众的信任；另一方面，如果有过多的越级上访发生，不仅高层不堪重负，而且首都和重要城市的治安秩序也会受到威胁，因此又会对越级上访加以控制。应星：《大河移民上访的故事》，北京，生活·读书·新知三联书店 2001 年版，第 316 页。

在，在某种程度上清代的立法和司法实践甚至在起着鼓励越诉的作用。^[1] 从叩阍、邀车驾等直诉形式并不为统治者完全禁止，也可见一斑。

二、诉冤

寺田浩明先生指出，清代诉讼当事人在提起诉讼时并不是依据法律规定请求对自己权利进行保护的活动，而是"往往在'叙述对方如何无理、自己如何不当地被欺辱的冤抑之情——（中略）上花费大部分篇幅'，最后请求官府立刻采取'着即究问'等'程序上的措施'"，以抑制对方的欺压，保护自己免遭进一步的伤害。不论基于何种主张，告状者总是把自己打扮成可怜楚楚的弱者，被告则是毫无忌惮横行霸道的恶徒。^[2] 相对来说，在对地方官员审理（处理）不满的当事人上控状里，这种表明自己"冤抑"、要求平反的话语更是成为其主要内容。如果说，在最初的起诉状中尚含有某种介于权利和事实之间的带有相当程度"权利要求"的话，上控状则更多是一个呼吁地方官改判以还自己清白的"诉冤"表达。^[3]

清代诉讼中，在通常情况下告状者须通过书面形式提起。对于那些州县

---

〔1〕 清律对在地方上越诉笞五十，嘉庆五年定例，京控越诉交刑部问罪，先治以越诉之罪，即笞五十再解回各省。"惟因应禁不禁门，又有递解人犯，毋得先责后解明文。近来此等人犯，均解回该省，定案时再行声明折责，以致京控案日见其多。似不如照上条先加枷号一个月，再行解回责打后，方与审理。再，治以越诉之罪，谓照律笞五十也。然上条上控者即枷号一个月，京控何独不然？"（清）薛允升著，胡星桥、邓又天主编：《读例存疑点注》，北京，中国人民公安大学出版社 1994 年版，第 679 页。

〔2〕 [日] 寺田浩明：《权利与冤抑——清代听讼和民众的民事法秩序》，载滋贺秀三等著：《明清时期的民间审判与民间契约》，王亚新等译，北京，法律出版社 1998 年版，第 216 页。

〔3〕 寺田浩明先生虽然没有明确指明产生这种冤抑、申冤话语的原因，即为什么不使用其他的方式来提起诉讼，但是从他关于清代民事秩序的描述实际上已经蕴涵着该问题的答案：当事人用这种冤抑、申冤的话语，是在明清推来挤去的紧张社会秩序和充满互让的伦理要求下的产物。但是如果我们进一步思考，这是否也是国家权力对诉讼模式进行型塑的另一个结果呢？国家权力一方面对进入诉讼的当事人的行为进行"规训"；另一方面诉讼人的行为也反向对国家的法律制定以及运作产生一定的影响。寺田把明清时期的社会状态描绘成一"满员的电车"，我倒觉得其时更像是一"超员的电车"。（当然，"超员"和"满员"之间的界限并不能像现实中的规定这样有一个明确的"应载人数"。）为了使这列车缓慢前行，至少不翻车，就必须保证车上的乘客虽然拥挤不堪但尚能承受且不会因为彼此之间的摩擦而影响车辆的运行状态。如此一来，对于车上维持秩序的封建官员来说，如何保持稳定则是其职责中的重中之重。[日] 寺田浩明：《"拥挤列车"模型——明清时期的社会认识和秩序建构》，载寺田浩明：《权利与冤抑——寺田浩明中国法史论集》，北京，清华大学出版社 2012 年版，第 409-423 页。

自理词讼，为获得官府准理，诉状书写极为重要。不仅要遵照官府状式要求，而且在书写中要做到告状叙述清楚、逻辑充分、说服力较强，同时又要避免有耸人听闻、故意夸大之嫌，否则便可能不被受理。[1] 如果能在诉状中把自己装扮成冤情重大的被欺压者并从而博得官员的同情，告状便取得了成功的第一步。弱者的冤情和强者的横暴总是一个硬币的两面，状词中对强者各种"欺压"行为的指责，也会进一步强化控告者的冤屈形象。

清律规定："军民人等遇有冤抑之事，应先赴州县衙门具控。如审断不公，再赴该管上司呈明。若再有屈抑，方准来京呈诉。"[2] 上控本身就预示着地方审理不当，控告者有冤未伸。特别是对于甘冒巨大的经济、精神和身体代价的京控者而言，"京控"这个词本身就预先给控告者贴上了"冤"的标签。同治年间，御史余培轩曾言："近来各省赴京控案日渐增多，虽不无健讼之徒挟嫌妄控，冀遂其拖累之计。然小民远道跋涉，呼吁求诉，未必尽属子虚。推原其故，总缘地方官或判断不公或任意沈搁，及往上司衙门控告，又不亲提研鞫，仍发交原审之员办理，预为消弭地步。而州县顾虑处分，虽有冤抑，仍复徇私压搁，甚或久痼囹圄，致令瘐毙。其牵涉吏役者，每以虚诬审结。以致小民负屈含冤，奔求昭雪。讼狱繁多，大半因此。"[3]

因此，为强化自己"冤"的形象，告状者故意夸大其词、添砌情节便也成为常见之事。嘉庆以后，按照案情重轻，京控案件主要采用驳斥不准、立案不行、发回原审、受理四种。对于受理的案件又分为奏交、咨交。在确定案情轻重和处理的方式时，受理京控的都察院、步军统领等衙门基本上按照控状和当事人的陈述进行审查，控状在很大程度上决定案件的处理程序和结果。例如，对于重大案件往往奏交，一般案件则由都察院或步军统领衙门直接咨交地方督抚审理。

〔1〕 [日] 夫马进："明清时代的讼师与诉讼制度"，载滋贺秀三等著：《明清时期的民间审判与民间契约》，王亚新等译，北京，法律出版社1998年版，第407页。

〔2〕 （清）薛允升著，胡星桥、邓又天主编：《读例存疑点注》，北京，中国人民公安大学出版社1994年版，第679页。

〔3〕 "山东司 同治九年御使余培轩奏上控之案核其情节轻重分别亲提发审"，《（增修）刑部奏定新章》，北京琉璃厂荣录堂光绪22年续刻本。

为控制当事人装饰诉状、混淆官员视听，清代设立了官代书制度。[1] 要求诉状必须有官代书书写或盖戳记。但实践中并不完全适用，对诉状书写者也没有严格限制。案情而非形式，是案件准理与否的决定性因素。下述清末杨乃武小白菜一案中，京控诉状即由杨本人亲自书写。在本书考察的京控奏交案件中，请人代写诉状是很普遍现象，明确指明请人代写的有 17 件，占 65 件中的 26.1%，其中出现较多的是由"不知姓名人"或"测字人"作就呈词。因此，即使经过审理后发现案情不实，也无从查找写状人。另外，考虑到绝大多数案件将被发回本省审理以及地方官处理京控案件的应对之策，适度渲染冤情成为大多数京控案件的一个共同特点。下面我们以清末杨乃武案中的京控状词为例进行简要分析。

具呈杨詹氏……为无辜惨罹死罪，覆审仍存锻炼，沥诉沉冤，叩求奏请提交刑部彻底根究事。……伏思此案再由本省问官审讯，势必回护前非，仍照原审议结，不过氏与氏夫又享受一番刑楚，而沉冤终无由昭雪。氏与叶杨氏并氏之两个孩子，均经禁押公所，呼吁无从，不得不沥诉冤情，再抄呈本县通详原文，遣抱恳请宪天大人恩准，具奏请旨，提出交刑部详加审讯，究出正凶以成信谳而雪冤诬，感戴生成，永无既极，不胜急迫待命之至。上呈。[2]

这份京控具呈状，短短百十来字中，"沉冤""冤情""冤诬"等字样多次出现。不仅嫌疑人蒙冤惨罹死罪，而且无辜家人（叶杨氏、杨詹氏及其两个孩子）也遭受不公，一家人"呼吁无从"。冤情之深，跃然纸上。

从该状看，第一，虽然杨乃武仍在，但是监押在狱并且已定为死罪，杨詹氏及子女不是孤儿寡母，胜似孤儿寡母，再加上京控所蕴涵的不言而明的意义，没有深重沉冤，没有人会历经艰辛承受各种折磨来京上控。特别是对于在清代很少抛头露面的女性而言，出头上告本身已经预先给人一种沉冤难伸、万般无奈的印象。第二，清代诉状内大多会渲染对方如何恃强凌弱、一再欺辱，自己如何再三退让而仍不得安宁，被迫无奈之下，只好恳请至公至平之青天大老爷主持公道、惩罚恶凶，从而使孤寡良善得以偷生。上控状内

[1]　据夫马进先生的研究，代书戳记制度的设立并没有达到预计的目的，反而只是增加了一项讼师的业务。[日]夫马进："明清时代的讼师与诉讼制度"，载[日]滋贺秀三等著：《明清时期的民间审判与民间契约》，王亚新等译，北京，法律出版社 1998 年版，第 407 页。
[2]　"浙江姚杨詹氏二次叩阍原呈底稿"，载朱寿朋等辑：《杨乃武冤狱》，长沙，岳麓书社 1986 年版。

还会加上地方官如何处断不公、冤枉无辜，吏役如何受贿纵凶、勒结埋冤等情节。[1] 从该状看，在提到地方此前审判时使用"锻炼""势必回护前非""刑楚""禁押""冤诬"等字眼，自己冤的形象得以进一步叠加。清代司法中多数诉状都会经过这种塑造和修饰。妇女、老人、孩童作为上控人时，由于社会对其的"弱者"定位，"冤"的形象得以进一步强化。[2] 通过"冤"的形象塑造，道德话语为上控内容增添了正当性的色彩。在一个"泛道德化"的社会里，把法律问题披上道德外衣有利于当事人在诉争中居于法律和道德的制高点，从而有助于案件获得重视和同情，并最终在裁判中占得优势。

三、诬告

诉讼中的当事人双方总是处于一种相互对立的位置。一方"冤屈"往往是另一方"恶行"的结果，"恃强凌弱"和"冤抑难伸"总是一个硬币的两面。在诉状中，告状者一方面深描自己所受的万般冤屈，另一方面也会浓渲对方的累累恶迹。为增强和佐证描述的可信性，诉状中的夸大事实、架词设讼便也常见多有。案情大小和地方官重视程度密切相关。对于一些经年不结的上控案件，通过添加情节引起上级官府重视，有助于增加问题解决的可能性。

上控者不仅会虚构事实诬告对方当事人，甚至会对地方官吏、特别是书吏与差役在案件审理中的各种受贿枉法行为提起控告。仅从笔者有限的统计来看，光绪朝朱批奏折所收 66 件京控案件中，明确提出对地方官员、吏役控告的有 59 件，占 89.4%；[3] 在安徽省京控案件统计中明确把从前控告失败的

---

〔1〕　翻阅当时各省上报京控案件的奏折会发现，姑且不论直接控告地方官吏受贿致冤的各种案件，大多数案件中都会兼及控告书役受贿纵凶、贿和、勒结等等案情。

〔2〕　如此一来我们就不难理解为何在明清时代的诉讼中诬告现象的普遍存在。（该处说诬告是一种现象，而不是国家惩处的诬告罪刑，因为从诬告到被以诬告罪被处以罪刑中间尚有一段距离。）

麦柯丽先生说："和讼师联手的寡妇们恰恰也是利用了本来强调她们在意识形态秩序上处于依附地位的法定权威，她们借助这种权威来增强自己的地位，以对抗其在其他情形下享有更多司法特权的对手们。"［美］麦柯丽："挑战权威——清代法上的寡妇和讼师"，载高鸿钧等编：《美国学者论中国法律传统》，北京，中国政法大学出版社 2004 年版，第 555 页。

〔3〕　附表一"光绪朱批奏折京控案件统计表"。

原因归于地方徇私枉断的有 38 件，占总数 83 件中的 45.8%。[1] 在清代官方意识中，上控原因被采取虚实二分法：小民诬告或官吏枉法。上控或是小民出于己心的诬告，或是地方官员渎职枉法的结果。[2] 诬告者严惩，而对于冤案则采取错案追究制，相关官员应承担相应责任。地方吏治好坏关系国家统治甚重，官吏枉法裁判不仅关涉个案正义，更是对国家法律和皇权统治的威胁。[3] 所以，对于牵涉官吏枉法案件，更易引起上级重视。此外，对于自认遭受不公待遇的当事人来说，在中国这样一个熟人社会中，"打官司是打关系"的合理想象，使得他们相信也更愿意把自己败诉的原因归结为对方的关系硬、行贿和官吏的受贿枉法。[4]

上控者当然不会承认自己是诬告，那么他们就会把冤案生成的责任推到地方官员身上。他们可以指责官吏受贿枉法，但是一般不能超过合理的限度。否则，"合理"就变成了"不合理"，"越界"的指责就变成了诬告，很可能遭受惩处。其中一个限度就是"官"和"吏"的区别。官、吏既密切相连，又各有不同的利益所在和行为方式。[5] 在本书附表一统计的对地方官吏控告的 59 件案件中，控告吏役者有 56 件，对知县等承审官的控告则只有 6 件，其中 3 件对官和吏共同提出了控告。在官方的意识形态中，正是州县衙门中的各种辅助性人员，如书吏、差役、仵作、长随和幕友才是造成地方审断不公的主要原因，而书吏和差役则是应该指责的重点。[6] 京控案件大多涉及人命，控告者常常会对仵作检验提出质疑。检验结果在很大程度上决定了

---

〔1〕 附表三"安徽省光绪朝中后期朱批奏折京控案件审结情况表"。

〔2〕 （清）昆冈等修、刘启端等纂：《钦定大清会典事例》，卷一千〇三，"谕旨·嘉庆八年"，载《续修四库全书》编纂委员会：《续修四库全书》，上海，上海古籍出版社 2002 年版。

〔3〕 皇帝不能容忍地方对自己的欺骗，同时过多的冤狱也被认为容易触动天和，破坏整个宇宙间的和谐，从而危及整个国家的统治。

〔4〕 赵旭东：《权力与公正——乡土社会的纠纷解决与权威多元》，天津，天津古籍出版社 2003 年版，第 135-141 页。

〔5〕 关于地方吏役的精彩描写，参见瞿同祖：《清代地方政府》，范忠信、晏锋译，北京，法律出版社 2003 年版，第 65-118 页；[美] 白德瑞：《清代县衙的书吏与差役》，尤陈俊、赖骏楠译，桂林，广西师范大学出版社 2021 年版，第 52-125 页，第 202-254 页。

〔6〕 清政府意识到书差们对案件当事人的各种盘剥和对案件的控制也是不可避免的，关键是如何把这种行为控制在一定的范围之内。

案件性质，而这正是控告者关注的重点。[1] 事实上，吏役通过故意压搁案件、修删招供、强压纵凶等各种枉法行为来获取非法收入的事情在当时已经成为一种公开的秘密。

早在商鞅时代，已经大致确立了诬告反坐的原则。从现有出土法律文献来看，秦律关于诬告的法律内容实际上已经和唐代及其以后的法律规定较为接近。[2] 唐以后历代都把诬告作为国家司法中的重要问题予以对待，要求告状时必须"明注年月，指陈事实，不得称疑"，诉状末尾"如虚坐诬""如虚重惩"的标示也是对于诬告的一种预防措施。清代通过设立代书制度，规范词状格式，限制词状字数来减少诬告滥讼。对诉状内容的强调，蕴涵着治理者的一种思维：案件的提起或真实或虚诬，前者要平反，后者则需对控告者以诬告罪严惩。

虽然国家确立了诬告 / 枉法的二重分类法，但是在实际司法实践中，多数案件的结果并非总是那么截然分明，介于二者之间的情况居多，所谓"虚实之间"。并非对每一虚告案件都以诬告罪惩处。[3] 从京控案件审理结果看，诬告多有，但承审官员则会通过各种法律技术手段对"诬告"行为予以"轻视"或"漠视"，其中最为经常援用的律文不是"诬告"条，而是被称为"模糊性条文"的"不应为"条。

对于上控人诬告的原因，时人曾经有一个较好的解释："夫词以达情，小民有冤抑不申者，借词以达之，原无取浮言巧语。故官府每下令禁止无情之

---

〔1〕　同治十一年案发的王景殿案件，数年未结，当事人三次京控，历经四次检验，争论的焦点即在检验，因为其结果决定死者是自杀还是他杀。第一历史档案馆编：《光绪朝朱批奏折》，北京，中华书局，1994 年，第一〇五辑折 944 和第一〇六辑折 001、007、008、010。
　　　研究者曾经对当代社会命案上访的原因做过一定的数据分析，发现法医检验的情况在其中占有相当重要的成分。兰樟彩：《41 例命案上访及原因分析》，载《刑事技术》2000 年第 3 期。
〔2〕　睡虎地秦墓竹简整理小组编：《睡虎地秦墓竹简》，北京，文物出版社 1990 年版。
〔3〕　关于"诬告"的研究成果，陈新宇先生从法律适用的角度对沈家本编《刑案汇览三编》中的诬告案例进行了初步研究；徐忠明先生注意到了明清刑事审判中诬告罪的"依法审判"问题；姚志伟先生对清代诬告盛行的原因进行了分析。陈新宇：《从比附援引到罪刑法定》，北京，北京大学出版社 2007 年版；徐忠明：《明清刑事诉讼"依法判决"之辨正》，载《法商研究》，2005 年第 4 期；姚志伟：《十告九诬：清代诬告盛行之原因剖析》，载《北方法学》2014 年第 1 期。贾空（Quinn Javers）：《谎言的逻辑：晚清四川地区的诬告现象及其法律文化》，载《传统中国的法律逻辑和司法推理：海外学者中国法论著选译》，陈煜译，北京，中国政法大学出版社 2016 年版；郭宇昕：《虚实曲直之间：再观清代的"京控多诬"》，载《江西师范大学学报》2021 年第 3 期。

词，选代书人为之陈其情。然词质而不文，不能耸观，多置勿理。民乃不得不谋之讼师，田土而诬人命，斗殴而诬盗劫。对簿之日，官府即审，其情悯然，未必按以反坐之律。"[1] 简言之，诬告以耸动官府，既是诉讼者最常用的策略之一，也是控告人的无奈之举。

从处罚结果看，对诬告人的大多数刑罚均为徒刑以下，远远低于《大清律例》中对京控诬告者的处罚规定。特别是对于吏役的诬告，在笔者考察的京控案件中，无有一例查证属实而对诬告者处罚。一方面，官方报告中否认对吏役的指控；另一方面，对控告者却并不按诬告律进行惩处，而是以"控出有因""怀疑所致""到案即行供明"等由进行宽减。凌鹏先生认为，清代官方区分诬告为"有心诬告"与"非有心诬告"，二者都有诬告的"故意"行为，但前者有主动利用诬告危害他人或谋取不当利益的"恶"的动机或心理，后者则"情有可原"。因此，对于"有心诬告"者方按照诬告罪处罚。[2] 但在实际的司法实践中，"有心"和"无心"的区别更多是主观判断。

诬告泛滥也是清代司法结构性缺陷的必然产物。刑部的一份奏稿说："无如近年以来，外省审办京控奏咨各案，全行审实及审虚将原告照诬告办理者，十不得一，大半皆系调停了事。一案之中，重款则大率消弭，轻款则略与更张。既不审实，又不办诬，或以为控出有因，或以为怀疑所致，至无可解说，则又以到案即行供明为词曲为原减。皆因问官将实作虚，无以服原告之心，而杜其口，惧其复控，故不肯援诬告加等治罪。"[3] 对京控案件，审实确有冤情则要被追究错案的责任，审虚惩处诬告者则又担心其缠诉不休，从而可能带来更大的麻烦。处此境地，调停是上策，中策也是各打五十大板、平衡结案了事。在诉讼博弈中，给诉讼双方都找到一个恰当的利益和心理平衡点。只有对那些动机"邪恶"者，方以诬告严惩以戒之。官员所处的两难境地决定了对诬告的模糊性处理，而官员的这种矛盾心理和模糊处理的行为

---

[1]《崇祯外冈志》（《上海史料丛编》所收，1961 年）17 页，"讼师"，转引自 [日] 夫马进：《明清时代的讼师与诉讼制度》，载 [日] 滋贺秀三等著：《明清时期的民间审判与民间契约》，王亚新等译，北京，法律出版社 1998 年版，第 405 页。

[2] 凌鹏：《情理的"单一维度"与"综合维度"——从诬告案看中国传统社会中的多层情理结构》，载《社会学研究》2022 年第 5 期。

[3] "京控案件不得节删车驾及击登闻鼓字样摘引申诉不实律迁结完结 同治四年张俊熙京控稿尾"，载（清）沈家本编：《刑案汇览》三编，卷三十九，南京，凤凰出版社 2016 年版。

模式恰恰被诬告者所利用。这也许可以部分解释诬告何以成为清代当事人的主要诉讼策略。

四、缠讼

越诉和诬告均为国法所不准。清代律例对于缠讼并无明确规定，但是在实际司法实践中，缠讼却成为各级衙门不得不面对的一个治理难题。

"缠"字体现了这种行为的特点，一旦涉讼，纠缠不休。缠讼和诉冤一样，某种程度上都是弱者的生存技术和手段。与诉冤和诬告不同，"缠讼"是诉讼发展到一定阶段而采取的博弈策略。如果说诉讼者采取各种手段诉冤，是一种希望引起官员注意和同情并使问题得以解决的温和策略，通过诬告小事闹大，逼迫官员面对和解决问题则是一种较为强硬的策略。缠讼则可以看作是介乎二者之间，既相对温和又"死搅蛮缠"的博弈技术。这种技术既可以避免诬告可能带来的较大受刑风险，又可通过不间断施加压力而压迫官员不得不去解决问题。

缠讼，与其说是百姓创造的诉讼技术，不如说是君主官僚制的产物。在传统科层制司法中，案件拖延不结已成为一种结构化产物。清代中后期，各种社会矛盾不断激化，案件激增，受财政困乏严重制约的"简约型司法体制"已无法满足民众日益增长的诉讼需求。一方面，刑讯逼供、冤狱频发等司法积弊丛生，民众苦不堪言；另一方面，面对大量积案，在制度资源有限的条件下，政府不得不通过"健讼"这种话语资源来贬抑民众诉讼行为的合法性，以论证政府限制诉讼行为的合法性。[1] 当事人控诉长年累月不得结案者，常见恒有。[2] 积案是各种社会矛盾激化的结果，但案件拖延不结也造成了

---

〔1〕 尤陈俊：《清代简约型司法体制下的"健讼"问题研究——从财政制约的角度切入》，载《法商研究》2012 年第 2 期。
〔2〕 关于积案的论述，参见赵晓华：《晚清讼狱制度的社会考察》，北京，中国人民大学出版社2001 年版，第 81-115 页。

一个过滤案件的意外后果。[1] 一般来说，只有那些案情重大或当事人认为诉讼对于自己影响极大者，方才不惜身家性命，承受巨大压力，不达目的，誓不罢休。同时，官僚制结构的层级过滤也使得高层官员更愿意相信，没有深仇大冤，人们不会屡讼不休，乃至京控。正是利用上位者的这种心态，缠讼才有可能得到当局重视，并最终使问题得以解决。但同时，当缠讼超出一定限度，使国家难以承受时，缠讼也可能面临着国家刑罚处罚的危险。

缠讼，也和传统司法体制的结构性特点有关。滋贺秀三在比较中西诉讼结构特点时特别指出，清代司法中听讼的性质不像审判而更像调解，案件实际终结或纠纷最终平息终究取决于当事人事实上的"同意"（即不再采取争议行动这一事实本身）。由于没有西方那种制度化的审级，除非皇帝的干预，当事人可以通过"翻异"和不断上控对案件处理结果持续表示异议。案件处理过程，实际上也是当事人和官员在一进一退的交涉谈判中，推动案件解决方案不断调整的过程。[2] 换句话说，清代不存在围绕着"法的解释"的上控，没有现在的上诉期间。虽有审判层级，但并无案件经过几次审理后便告终结的"审级"制。理论上，只要当事人不服，上控就可以不断进行下去，直至京控。即使对已经审结的案件，若干年后也有重启诉争者。正是在这个过程中，当事人在甘冒风险和代价的同时，也可能争取到对自己最为有利的结果。可以说，清代司法的这种结构性特点是吸引缠讼者的最有魅力之处。缠讼可以使自己的问题引起官员的注意，并在案件处理中通过不断上控的威胁或行动，对官府施加压力而获取利益最大化。

R.达玛什卡教授根据国家权力构造类型的不同，把法律程序分为纠纷解决型和政策实施型。虽然其研究对象侧重于现代司法制度，其研究框架对于传统中国司法研究仍不乏启示。单就法律事实的发现，他说："在自由放任意

---

〔1〕　中国古代对案件的过滤大致通过以下几种方式：对大量琐碎案件的不予受理、批回地方调解处理和拖延。前两种方式主要用来对州县自理案件的解决，而拖延则成为对付疑难刑事案件的一个极好的解决办法。案件的拖延不结使得诉讼人上控的成本大为增加，上控者不仅要耗费大量的时间、精力和金钱，而且要遭受精神上的各种折磨。拖延会产生以下几个效果：第一，原告主动要求息讼。第二，原告因畏惧而不再催促，官府乐得轻闲，最后销案。第三，原被双方因讼累而自己和解决。第四，原被因毙而使案件易于解决。
〔2〕　王亚新：《关于滋贺秀三教授论文的解说》，载 [日] 滋贺秀三等著：《明清时期的民间审判与民间契约》，王亚新等译，北京，法律出版社 1998 年版，第 102-103 页。

识形态信奉者的眼中，真相是把握不住的，而现实就像缪斯一样总是带着不同的面纱。相反，在能动型国家中，找出事实真相往往是实现其法律程序之目标的前提条件。正确的法律实施活动要求准确了解过去发生的事件并对将来的发展作出可靠预测。在这里，寻找准确事实不被看成一件不现实的、西西弗式的努力：能动主义意识形态建立在一种乐观主义认识论的基础之上。"[1] 事实上，在中国古代司法审判中，案件事实的发现一直是一个极为重要的问题，特别是对于重大复杂的刑案，"案情确凿"与否不仅是依律裁断（"引断允协"）的基础，而且决定着最终的"罪名"（刑罚）能否恰当。[2] 虽然在实际审判中，移情就案以及"大事化小、小事化无"的现象较为普遍，但就官方的意识形态宣扬而言，发现案件真相，并给以恰当刑罚则是司法的基本目标。[3] 基于此，在案件审结后的任何时候，当事人发现"自己认为"能够揭示案件真相的证据时都可以提出重审的要求。对于力图上控获准的当事人来说，不断地对案情进行添砌和重构，则是最经常使用的缠讼手段之一。当然，官方对此也心知肚明。[4]

缠讼是控告者为应对官僚等级制的不作为和低效而采取的一种诉讼策略，是清代司法结构性特点的产物。所谓"会哭的孩子有奶吃"。正是抓住国家司法结构上这一特点和官员不愿担责的"摆平"心理，缠讼者每每容易"得手"。

---

〔1〕　他说："根据我的分析框架，中国的程序环境所展现出来的特征比较亲合于一种能动型的政府和一套科层式的权力组织机制。"这句话主要指现代中国的法律程序，而实际上他的许多分析也适应于传统中国的司法。[美] 米尔伊安·R. 达玛什卡：《司法和国家权力的多种面孔——比较视野中的法律程序》，郑戈译，北京，中国政法大学出版社 2004 年版，"致中国读者的引言"。

〔2〕　王瑞峰：《罪名·引断·情理——〈刑案汇览三编〉研究》，北京大学法学院博士论文，2005 年，"第三章 清代刑事司法中的'情'与'情理'"。

〔3〕　关于移情就案的精彩分析，可参见王志强：《论清代刑案诸证一致的证据标准》，载《法学研究》2019 年第 6 期。

〔4〕　"外省民人赴京控诉之案，已据本省审结题咨到部，复又来京翻控，除所控事情核对原案相符，或字句小有增减，无关罪名轻重，照例毋庸再为审理，将翻控之犯仍照原拟治罪外，如案外添捏情节，核与原案不符，仍分别奏咨发交外省官办。"（清）薛允升著，胡星桥、邓又天主编：《读例存疑点注》，北京，中国人民公安大学出版社 1994 年版，第 679 页。

五、拼命

清代司法中，当事人诉讼策略的核心是冲破官僚制预先设置的种种障碍，引起官府注意并促使问题解决。无论诉冤、越诉、诬告还是缠讼，都是策略和手段。但是，当上述策略均不能产生作用时，含冤莫伸的小民百姓往往会"拼命"。此处的"拼命"，是指当事人为了申冤，采取极端过激行为，以命相搏。过激行为为律所严禁，行为者往往要冒着被刑罚严惩的风险。但是对于一个泛道德化的社会，"拼命"往往又能引起官府乃至皇帝的重视，从而使问题得以解决。因此，在某种程度上，"拼命"又是弱者诉讼的最后手段。

从清代法律规定来看，"拼命"主要有自伤自残、自刎自缢、冲突仪仗、纠众控告以及在重要场所鸣冤等表现形式。统治者认为，"拼命"行为严重影响统治秩序，干扰国家机关正常活动，是个人向国家统治尊严的挑战和对皇权的蔑视，必须严厉禁止。另一方面，"拼命"也往往被认为是弱者的万般无奈之举。无论自残还是自杀，都是为了向官府表明自己的冤屈。传统观念认为，身体发肤，受之父母，不到万不得已，没人愿意通过这种方式寻求司法正义。对于自残者，清律规定，京控案件中"如有在刑部、都察院、步军统领各衙门前，故自伤残者"，拿获严惩。"其有曾经法司、督抚等衙门问断明白，意图翻异，辄于登闻鼓下及长安左右门等处，自刎、自缢、撒泼喧呼者；或因小事纠集多人，越墙进院，突入鼓厅，妄行击鼓谎告者，拿送法司，追究主使教唆之人，与首犯俱杖一百、徒三年。余人各减一等。"[1]

虽然国家严厉禁止通过自杀、自残耸动官府的方式诉讼，但是在实际生活中，这种代价极大的极端形式往往能够收获奇效。同治年间，四川人刘沛壬因知县娄诗澄向其票借银两不遂，被诬禀阻挠筹集军粮，由四川总督批饬就地正法。刘沛壬之子刘裕骢京控日久不能平反，冤莫能伸，最后投井身死。对于一个普遍信仰"人命关天"的社会来说，刘裕骢之死向世人宣示了自己的"冤枉"和地方官的贪虐，同时也证明了自己京控的正当性。恰如刑部的奏语所言，"是该革生刘沛壬死于军法，咎有应得，其子刘裕骢何至以该县贪

---

[1] （清）薛允升著，胡星桥、邓又天主编：《读例存疑点注》，北京，中国人民公安大学出版社 1994 年版，第 679 页。

捏诬杀等词，屡次呈控不休，其中显有不实不尽"。[1] 可以说，没有刘裕骢的这种极端行为，该案很难引起刑部和皇帝的重视，其父之冤也无从平反。当然，平反的代价太大了。但是，对于含冤小民，这样也许是最后的无奈之举了。

另一种"拼命"方式是聚众控告。聚众控告往往能够立刻引起地方和中央政府的极大重视，但风险也极大。对清政府来说，聚众危及社会秩序安定，必须严惩。所以，如何在控告中既对官府施加压力以谋求问题解决，又合理保护自己免遭官府报复就成为控告者不得不考虑的问题。[2] 光绪十九年，直隶文安、大城两县因上游私决大堤受灾，灾民两千多人集体京控。朝廷一面要求严拿掘堤之人，妥筹办法安抚民众，同时严令"至灾民恃众拘讼，尚查有逼勒同行等事，即将为首之人严拿惩办，以儆刁风"。[3] 该案中，带领乡民京控的精英分子很注意行为策略，经过调查发现，他们均为被民众"胁迫"而参与京控，实为"不得已"而为之。因此，即使对其进行处罚，结果也会较轻。

京控当事人借助越诉、诉冤、诬告、缠讼以及拼命等诉讼策略，在进入司法这个场域之后，积极努力寻找和选择国家法律和司法实践中对己有利的策略手段，以推动诉讼朝着对自己有利的方向前进。清代司法体制下，诉讼双方地位并非一成不变，被告可以反控原告，原审的原告也有可能成为上控中的被告，即使在同一诉讼中，原告和被告的地位有时也不是截然分明的。上述诉讼策略是所有参与诉讼者都可能采用的策略，这种策略既是当事人主观选择的结果，也是清朝司法体制的结构性产物。对诉讼策略的分析和研究可以改变以往对传统诉讼中当事人消极被动参与者的单向度形象认识，从而多面向、多角度理解清代司法。

---

〔1〕 "知县诬禀廪生阻挠军米批饬正法尸子亦自尽（同治十一年）"，载李贵连、孙家红主编：《沈辑刑案汇览三编》卷三十九下，桂林，广西民族出版社、广西师范大学出版社2023年版，第8册，第87-88页。

〔2〕 关于现代群体上访中各种策略的运用以及上访精英如何保护自己的技术分析，参见应星：《大河移民上访的故事》，北京，生活·读书·新知三联书店2001年版，第317-327页。

〔3〕 第一历史档案馆编：《光绪朝朱批奏折》，北京，中华书局1994年版，第一〇六辑，折097。

第二节　官方的诉讼应对

任何社会中，争执和纠纷都会存在。有了纠纷，就会寻求解决的途径。诉讼出现，是文明社会的一个表征。清代崔述说："自有生民以来莫不有讼也。讼也者，事势所必趋也，人情之所断不能免也……两争者，必至之势也。圣人者其然，故不责人之争，而但论其曲直。"[1] 其所言前半句是对诉讼产生的一种较客观冷静认识，是对诉讼正当性和合理性的论述；其后半句所言对待诉讼"不责人之争，而但论其曲直"的态度，在传统社会中很大程度上便也只能是"圣人"式的理想行为。作为官僚体制中的地方官，身受各种官场规则限制，既不能不责人之争而坦然受之，也不能仅仅区别是非并以此定论。

"无讼"作为清代官方司法的支配性观念，渗入社会生活各个层面，成为各级地方官员司法实践中的追求目标。"无讼"表现于具体司法活动中，则为"息讼"。换句话说，官员理讼的目的不是确定当事人之间的权利义务，而是减少诉讼，避免纷争，维持社会稳定。维护社会统治秩序是清代国家和社会治理的核心和首要任务。恰如滋贺秀三所言："无论是处罚犯罪的程序还是处理民事纠纷的'听讼'，都只意味着作为民之父母（社会秩序和福利的总守护人）的皇帝通过官僚机构而实施的一种社会管理功能。"[2]

一、无讼——理想的追求

总体而言，对中国传统文化特质的说法虽然各异，但"和谐"精神却为其基本价值取向之一。无论道家"小国寡民"，儒家"大同世界"，抑或法家"以刑去刑"，虽然在对社会问题的描述和解决方略上各不相同，但都追求一个人与人、人与自然和谐统一的社会。和谐观念一经形成，便对中国社会文化和民族心理产生了深远影响。在社会关系领域，和谐观念表现为"无讼"。

---

〔1〕（清）崔述：《无闻集》，卷二"讼论"，道光四年刻本。
〔2〕[日]滋贺秀三：《清代诉讼制度之民事法源的考察》，载[日]滋贺秀三等著：《明清时期的民间审判与民间契约》，王亚新等译，北京，法律出版社1998年版，第85页。

经过国家意识形态的长期宣扬以及司法实践中各种息讼策略的贯彻执行，"无讼"作为国家治理理念和规则，影响并塑造着传统诉讼关系。

1. 治理理念上的崇尚

人类社会自产生之初，各种纠纷和冲突就无可避免。但是对于达到和谐社会的手段，则各不相同。西方通过"定分"规定各人的权利和义务；传统中国则崇尚"不争"和"无讼"。梁治平先生说：古代"法律的作用不是为人民满足私利提供合法的渠道，恰恰相反，它是要尽其所能抑制人们的私欲，最终达到使人不争的目的。"[1]

孔子曰："听讼，吾犹人也，必也使无讼乎！"实际上，无讼只是国家治理理念在法律领域的具体体现，是一种理想和追求目标。国家稳固统治的重要基础在于众多安分守己、不讼不争的"顺民"和尊卑有序、长幼有别的等级社会。春秋之际，叔向就子产铸刑鼎一事评论曰："民知有辟，则不忌于上，并有争心，以征于心，而徼悖以成之。……民知争端矣，将弃礼而征于书，锥刀之末，将尽争之。乱狱滋丰，贿赂并行，终子之世，郑其败乎？"[2]直至清初，顾炎武说："人聚于乡易治，聚于城易乱。……聚于城，则徭役繁，狱讼多，欲民之有恒心，不可得也。"[3]从叔向到顾炎武，治理理念上一以贯之，不争则无讼，无讼则易治。

2. 治理规则的要求

对待诉讼的这种态度反映在国家具体的治理规则上，则要求居于社会底层的小民安分守己、互谅互让、不争不讼，地方官员要以春风细雨般的耐心和仁爱晓谕诉讼之害并教导子民忍忿不争、不讼。所谓"久者相讼数年，近者半岁。一人在狱，举家狂奔。夫一夫不耕或受之饥，一妇不织或受之寒，今至使举家听成，数年不解，然则饥寒之患，何由免焉"；[4]"每因小事不能忍耐，即欲上告以图泄忿，究竟累人，反以累己，结讼不休，大则丧身捐躯，

〔1〕 梁治平：《寻求自然秩序的和谐》，北京，中国政法大学出版社1997年版，第203页。
〔2〕 《左传·昭公六年》。
〔3〕 （明）顾炎武：《日知录》卷十二，"人聚"，上海，上海古籍出版社2012年版。
〔4〕 （明）方扬：《方扬告示·禁诬讼示》，载杨一凡、王旭编：《古代榜文告示汇存》（第一册），北京，社会科学文献出版社2006年版，第539页。

小则破家荡产，同归于尽宁无后悔？然与其追悔于后，熟若忍耐于前"；[1] 而对于那些健讼诬告的刁民则要严惩不贷。"健讼刁民，本府定行重责三十板，枷号两个月，以为兴讼者戒。"[2] 通过各种榜文告示等各种形式，实施"德礼为政教之本，刑罚为政教之用"的国策。

自然官方的主导思想是"无讼"，那么以儒家思想为指导的各级官员也把息讼、无讼以求得社会和谐和人情和睦当作自己的首要职责。清人刘礼松云："夫听讼而使民咸愓然内讼以至于无讼，此守土者之责也。"[3] 听讼虽然是地方上对居官者的首要要求，但对于一个有志于治国平天下的儒家官员，其真正的追求目标却在于超越一个个具体案件，使自己辖区内无讼。在官方正史和各种碑文和日记中，也每每以"民风淳朴""几致刑措""刑措而不用"等类的话语作为治理得当的标榜。西汉时韩延寿为太守，以德为治，三年之间，令行禁止，狱讼大减，郡内"二十四县莫复以辞讼自言者"，被认为是地方官治理的楷模。

二、息讼——现实的对策

如果说"无讼"是中国古代统治者治理国家的理念和追求，"息讼"则是无讼理念在实际司法实践中的表现和要求。对于官僚制下的各级官吏来说，息讼不仅是饱受儒家文化熏染的能动所为，更是客观机制下的被迫应对。

日本学者滋贺秀三先生在解释孔子"听讼，吾犹人也。必也使无讼乎"的主张时说，孔子在明确以无讼作为理想的同时，言外之意包含着当现实中诉讼发生时仍然要求父母官具有听讼的能力。[4] 理想归理想，当面对诉讼纷扰的治理需要时，无论地方官的诉讼观念如何，如何解决争执、避免事态激化，并把纠纷控制在一定范围内，当是多数官员的关注所在。

---

〔1〕（清）蔡示英：《蔡示英告示·留谕西江诸民止争息讼示》，载杨一凡、王旭编：《古代榜文告示汇存》（第二册），北京，社会科学文献出版社 2006 年版，第 341-342 页。

〔2〕（清）刘泽霖：《刘泽霖告示·再禁止词讼示》，载杨一凡、王旭编：《古代榜文告示汇存》（第四册），北京，社会科学文献出版社 2006 年版，第 307 页。

〔3〕（清）刘泽霖：《刘泽霖告示·再禁止词讼示》，载杨一凡、王旭编：《古代榜文告示汇存》（第四册），北京，社会科学文献出版社 2006 年版，第 307 页。

〔4〕[日] 滋贺秀三：《清代诉讼制度之民事法源的考察》，载 [日] 滋贺秀三等著：《明清时期的民间审判与民间契约》，王亚新等译，北京，法律出版社 1998 年版，第 95 页。

有学者把中国古代司法官吏常用息讼之术归纳为四种：一是拖延，即受理案件后以拖延方法促使当事人主动放弃和撤销诉讼；二是拒绝，对于一般所谓"民间词讼"常常不予受理，以减轻讼累，阻却兴讼；三是感化，即在诉讼过程中本着"以德化人"之心，恳切劝谕，使当事人主动息讼；四是设"教唆词讼"罪，处罚鼓励、怂恿他人兴讼或私自代拟诉状者。[1] 对于上控案件审理者来说，如何息讼平争而不是如现代司法判决那样明确权利和义务，仍然是贯穿其案件处理过程的一条重要原则。

多数上控案件并不是由上控受理机关审理，而是发审、委审给下属机关处理。这种案件处理方式某种程度上决定了案件的审理结果，即对大多数案件并不会采取非此即彼的处理方式。例如，在京控案件处理中，审理发回各省京控的官员和京控之前处理案件的官员同为僚属，甚至本来就是一拨人。在此情况下如何既能平息控争，又不致影响官员考成是案件审理者不得不思考的问题。大致来说，京控案件以如下三种方式结案者居多。

（1）调和结案。经过调和，双方自愿息讼而结案是最好的结果。即使对重大案件，在国家法律允许范围内，能以息讼方式结案也是皆大欢喜的事情。光绪二十九年，湖南孀妇陈王氏京控胞侄陈为福"被亲灭伦，图继酿讼"，四年后又以"承审冤司，蔑玩重案"再次京控。该案实质上是因继嗣争产而起，焦点则是陈为福是否曾经殴打婶母陈王氏。此点关系逆伦与否。因为该案为家族内纠纷，且涉案双方均为朝廷命官，再加上情节复杂，双方互不相让，因此案拖八年无从解决。经过朝廷谕旨严加催促，最终调和结案。一方面，改变原判由陈为福继嗣的决定，而改由陈王氏之子继嗣；另一方面，对陈为福殴伤婶母陈王氏的行为则以证据不足不予处罚。奏折中反复强调在承审官员一再"详加开导"下，当事人"感激涕零"，悔悟而感泣。通过利益调和，双方均表示满意而结案。同时，承审官还不忘对当事者教化一番，"查郴州陈氏乃多年仕宦之家，宜如何孝友睦姻，矜式同里。乃以争继之故，彼此寻仇，蔓讼几及十年。亲亲等于秦越，本应分别惩处，用挽浇风。第案关骨肉，与寻常词讼有别。"同时为了取得皇帝对这种并非完全按律处理方式的认可，必须加以特别说明："奴才以为衅起家庭，苟可消释争端，援法准情，两宜通变。获咎虽由自取，究伤门内之乖违。防患尤在将来，当体朝廷之宽

---

〔1〕　马作武：《古代息讼之术探讨》，载《武汉大学学报》（哲社版）1998 年第 2 期。

大。所幸两造一经反复开导，始而悔悟，继而感泣，各思弃除嫌怨，重敦同气之亲，似既往可以不追，而保全亦觉甚大。"[1] 对于此种结果，皇帝也乐于接受，并批准了这种援情准理的处理方法。当然，国家也不是无限制地容许各种调和结案。对于实践中的一些私和命案，　一旦发现，即予以严惩。同时，中央对于地方上通过调停了结刑事重案的做法也颇为不满，但由于中央对下级报告只能书面审查，其结果便也仅止于一遍遍的重复禁令而已。

（2）移情就案。京控每每事涉大案重情，但审理的结果却不尽其然，刑部的一份奏稿中说："无如近年以来，外省审办京控奏咨各案，全行审实及审虚将原告照诬告办理者，十不得一，大半皆系调停了事。一案之中，重款则大率消弭，轻款则略与更张。既不审实，又不办诬，或以为控出有因，或以为怀疑所致，至无可解说，则又以到案即行供明为词曲为原减。"[2] 笔者前面已经以诬告为例分析了导致官员审案移情就案的部分原因。无论移情就案抑或移情就例，在某种程度上都是审转覆核制下地方官府为了规避上级审查而采取的案件处理技术和法律规避手段，其背后隐藏着当事人之间、当事人和审案官员以及其他诉讼参与者之间的各种利益考量。对此，刑部恐怕也心知肚明，对无视法律规定和稀泥调停的行为，"皆因问官将实作虚，无以服原告之心，而杜其口，惧其复控，故不肯援诬告加等治罪。每遇审虚之案，类皆牵引'申诉不实律'坐原告以满杖罪名，而又删去'迎车驾及击登闻鼓'字样，藉以完案"。[3] 移情就案不仅是上控案件如此，在地方审转覆核的各类刑案中也所在多有。[4] 光绪年间，刑部指出："臣部核覆各省案件，每年不下数

---

〔1〕　第一历史档案馆编：《光绪朝朱批奏折》，北京，中华书局 1994 年版，第一〇六辑，169 折。
〔2〕　"京控案件不得节删车驾及击登闻鼓字样摘引申诉不实律迁结完结（同治四年张俊熙京控稿尾）"，载（清）《沈家本辑〈刑案汇览三编〉》卷三十九下，南京，凤凰出版社 2016 年版。
〔3〕　"京控案件不得节删车驾及击登闻鼓字样摘引申诉不实律迁结完结（同治四年张俊熙京控稿尾）"，载（清）《沈家本辑〈刑案汇览三编〉》卷三十九下，南京，凤凰出版社 2016 年版。
〔4〕　王志强认为移情就案的目的是使"'案情'与律例之间的吻合性紧密而牢固，使法律推理呈现出在形式逻辑上圆满的状态，"以减少刑部对案件的驳审；王瑞峰则认为移情就案是地方上为了掩盖案情而采取的一种法律规避行为。笔者以为实际上二者并不十分矛盾，恰恰只有把其结合起来方能揭示移情就案的真实面目。移情就案是法律规避的一种行为，而对于只进行书面审理的刑部来说，这种行为的成功与否则取决于书面报告中事实逻辑和法律推理逻辑上的统一协调与否。王志强：《多元视角下的清代国家法》，北京，北京大学出版社 2003 年版，第 76 页；王瑞峰：《罪名·引断·情理——〈刑案汇览三编〉研究》，北京大学 2005 届博士论文，第 74 页。

千起，而情节相似者，比比皆是。不特参观一省之案，前与后如出一辙，即合校各省之案，彼与此也多雷同。其所叙供内，只聊聊数语，驳之无隙，实皆移情就案，悉属故套。"[1] 即使百年后的读者，翻阅当时的案件记录，也深感其"格式化"之齐整。

（3）拖延不结。对于那些性情倔强、不达目的誓不罢休的上控者，和稀泥的处理方式往往并不能令他们满意。可是平反上控案件又为审案官员所不愿或不能。而拖延术则可能使案件获得在案件处理者看来较好的结果。第一，拖延可能使案件当事人一方身死，从而结案。例如附表一中的案16、17、18、19、20、25、26、29均为数年未结的积案，而后之所以较快结案的重要原因即在于原告或被告一方，或因病死亡，或拖毙在监。第二，拖延可以把审案责任自动延交给下任官员。清代官员的任期很短，而一件京控案件的平均审期则需要1.5～2.5年，如果再碰上案犯无着、案情复杂时，审期相应会延长，官员卸任时案件自动移交给后任而不必承担处分。清代虽然规定了各级官员的案件审理期限，但是在各省上报京控案件审理的奏折中，几乎千篇一律把案件未结的原因归结为"道路遥远，人卷传提未到""两造坚执狡供"等客观因素，从而规避处分。第三，拖延导致当事人自愿放弃诉讼或愿意和解结案。下述案件虽较为特殊，却不乏启发意义。光绪九年，广东顺德县李、何二姓因土地纠纷引起宗族械斗，双方死亡数十人。十二年，李姓以"族匪纠众杀毙三十二命，主使者仅被详革并不押令交凶，获解之犯并不按办"为由，京控都察院。由于双方均有人员伤亡，且凶手逃匿无获，案历数载未结。该案八人在监押毙，数十人被迫逃匿外洋。光绪十九年，案件审结。最终不是通过官府拿获凶犯判决结案，而是在原告死亡后，涉讼双方考虑到巨大的讼累代价和成本，自愿息讼具结，同时希望官府对于在押者赶快依法惩处。案件拖延只会带来更多人的庚毙和更大的精神和经济损失。综合考虑，自动息讼不失为上策。[2] 某种程度上，我们不能不说这种拖延政策获得了"实效"。

上述三种解决上控案件的方式都可以使案件得以审结，而不致再发生新

---

〔1〕（清）盛康辑：《皇朝经世文编续编》，台北，文海出版有限公司1980年版，第4690-4692页。

〔2〕第一历史档案馆编：《光绪朝朱批奏折》，北京，中华书局，1994年，第一○六辑，089折，附表一，案51。

的波澜。因为在清代司法者看来，案件的真正了结在于当事人对判决结果的真心接受，而不是依靠审级、上控期间等司法程序中对诉讼的强行禁止。国家司法不会拒绝一个案结数年后重新提起诉讼的真正冤抑者，恰如皇帝在对京控案件的批示中反复强调的"所控本应立案不行，……若不严行究办，不足以折服其（京控者）心"。[1]总之，只有控告者基于各种因素的综合考虑对结果甘愿接受不再上控，案件方能最终结束。

本 章 小 结

通过对清代京控中当事人诉讼策略以及官方应对来看，封建司法并不是弱小的当事人在强大的国家公权力下消极被动地参与审判、接受刑罚的过程。官府行为也不是单纯查清犯罪和判处刑罚的"依法判决"。深入案件处理过程，会发现，诉讼当事人为了各自目的，会采取诉冤、诬告、越诉、缠讼、拼命等策略将"小事闹大"，以引起官府重视或对官府施加压力，从而谋取自己利益的最大化。对于官方而言，如何处理上控案件，也不仅是单纯弄清事实、依法判决，更是如何平息讼争的过程。

---

〔1〕　第一历史档案馆编：《光绪朝朱批奏折》，北京，中华书局，1994 年，第一〇六辑，047 折。

第五章
京控中的妇女诉讼

第一节　法律史研究中的妇女诉讼问题简论

一、清代妇女诉讼研究略论

对传统中国法律和女性的研究，大致表现为两种进路：史学界（性别史和妇女史）通过对立法以及司法实践的考察来认识中国古代社会中女性的社会地位、生存环境及其行为特点，并进而通过不同时空中各种变迁的比较研究来深化对中国社会和妇女的认识。史学研究方法，主要着眼于通过法律，特别是实际的司法档案认识中国古代社会及其变迁，并最终利用司法文书、讼案材料的研究来推动人口史、经济史、社会史、文化史等各个历史学科的研究。[1] 一些具有法学知识背景、受过法学训练的法律史学者则从"法学"方法和视角展开相关研究。[2] 历史学者使用司法档案来研究传统中国婚姻家庭中的女性，是因为这些材料的独特性。[3] 史学路径着重于婚姻家庭，法学则侧重于立法规定及其实施。后者的研究目的在于揭示传统法的特质以及与

---

〔1〕　关于这种研究方法的相关阐释可参考 [美] 黄宗智：《中国法律制度的经济史·社会史·文化史研究》，载《比较法研究》2000 年第 1 期。代表性成果有：郭松义：《伦理与生活——清代的婚姻关系》，北京，商务印书馆 2000 年版；王跃生：《十八世纪中国婚姻家庭研究——建立在 1781—1791 年个案基础上的分析》，北京，法律出版社 2000 年版；王跃生：《清代中期婚姻冲突透析》，北京，社会科学文献出版社 2003 年版；毛立平：《"妇愚无知"：嘉道时期民事案件审理中的县官与下层妇女》，载《清史研究》2012 年第 3 期。

〔2〕　黄嫣梨：《中国传统社会的法律与妇女地位》，载《北京大学学报》1997 年第 3 期；吴佩林：《清代县域民事纠纷与法律秩序考察》，北京，中华书局 2013 年版，第 315-342 页；李相森：《限制与保护：清代司法对涉讼女性的特别应对》，载《妇女研究论丛》2015 年第 6 期。

〔3〕　清代数量极大的司法档案可以使史学界对中国传统社会婚姻家庭的研究不再局限于以往的定性研究，而能够获得比较系统的相关数据，从而展开定量的分析；能够突破以往总括性的了解，得以对不同历史时期的具体情况有一较细致深入的认识；能够突破由国家法律、政策和道德伦理构造出的官方话语表达而认识真正的生活实践。王跃生：《十八世纪中国婚姻家庭研究——建立在 1781—1791 年个案基础上的分析》，北京，法律出版社 2000 年版，"前言"和"绪论"。

其密切相关的社会治理体系及其理念，并进而对其状态和演变作出解释，从而对当前中国法制发展中出现的问题作出更好回答。[1]

传统社会中女性参与实际司法实践活动的研究，现在已经有一些重要成果。张斐怡利用宋代判牍分析了当时法律对婚外情的处理策略；[2] 王平宇从《名公书判清明集》中所收女使诉讼案例透析了传统社会中女使在宋元时代的法律地位。[3] 对明清以降社会中妇女参与司法活动的描述，有美国学者黄宗智、白凯、麦柯丽、索马以及台湾学者卢静仪的研究成果。[4] 麦柯丽是在讨论中国传统社会中讼师这一角色的过程中兼论及寡妇参与诉讼的活动。白文以及卢文都是在讨论女性在立法和司法裁判中的实体权利时兼及寡妇参与司法的情况。除此之外，郑桂莹以立法为主，讨论了元朝妇女守节与再嫁的法律观念、行为以及官方态度；刘燕俪以礼律规范为中心探讨了唐代的夫妻关系。[5] 20 世纪 90 年代以来，随着各种档案的开放以及研究方法的变化，以判例、司法档案结合法律条文来研究法律问题成为法律史研究的一个重要特点。[6] 邵雅玲和林怀慈对妇女诉讼的研究正是这种方法的具体运用，两者都是以司法档案为研究资料，以清代为研究范围，所不同的是前者使用的由戴炎辉先

〔1〕　王志强：《中国法律史学研究取向的回顾与前瞻》，载中南财经政法大学法律史研究所编：《中西法律传统》，第 2 卷，北京，中国政法大学出版社，2002 年，第 82 页。

〔2〕　张斐怡：《从判例看宋元时期法律对婚外情事件的处理》，载宋代官箴书研读会编：《宋代社会与法律——〈名公书判清明集〉讨论》，台湾东大图书股份有限公司 2001 年版。

〔3〕　王平宇：《〈名公书判清明集〉中所见的女使诉讼——传统妇女法律地位的一个侧面》，载宋代官箴书研读会编：《宋代社会与法律——〈名公书判清明集〉讨论》，台湾东大图书股份有限公司 2001 年版。

〔4〕　黄宗智：《法典、习俗与司法实践：清代与民国的比较》，上海，上海书店 2003 年版，第九章、第十章；白凯：《中国的妇女与财产：960—1949 年》，上海，上海书店 2003 年版；玫莉萨·麦柯丽：《社会权力与法律文化：晚清帝国的讼师》（Melissa Macaulay, *Social Power and Legal Culture: Litigation Masters in Late Imperial China*, Stanford University Press, 1998）；Matthew H. Sommer, *Sex, Law, and Society in Late Imperial China*, Stanford University Press, 2000；卢静仪：《民初立嗣问题的法律与裁判》，北京，北京大学出版社 2004 年版。

〔5〕　郑桂莹：《元朝妇女的守节与再嫁——以律令为主讨论》，（台湾）国立清华大学历史研究所硕士论文，1995 年；刘燕俪：《唐代的夫妻关系——以礼律规范为中心》，台湾大学历史所硕士论文，2003 年。

〔6〕　相关论述可以参见布德茂：《司法档案以及清代中国的法律、经济与社会研究》，载（台湾）中国法制史学会主编：《法制史研究》，第 4 期，2003 年 12 月。

生主持整理的台湾淡新档案，而后者则使用了清代刑科题本。[1]

　　为何要单独把妇女作为京控中的一个群体予以研究呢？主要基于以下两点理由：其一，清代法律对妇女涉诉有严格的限制，但以妇女为原告的案件数量之多及其在京控中所占比例之高和立法预期并不一致；其二，以妇女为原告的案件具有某些不同于以男性为原告的案件的特点。上述两点对于我们完整理解中国传统法律和司法实践具有较为重要的意义。

　　清代各级诉讼中，对妇女作为原告的案件数量，很难给出一个准确数字。但是女性作为原告起诉较为常见。[2]笔者统计了光绪朝中后期（光绪十五年—三十一年）安徽省上报的部分咨交京控案件，在所见83个案件中，妇女为原告的有15例，占18.1%。[3]而在光绪朝朱批奏折中现存的奏交案件中，在笔者统计的65个案件中，妇女为原告的有17例，约占26.2%，其中尚有同一原告数次京控者。[4]从总体数量来看，上述统计的安徽省京控案件来自19个半年的上报记录，平均每年大约有8.7件的京控发交案件。从地域分布来看，虽然没有精确的统计数字说明安徽省的京控案件在清朝各省京控中所占比例，但其绝对数量还是较为可观的。[5]在京控较多的河南省，光绪十一年下半年、十二年上半年、三十三年下半年以及三十四年上半年审结以及未结案件中，妇女作为原告案件的比例分别为12.9%、12.4%、12.9% 和11.1%。[6]

　　对于女性在传统中国司法中的地位，已经有一些相关论述。在论述妇女参与诉讼活动时，虽承认妇女参与诉讼活动，但认为女性参与诉讼并不是经常性的活动，并且受官方所宣扬传统意识形态影响，女性总是作为被压迫和

---

〔1〕　邵雅玲：《由淡新档案看晚清北台女性的讼案》，台湾大学历史所2001年硕士论文；林怀慈：《情欲与社会秩序——从刑科题本看清代妇女的抉择》，（台湾）东吴大学历史学研究所2004年硕士论文。

〔2〕　邓建鹏以现存的清代黄岩诉讼档案统计，发现在78份诉状中，女性使用抱告的为21人，占总数的26.9%，占使用抱告者（38人）总体的55.3%，由此也证明了在州县级别的诉讼中，妇女的广泛参与程度。另外从当时留下的一些上控案件来看，妇女作为原告参与诉讼的数量并不在少数。邓建鹏：《纠纷、诉讼及裁判——黄岩、徽州及陕西的民事讼案研究（1874—1911年）》，北京大学法学院2003届博士论文，第46页。

〔3〕　附表三"安徽省光绪朝中后期朱批奏折所见京控案件审结情况表"。

〔4〕　附表一"光绪朝朱批奏折京控案件统计表"。

〔5〕　关于京控案件地域分布的统计情况可以参见附表一"光绪朝朱批奏折京控案件统计表"。

〔6〕　该四个半年的接收案件以及妇女原告案件数分别为124/16、121/15、62/8、63/7。见奏折第035、038、165、192号，附表四"朱批奏折所见各省京控案件审结表"。

被主宰的对象。在男权统治社会中，妇女只能接受强加于自己的社会和法律义务。并且即使在国家考虑对女性予以某些法律上特权的同时，她们也并不能总是享受到这种权利。[1]

然而对京控案件的考察却有可能改变我们的某些看法。司法档案材料表明妇女曾经广泛参与诉讼并积极通过国家赋予自己的特权来影响司法以获得对自己有利的判决结果。并且在案件处理中，妇女也总是能够以各种理由享受到"法律"赋予的特权。

二、妇女诉讼的资格规定

北宋时已规定，百姓年七十以上、笃疾及妇人有孕者，不得为状头。[2]南宋《词诉约束》规定，"非单独无子孙孤孀，辄以妇女出名不受"。[3]只有在无子孙时出头时，寡妇方可提起诉讼。元代，妇女一般不许告状，"若果寡居无依，及虽有子男，别因他故妨碍，事须论诉者，不拘此例"。[4]明律规定："其年八十以上、十岁以下及笃疾者，若妇人，除谋反、逆叛、子孙不孝，或己身及同居之内为人盗诈、侵夺财产及杀伤之类，听告。余并不得告。官司受而为理者，笞五十。"[5]除谋反、叛逆、子孙不孝等严重犯罪外，妇女不许亲自告诉，官府也不准受理。如果确有冤枉，则可通过"代告"进行诉讼。此外，"若妇亡无子，方许出官理对；或身受损伤，无人为代告，许入官告诉。"[6]"代告"即清代的抱告。"律不得告，而例许代告者，恐实有冤抑之事，限于不得告之律，致不得申辩，故立此代告之例，则有冤者，可以办理，诬告亦得反坐，所以补律之未备也"。[7]

---

〔1〕　[美]布迪、莫里斯：《中华帝国的法律》，朱勇译，南京，江苏人民出版社，1995年，第165-166页。

〔2〕　（宋）李元弼《作邑自箴》卷八《写状书铺户约束》，转引自邓建鹏：《纠纷、诉讼及裁判——黄岩、徽州及陕西的民事讼案研究（1874—1911年）》，北京大学法学院博士论文，2003年。

〔3〕　《名公书判清明集》，北京，中华书局1987年版，第638页。

〔4〕　陈高华等点校：《元典章》，"不许妇人诉"，天津，天津古籍出版社2011年版，第1776。

〔5〕　《大明律》，怀效锋点校，北京，法律出版社1999年版，第179-180页。

〔6〕　（清）薛允升著，胡星桥、邓又天主编：《读例存疑点注》，北京，中国人民公安大学出版社1994年版，第702页。

〔7〕　（清）沈之奇：《大清律辑注》，怀效锋、李俊点校，北京，法律出版社2000年版，第840页。

清承明制。但是，清代律例中却未对妇女告诉作出明确规定。薛允升曾提出质疑："（明例）是妇人亦准代告也。删去此条，若一切婚姻、田土、家财等事将令自告乎？抑一概不准乎？殊嫌未协。"[1] 至于没有收入该条的具体原因，尚待进一步考查。[2] 清律虽然未对妇女起诉作出统一规定，但是在司法实践中基本上都对妇女诉讼有所限制。除了严重的恶逆、奸盗等犯罪外，对于户婚、田土等民事案件也严格限制甚至排除妇女出庭参与诉讼的资格。清代徽州休宁《词讼条约》规定："妇人必真正孀妇无嗣，或子幼而事不容缓待者，方许出名告状。仍令亲族弟侄一人抱告。如有夫男之妇，擅自出头者，定拿夫男重责。"清代巴县《告状十四不准》载，"非奸情牵连妇女者，有职人员及贡监生、妇女无抱告者，夫男现在令妇女出头者"均不受理。据有的学者研究，清代民事诉讼实践中，上述规定都严格得以遵守。[3]

京控不同于一般州县初审的民事案件，第一，从案由来看，京控案件大多为性质较为严重的命盗重案，虽然有些案件审理后发现可能是事关户婚田土的琐屑之事，但经过装饰的案由则一般为事关国家统治秩序的大案，因此并不存在不受理的问题。第二，由于京控独特的处理程序，绝大多数案件都发回各省审理。京控案件接收机关一般只负责对案件进行书面审查和简单讯问，较少有案件会因原告资格问题而被拒绝。第三，传统社会中女性在官方意识形态中的弱势地位虽然不利于其参与诉讼，但另一方面也使其更易获得审理官员的同情和重视。所以从国家规定的京控案件提起资格来看，妇女一旦决定进入诉讼，并不会因国家相关规定而被排除于京控的范围之外。

---

〔1〕　（清）薛允升著，胡星桥、邓又天主编：《读例存疑点注》，北京，中国人民公安大学出版社 1994 年版，第 702 页。

〔2〕　美国学者麦柯丽通过对《读例存疑》中关于"见禁囚不得告举他事"条的考察，宣称："19 世纪的律学大师薛允升未曾发现任何文献依据表明清朝废止了明律中要求妇女必须通过他人代告的规定，不过他推断这是由于妇女以往滥用了代理人诉讼之故"。在此基础上进而推引，"终止妇女经人代告的法律，也就成了新王朝的第一部制定法在解决滥诉问题上的一个创新。"可是通过细读其所引证薛允升的论述中并不能得出上述结论。事实上，从薛允升对于该条的按语中可以知道，薛氏认为清律没有把明律中规定妇女代告的令文沿袭下来，"殊嫌未协"。（清）薛允升著、黄静嘉编校：《读例存疑重刊本》，台北，成文出版社 1970 年版，第 1018 页。(Melissa Macaulay, *Social Power and Legal Culture: Litigation Masters in Late Imperial China*, Stanford University Press, 1998, p.570.)

〔3〕　转引自邓建鹏：《纠纷、诉讼及裁判——黄岩、徽州及陕西的民事讼案研究（1874—1911 年）》，北京大学法学院博士论文，2003 年。

第二节　京控中的妇女诉讼

从京控来看，妇女曾经广泛参与其中。那么，在一个官方力图限制妇女参与的领域，是哪些纠纷"逼迫"或"吸引"这些"不受欢迎者"进入其中？参与京控的女性在当时历史条件下具有什么特点？其在档案记载中的形象如何？官方对这些"积极"参与诉讼的女性评价如何？本部分尝试对这些问题进行讨论。

一、妇女参与京控诉讼的类型分析

对于何种案件可以上控至京城，清朝法律并没有直接规定。一般认为，必须案情重大、实有冤抑者方准京控，否则不受理。对于因户婚、田土、钱债等细事提起的京控，一概驳斥，不准受理。[1] 对于地方官而言的"细事"，却可能事关百姓生存。为引起各级官员重视而使问题得以解决，势必要在一定范围内适当夸大案情、捏砌情节。[2]

从光绪朝朱批奏折中的奏交案件以及安徽省上报的咨交案件来看，当时妇女参与的诉讼主要有命案、逆伦案、伤害案、财产纠纷案等几种类型。在笔者统计的光绪朝朱批奏折中，以妇女为原告的京控奏交案件共计有 17 件，

---

〔1〕　嘉庆二十五年上谕："各省民人赴都察院呈控案件，向来有奏闻者，有咨回者，有驳斥者。嘉庆四年朕降旨不准驳斥，以防壅闭，系指案情重大者而言。若如贾允升所奏，无论案情大小，不准驳斥，即不准发还，则一切户婚、田土、钱债细事，一经京控，悉皆奏咨办理，亦于政体非宜。国家设官分职，大小相维，若以部院衙门理及琐屑之务，则直省地方官所可何事？且近来讼风日炽，使奸民臆计赴京控诉，必当一概准理，岂不益长刁风，倍增讼狱，拖累株连流弊更大，等因。钦此。……"光绪八年上谕："著都察院、步军统领衙门嗣后遇有京控案件务将原告原呈详细审查，如控词琐屑，情节支离，并未在本省督抚衙门控过，即予驳斥，不准接受。"（清）昆冈等修、刘启端等纂：《钦定大清会典事例》，卷一千〇六，"都察院·宪纲·谕旨九"，载《续修四库全书》编纂委员会：《续修四库全书》，上海，上海古籍出版社 2002 年版。
〔2〕　为了引起重视，势必需要"小事夸大，言轻为重"，但如此一来又极有可能会触犯清律中另一条重要的规定，即"诬告反坐"条，但是依据诬告条以及"工乐乎及妇人犯罪"条的规定，"其妇女翻控，讯明实因伊夫及尊长被害，并痛子情切，怀疑具控及听从主使出名诬控，到官后供出主使之人，俱准其收赎一次。如不将主使之人供明，仍照例监禁，俟三年限满，再行分别禁释。"妇女即使诬告后，到案后以怀疑误控和痛子情切为由的占有很大比例，并且不少妇女对所犯罪刑都可以收赎。

从控告案由看，命案 11 件（案 11、12、20、25、28、35、45、46、54、59、64），逆伦案 2 件（案 2、65），被诬请求申冤 2 件（案 32、61），财产纠纷案件 1 件（案 40），案由不明 1 件（案 52）。其中两个逆伦案件实系因争继而起，争讼名为伦理纲常，实为财产纷争。案出不明案件，原告李张氏和一票号争讼，且在发回审判后，原告匿不到案。争讼的原因很可能为经济纠纷，且系诬告。该案经数年后，由山西省上奏请求销案。如此，因经济因素而起的案件为四件。被诬请求申冤的两案，原告均系职妇出身，因丈夫被诬而京控。[1] 上述统计情况基本上也符合京控均为重大案件的特点。

安徽省上报的 15 件妇女作为原告的咨交京控案件，命案 5 件（案 7、10、30、41、44）、强奸（鸡奸）案 1 件（案 8）、财产纠纷案件 3 件（案 12、37、75）、伤害案件 3 件（案 24、35、40），另有拆毁房屋 1 件（案 48），状告书役捏诬勾串索诈延搁 1 件（案 66），原因不明 1 件（案 49）。相对于奏交案件来说，咨交案件案情较轻，一般无须上奏即可由都察院、步军统领衙门等受理机关直接咨交各省督抚审理。

总括来看，妇女参与诉讼中最多者为命案，其中又以妇女为夫申冤者居多。其次为因经济原因而起的财产纷争案件。

二、京控诉讼中原告妇女的类型分析

从现存妇女作为原告的京控案件来看，参加诉讼者均为已婚妇女。[2] 从理论上似乎存在未婚女性因家中无人应诉而又冤情难伸情形下参与诉讼的可能，但是笔者在京控案件中尚未发现一例。已婚妇女可以分为两类：孀妇和非

---

[1]　笔者只是根据京控缘由作简要统计，实际审判结果往往以诬告和怀疑误控者居多。例如，案 65 中原告王赵氏以"佃户为匪，杀毙人命"为由控告朱二黑，而实际上王赵氏之夫不务正业，长期游荡在外，无从找见，王赵氏生活无着，穷苦无奈而图赖控告，难保不为其夫或他人从中教唆。

[2]　笔者只见到一例外，该案袁唐氏之夫因畏罪狡展，希图脱罪，"又令其妻袁唐氏添砌情节，同女袁翠香出名遣抱，进京赴都察院续控，解回审晰前情"。该处袁唐氏之女袁翠香已婚与否并不清楚，但如系已婚，似无必要令其出名，因为有袁唐氏之名已足也。但是如系未婚何以要令其出名，不得而知。另外对该句的理解也可能是由袁唐氏出名，而袁翠香只是随行，因无更多的材料，无从深论。（清）《沈家本辑〈刑案汇览三编〉》卷三十九中，"盗葬复诬告（光绪七年）"南京，凤凰出版社 2016 年版。

孀妇，其中以前者为多数。[1] 孀妇又分两种：夫亡无子者和夫亡有子者。清律规定：“军民人等干己词讼，若无故不行亲赍，并隐下壮丁，故令老、幼、残疾、妇女、家人抱赍奏诉者，俱各立案不行，仍提本身或壮丁问罪。”丈夫在而令妇女出头控诉为法律所不允；在丈夫不在身旁、被押、身受损伤无法控告时，妇女也可以自己名义控告。清末杨乃武一案中，乃武之妻京控时便以自己名义提出。[2]

从社会地位看，这些妇女既有来自社会底层、生活无着的孤苦无养者，也有来自家产丰厚的富裕之家，或官宦之家。从教育背景看，既有大字不识的乡间老妇，也有自己写词状上告者；从名分上看，参与诉讼妇女既有正妻，也有妾（案 65）。下面分别予以简要分析。

（1）夫亡无子。案 40：湖南湘乡县民妇凌李氏在道旁叩阍一案。凌李氏夫故无子，在道旁开设饭店营生。后其饭店所占地被夫族设计取得。凌李氏不服，屡次控告夫族。先是由胞弟抱告省控，因胞弟在管病故，其与夫族口角而亲身京控步军统领衙门，审后犹不服而叩阍翻控。该案凌李氏先是依靠娘家与欺骗自己的夫族争斗，在自己娘家兄弟去世后两次京控。

（2）夫亡有子。案 65：孀妇陈王氏以背亲灭伦、图继酿讼为由状告自己的夫侄，并遣抱二次京控。该案陈王氏出白名门，为己故知县之妻，子陈为祺为已革工部主事，所控夫侄为现任知府。该氏两次京控均以自己名义控告。另外，附表“光绪朝朱批奏折所见安徽省京控案件审结情况表”案 76 中，林沈氏带领幼子林有章以因奸杀伤京控江家洪，该案中因子尚年幼，林沈氏以自己名义上控。

（3）夫因被押、出外等故无法控告。案 35：陈郭氏因丈夫出外，自行写就呈词京控。武生袁陞扬因盗葬虚诬被押候办，畏罪狡展希图脱罪，令其妻袁唐氏添砌情节，同女袁翠香出名遣抱，进京赴都察院续控。[3] 案 61：夏王氏因夫被诬逼供在押日久遣夫弟京控。同治光绪年间的杨乃武小白菜案

---

〔1〕　清代司法档案言及妇女时均称“民妇”或“孀妇”，孀妇即通常所谓寡妇，民妇则为通称，然而从档案看，许多民妇实为寡妇。

〔2〕　王策来编著：《杨乃武与小白菜案真相披露》，北京，中国检察出版社 2002 年版，第 22—26 页。

〔3〕　（清）《沈家本辑〈刑案汇览三编〉》卷三十九中，“盗葬复诬告（光绪七年）”，南京，凤凰出版社 2016 年版。

中，杨乃武因在押，两次京控均由其妻、姐呈告。[1] 附表"光绪朝朱批奏折所见安徽省京控案件审结情况表"案 35 石唐氏遣抱唐田美京控陈六等人殴伤其夫。

三、从京控案件看涉讼妇女的法律和道德形象

阅读清代司法档案后，我们对于参与京控的女性会有截然不同的两种认识。一方面，虽然历经各种辛苦，冲破各种阻碍，坚强、勇敢的女性为寻求正义执着上控；另一方面，官方文件和档案中时时透露出来的又是对这些"恃妇撒泼"纠缠不休者的无限厌恶和无奈。

为夫申冤是不少京控案的主题。在光绪二十五年的山东程秦氏叩阍案中，正是依靠该妇坚持不懈的努力，方才使其冤死的丈夫得以报仇雪恨。光绪十七年八月，程秦氏之夫程继恫被族侄程学高纠同刘徽思殴伤毙命。案发后，由于证人坚称只有程学高一人为凶手，且杀夫凶手日久无从拿获，程秦氏先后控府、控司，均批县研讯。无奈之下，程秦氏进京请人写就呈词欲行叩阍，却为提督衙门拿获解回山东讯拟。程秦氏以违制律罪名拟杖收赎结案，但杀夫凶手仍逃之夭夭。案发七年后，程秦氏又一次进京叩阍。二次叩阍引起了高层关注，经过皇帝和刑部亲自过问，山东地方审理后，最终确认程学高和刘徽思均为杀人凶手，并拿获刘徽思问罪。程秦氏被以"圣驾出郊冲突仪仗妄行奏诉者杖一百发近边充军例，拟杖一百发近边充军，系妇女照律收赎"。程秦氏是幸运的，因为最终真相大白天下，冤屈得以伸张。

上述案件有以下几点值得注意：第一，程秦氏仅是一普通农家妇女，非出身富家，也无文化知识。其夫在别人家中帮佣可知其生活之艰辛，先后两次京控均请"过路不知姓名人"写就呈词，自己并不识字。第二，这种凶犯无法拿获而拖延的案件在清代后期数量应该不少。如果没有当事人这种锲而不舍的精神，案件很难得以解决。第三，程秦氏以一己之力对抗的不仅是杀夫凶手，在某种程度上可以说其对抗的是整个由男性统治下的司法体制，其中既有为子图脱的刘远太（刘徽思之父），也有受贿帮护的书役以及唯恐承担

---

[1] 朱寿朋等辑：《杨乃武冤狱》，长沙，岳麓书社 1986 年版。

责任的各级官员。历经千辛万苦，夫仇得以申雪。其间，程秦氏身心上所遭受的万般委屈、折磨和痛苦，档案无从记载，但后人却感同身受。

试图解读档案中女性的行为及其形象必须不应仅仅局限于官方话语。对于这些麦柯丽所谓"决绝的寡妇"，官方档案中呈现给我们的是什么样的形象呢？上述案件中，奏折写道："此案程秦氏所控刘儆思等将伊夫程继恫砍伤身死，虽已得实，其添砌刘远太等贿役匿子责押勒结各节，亦系痛夫情切，怀疑图准所致。惟前既叩阍未成被获，解东讯结，**不思安分**，辄复在道旁叩阍，**殊属瞻玩**，自应从重问拟。"[1]从该折看，程秦氏最大特点就是"不思安分"，这也许是所有参与京控妇女的共同特点。对此，官方话语有以下三种不同的表达：第一类是对于那些官方认为"事出有因，情有可原"者，多采用"不合""不应"等词，处理结果一般为笞杖刑，且可以收赎，如案2、案25、案35、案46等。第二类为否定性较强的评价，如"刁告"（周赵氏，案20）、"情属刁健"（蔡张氏，案28）、"素性悍泼，不守妇道"（张吴氏，案39）、"逞凶抗官、刁悍"（李张氏，案39）等，此类案件中妇女所受惩处一般较重，为流刑以上。例如，蔡张氏依诬告律处绞监候且不准收赎，周赵氏则处以流刑。[2]第三类为对妇女无刑罚处理的案件，虽然从奏折所述案情来看，此类案件一般为得以平反（案32、案61）、和解结案（案65）及其他案件（案64）。但就所述案情来看，其中一些妇女的行为和前两类相比，有过之而无不及。例如，案65中陈王氏不仅告胞侄逆伦行殴，而且告官府蔑玩重案。就实质言，该案实因继嗣争产而起，且数次京控，依情就理，实可称得上"刁健"，至少可为"不合"。但由于解决结果的"完美"，这些也就略而不论了。从本书所考察的案件来看，我们可以简单推测，女性所得到的道德评价很大程度上取决于案件的处理结果。如果案件最终认定为冤案，即使妇女"刁健"，也是情有可原，对其处罚也不重；反之，如果认定为控告无理或诬告，妇女越"刁健"，处罚就会越重。

---

〔1〕　第一历史档案馆编：《光绪朝朱批奏折》，北京，中华书局1994年版，第一〇六辑，120折。
〔2〕　案39中原告李惇尧虽为男性，但李是在其妻李张氏的要求下，为其妻母张吴氏叩阍。且张吴氏在此之前曾经在都察院京控一次（这也是在这次叩阍案件中虽然按照律例没有对其处罚，但是对其的评价却极低的原因）。所以，本书在某种程度上也把该案作为妇女参与京控的个案予以对待。该案中，张吴氏没有因为叩阍再次受惩处，但是李惇尧却被处以流刑。

第三节　妇女涉讼的原因分析

在了解了妇女参与京控的基本情况后，我们还是无法明白身受官方道德、礼仪习惯和法律约束的妇女为什么会广泛插足清代司法这个"公共领域"。[1]是哪些因素促使妇女参与到诉讼中来呢？下面尝试从清代对女性涉讼的意识形态及立法规定、妇女所处客观生存环境以及京控中女性参与诉讼的目的三个方面作一分析，以期给出一个大致解释。另外，单纯地局限于京控案件的分析并不一定能很好地回答这些问题，笔者将把考察范围扩充到从初审至京控的整个司法体系。

一、女性涉讼的意识形态及立法规定

明清时期虽然在实践中通过限制妇女的起诉来减少妇女在公堂上抛头露面的机会，但是我们在前述清代废弃前代关于妇女代告条文规定后所留下的模棱两可制度空间，以及另外一条否定性的条文中，可以推知国家必要时并不完全排斥妇女以自己名义参与诉讼。[2]准确而言，官方只是反对故意利用抱告来达到自己恶意目的的诉讼人。在笔者所见京控案件中，没有抱告的妇女原告也较常见，官方也未大惊小怪。笔者所统计安徽省光绪朝京控案件中，女性为原告的15件，明确提到使用抱告的只有7件，尚不足前者的一半。在朱批奏折中的17件中，明确提到有抱告的有9件，其他8件中，妇女亲自叩

---

〔1〕　麦柯丽关于妇女"积极地"参与诉讼的结论让人很难赞同，尽管前文通过数字的分析简要说明了京控案件中妇女作为原告的数量之多，但是我们必须把京控案件放在清代司法的整个框架中予以考量。虽然至今尚无法（也许永远都无法）统计清代各层级司法中女性参与的比例，但是在州县以及更高层级，妇女的参与并不能认为其态度是积极和主动的。传统中国的意识形态和女性地位的低下使人更愿意相信，其中很大部分的女性原告人是被迫和无奈而进入这个领域。[美]麦柯丽："挑战权威——清代法上的寡妇和讼师"，载高鸿钧等编：《美国学者论中国法律传统》，北京，中国政法大学出版社2004年版，第578页。
〔2〕　"军民人等干己词讼，若无故不行亲赍，并隐下壮丁，故令老幼残疾妇女家人抱齐奏诉者，俱各立案不行，仍提本身或壮丁问罪。"（清）薛允升著述、黄静嘉编校：《读例存疑重刊本》，台北，成文出版社1970年版，第980页。

阙喊冤者 2 件。[1] 至于在一般州县地方的审理中，妇女以自己名义提起告诉的也属常见，其中许多案件并不是命盗重案。[2] 从纵向时段来看，从明至清，特别是清代后期，限制妇女参与诉讼的法规愈来愈表现出一定的松散性。

妇女广泛参与诉讼，除抱告制度的作用减弱外，立法上对妇女犯罪收赎的规定，也是重要原因之一。唐律规定老小废疾流罪以下，可收赎，但妇人并不在内。只是对某些特殊罪刑，妇女可以收赎。[3] 明律基本沿袭唐律。清律则规定流罪以下，除有特殊规定外，妇人均可收赎折抵刑罚。如果妇女因与其夫或子同谋犯罪被处以流刑，不得收赎，因为她们可以与其夫或子同行流放。但如果她们是单独犯罪，则仍然可以收赎。这一条文对清代妇女涉讼的影响较大。清律明确规定，对于故意隐下壮丁而令妇人出头告诉者处以刑罚。[4] 但是对于没有壮丁的寡妇，或者在夫、子并不知情情形下由妇女告诉，即使获罪也收赎。在本书考察的数量有限的妇女京控案件中，最后对妇女处以实际刑罚的只有一例（案 28）。该案中因该妇女的诬告致人死亡而不准收赎，其余均可收赎。国家为维护风化而设计的妇女犯罪适用赎刑制度客观上有可能刺激妇女诉讼的增多。

嘉庆年间增定例文，规定妇女诬告翻控之案，罪应军流以上者即行实发，不准收赎。[5] 但其后的例外规定则大大削弱了该条的适用性："其翻控妇女，

---

〔1〕　京控案件不同于地方上的一般案件。由于京控本身所蕴含的特殊意义，同样案件在地方上可能根本得不到重视，而在京城这一特殊地点，就必须不能轻率对待。对于没有抱告这样程序上的小瑕疵，一般并不会引起过分关注，而在地方上却可能因此而被拒绝受理。

〔2〕　参见邓建鹏：《纠纷、诉讼、裁判——黄岩、徽州及陕西的民事讼案研究（1874—1911年）》，北京大学法学院博士论文，2003 年，第 45-48 页。康乾时期名吏徐士林留下的判牍中，也有不少同类案件，例如"桐城县民妇金阿潘控武生章正辉案""胡阿万听唆妄告案""蒋阿陈官衿抗占案"等，即使从案例名称看，妇女起诉的案件就有 9 件，见陈全伦等编：《徐公谳词——清代名吏徐士林判案手记》，济南，齐鲁书社 2001 年版。

〔3〕　"其妇人入流法，与男子不同：虽是老小，犯加役流，亦合收赎，征铜一百斤；反逆缘坐流，依贼盗律：'妇人年六十及废疾，并免。'不入此流。'即虽谋反，词理不能动众，威力不足率人者，亦皆斩，父子、母女、妻妾并流三千里。'其女及妻妾年十五以下、六十以上，并免流配，征铜一百斤；妇人犯会赦犹流，唯造畜蛊毒，并同居家口仍配。"《唐律疏议》，刘俊文点校，北京，法律出版社 1999 年版，第 89 页。

〔4〕　（清）薛允升著述、黄静嘉编校：《读例存疑重刊本》，台北，成文出版社 1970 年版，第 980 页。

〔5〕　嘉庆二十三年，刑部议驳御史吴杰条奏各省妇女及年老废疾之人翻控审虚问拟不准收赎一折，奉旨允准，纂为定例。（清）薛允升著述，黄静嘉编校：《读例存疑重刊本》，台北，成文出版社 1970 年版，第 95 页。

倘讯明实因尊长被害；并痛子情切，怀疑具控；及听从主使、出名诬控，到官后供出主使之人，俱准其收赎一次，若不将主使之人供明，不准收赎。"[1] 从该条可知：其一，亲尊被害具控虽情有可原，但难保无借机诬告陷害之嫌，并且实际司法实践中这种情况也不在少数；其二，"痛子情切""怀疑"等俱为主观性极强的词语，很大程度上取决于审理者个人的判断。对于奉行教化息讼和"大事化小"审判策略的官员，多数并不会太较真；其三，对于主使之人，原告完全可以"无人主使"答对。从所见案件记录看，多数案件处理结果也验证了上述分析。不论是自理还是需要审转的案件，官员们都倾向于允许妇女收赎。一方面，可以避免妇女因受刑罚而导致上控的进一步升级和案情复杂化；另一方面，则可维护礼教，彰显封建王朝对于弱者的人道关怀和仁慈之心。但是妇女们对官员们的一厢情愿并不领情，她们依然活跃于这个不欢迎她们却又纵容她们的领域。

二、妇女的客观生存环境

　　清代妇女所处的社会和经济环境是其参与诉讼的主要原因之一。诉讼提起看似缘于偶然因素。但是，从一较长时段看某类案件，并对其进行综合分析有助于我们了解其中所蕴涵的规律性内容。清代女性在婚前以及婚后丈夫在世时很少有机会参与诉讼。从丈夫去世的那一刻起，妇女肩上负担遽然增大。在国法、族规以及地方习惯上，妇女从幕后走向前台。日本学者滋贺秀三先生认为："在围绕家产的权利关系上，和父的生存期间儿子的存在宛如等于无一样，夫的生存期间妻的存在也隐在夫的阴影中等于没有。即妻的人格被夫所吸收。"当丈夫去世后，寡妻则保持原样地代替夫享受其地位的权利。"像这样的妻的人格被夫所吸收、夫的人格由妻所代表的关系，我们将其称为在法律意义上的夫妻一体的原则。"[2] 滋贺先生似乎认为，这一更多适用于家庭财产权利的结论，也同样适用于讨论夫亡后寡妻关涉财产纠纷的起诉

---

〔1〕（清）薛允升著述，黄静嘉编校：《读例存疑重刊本》，台北，成文出版社1970年版，第95页。

〔2〕［日］滋贺秀三：《中国家族法原理》，张建国、李力译，北京，法律出版社2003年版，第109页。

权的性质，滋贺利用南宋时期的一个判例说明寡妻是在代替亡夫行使这一权利。[1]

　　下面这个例子可以较好说明，一个拥有财产的寡妇面对各种强取豪夺时的无奈和抗争。案 2：李徐氏之夫李世详，因财产纠纷和胞兄李世善及胞侄李代荣拘讼。同治十年九月，李世详因债务纠纷，被艾阳椿、李代荣、饶卜年以及其他数人（其中数人为李世详债务人）伤毙。案发后，刑书索诈银两，艾阳椿依斗殴律拟绞监候，李代荣依侄殴胞叔律杖一百流二千里。李徐氏认为，对罪犯处刑过轻，且怀疑艾阳椿为李代荣等人贿买顶凶，因此多次上控。李徐氏赴省上控期间，其家复被人内外串通窃盗银两首饰等物，报官后赃贼无获。其后，地界相连之钟代兴，借机恃强砍伐李徐氏柏树多棵。李世详多个生前债务人见此情景，也不愿归还所借银两。同治十二年，饶卜年等人和李徐氏发生争闹，用言辱骂，致使李徐氏京控。从该案报告来看，李徐氏家境相当富裕，致使多人多次侵凌。这是李徐氏之夫丧命和后来多次事件的主要缘由。作为寡妇，李徐氏承担着来自社会各方的压力。首先，官方认为李徐氏屡次控告，纠缠不休，给官府制造了众多麻烦，"情属刁健"。这也是后来对其依"不应重律杖八十"的处罚理由。其次，李徐氏处在一个众人对其财富虎视眈眈的环境中。夫族、邻里、债务人以及当地的士绅均对其财产垂涎三尺。再次，即使是曾一直和李徐氏站在同一条战壕里的娘家人，也对李徐氏屡次上控的行为表示不解，不愿再支持其京控。最后，正是通过自己不断控告，李徐氏达到了报仇的目的，使自己仇人受到了惩处。[2] 此外，通过看似有点"无理"甚至"悍妇撒泼"的"纠缠"，遭受欺压的清代女性利用官

---

〔1〕　与滋贺相对的则是仁井田陞先生关于中国古代家庭财产是家族共产制，财产的转移是以家庭为单位，女儿同儿子一样是家庭财产的共有者的论说。虽然仁井田没有提及夫亡后寡妻参与诉讼时的问题，但我更愿意相信，其起诉是代表现存的"家庭"，而不是故去的"丈夫"。区分的意义在于，这样能在某种程度上更能辨明女性在家庭和社会中的地位。关于丧偶妇女起诉的性质的研究尚未见有相关的论述。白凯：《中国的妇女与财产：960—1949 年》，第 8-10 页；[日]滋贺秀三：《中国家族法原理》，张建国、李力译，北京，法律出版社 2003 年版，第 338 页。

〔2〕　苏力先生曾经谈到，一个弱者面对强者欺压时为了生存和安全而不得不借助各种可能得到的智力和制度资源来对对方施以报复，"在这个意义上说，报复是一种由理智加工出来的产品"，是一种人们为保证自己生存或更好生存的精神文化产品。（参见苏力：《复仇与法律——以赵氏孤儿为例》，载《法学研究》2005 年第 1 期。）对于京控中的许多女性来说，报复更是一种生存的策略和手段。

方渠道，用自己的不屈和倔强向欺压者和潜在的欺压者予以回击，从而避免遭受更进一步的欺辱。[1]

类似案件在清代的各种判牍中并不少见。下述清代雍正年间名吏徐士林审理的一件争财案，颇能展现丧偶寡妇艰难的社会生存环境。

张言万张含万占弟妇租谷案

审得张言万、张含万，虽居国学，皆无人伦者也。

缘言万季弟张眉，娶妻江氏，仅育三女，置有庄田六处，病危之日，凭户尊序立言万次子永彪为嗣。斯时言万视六庄为几上肉，不意张眉视三女为掌上珍，遂将庄田三处，分拨于女。讵知大拂言万之欲，且亦甚非含万之心，遗嘱内均托故不押，两人老谋诚狡矣。及眉没后，未及半载，言万即将永彪唤回。去年八月，又将江氏小吴庄租谷虎踞，含万亦乘机将江氏石草冲庄稻鲸吞，致江氏情极控县。含万恃监咆哮，言万抗不质审。当经署县详请本府亲提。而言万辄敢钻营过客，袖词说情。未遂其谋，复串房作弊，希图朦混。庭迅之下，诸奸毕露。

虽据言万、含万各供江氏原有应还伊等之债，但谊关手足，即有负欠，亦当痛伊弟之沦亡，悯阿江之节操，方将周恤之不暇，何忍追呼之孔亟？甚至恃强抢稻，大肆欺凌，捏称逐继，诬及家奴，与孤寡弟妇腼颜对质，无耻无良，至此已极。衣冠中宁有是类乎？而含万所称石草冲田，抵还伊债之处，更属丧心。在他人借贷，尚不应准折庄田，岂兄弟通融，乃反可强踞产业？自揣理亏，狡称以此庄为祭田，诩诩以仗义自鸣。天下有不仁于同体，而反仗义于族姓乎？借端霸占，遁词知其所穷矣。

---

〔1〕 寺田浩明先生认为明清时期的社会秩序实际上是面临着生存压力的芸芸众生为了获得生活资料而推来挤去的多元图像。"在那样的情境下，所谓打官司的过程，就当事者而言就成了使用各种方法从不同的侧面展示对方欺压的横暴和自己不堪凌辱的惨状；就地方官而言则是通过阅读听取这些案情（有时来自当事者双方），形成双方究竟是如何推来挤去的这一纠纷实际状况之认识，并在此认识上作出判断。"[日] 寺田浩明：《权利与冤抑——清代听讼和民众的民事法秩序》，载 [日] 滋贺秀三等著：《明清时期的民间审判与民间契约》，王亚新等译，北京，法律出版社 1998 年版，第 217 页。

寺寺田先生在整体社会秩序背景下观察明清民事秩序，敏锐抓住了民、刑事案件之间的内在关联性。不论何时何地，经济纠纷没有得到恰当解决往往是很大一部分刑事案件发生的原因。[美] 布德茂：《司法档案以及清代中国的法律、经济与社会研究》，载（台湾）中国法制史学会主编：《法制史研究》，第 4 期，2003 年 12 月。

张管音等虽无殴婶实据，而恃父逞强，事所必有，本应概绳以法，故全其骨肉之谊，均行宽免，予以自新。但伊等家务，固应使其敦睦，而言万之虺蜴为心，鬼蜮其行，钻谋舞弊，玩法欺官，难以轻纵，念已俯首无词，自愿认罚，免其革究，从宽罚令自备工料，修理府学崇圣祠，以儆奸狡。江氏所有之产，悉照遗嘱译单管业。张永彪仍归江氏为子，毋得听唆忤逆。其江氏有无应偿言万、含万之债，着户尊张卧南、张克家等秉公清算，即将强收之稻抵还，不足则陆续清楚，有余则归还江氏。至张眉别有负欠，户尊议卖大树庄抵杜，但永彪既为眉子，父债子还，应听其自便。今而后，伯媳婶侄，言归于好，慎勿再起争端，操戈同室。不然，无论张眉有知，伤心泉下，即其乃父于九泉而问之，当亦痛恨此不肖子矣。除将舞弊经承责革外，江禹若讯非主唆，张快等审无吓诈，应与尹魁等均行逐释免议，录供备案。[1]

从该案看，张家应为读书之家，含万、言万俱为有功名者，家境想必不错。张氏兄弟二人在季弟新亡不久，即开始侵夺寡弟媳之产业。对于拥有田产的寡妇，亲兄弟尚且如此，其处境之艰难可想而知。无奈之下，借助官方力量来保护自己尚不失为一条无奈道路。

为谋夺财产，除上述恃强霸占外，最常见的方式还有强迫守节寡妇再嫁。一方面，可以谋取其亡夫留卜的田产；另一方面，还可获得再醮妇女的聘财。对于经济不宽裕的中下层夫家，这种情形尤其常见。让没有经济收入能力的寡妇改嫁，少一张嘴吃饭，获得的彩礼同时可以用来维持家庭生计。[2]即使在一些宗法礼教较盛的地区，强嫁丧偶妇女的现象也时有发生。乾隆二十五年，江苏巡抚陈宏谋在其发布的《保全节义示》中记载："三吴恶习：妇女守节者，亲族尊长中竟有无良之徒，或因有田产垂涎侵分。"以致"多方逼逐，令其改嫁"。[3]这样的事例在各种资料并非个例。

麦柯丽先生的精彩描述和分析丰富了我们对清代妇女主动涉讼的认识。

---

〔1〕　陈全伦等编：《徐公谳词——清代名吏徐士林判案手记》，济南，齐鲁书社 2001 年版，第 163-164 页。

〔2〕　关于寡妇生存环境以及面临压力的描述可以参见王跃生：《清代中期婚姻冲突透析》，北京，社会科学文献出版社，2003 年，第九章"丧偶妇女的生存环境及其婚姻冲突"，第 231-252 页。

〔3〕　陈宏谋：《培远堂偶存稿》卷四六，转引自王跃生：《清代中期婚姻冲突透析》，北京，社会科学文献出版社，2003 年，第 246 页。

但是，笔者以为，讼师和妇女积极参与诉讼之间存在某种关联性，但不应过分强调讼师在妇女诉讼中的作用，从而降低了对妇女被迫进入诉讼场域的环境分析的重要性。清代名吏汪辉祖曾经审理过这样一则案件。一寡妇为了对抗夫族要求其强嫁的决定，而由和自己有私情的雇工出头代告族人强迫"节妇"改嫁。最后的结果却是，寡妇自杀，雇工逃匿。[1] 我们在分析女性涉入诉讼时，不能排除女性为追求性和感情的需要而涉讼，但在明清礼法特崇的时代，究竟有多少这类案件，值得进一步讨论。[2]

三、妇女涉讼的主观目的分析

从明清时期留下的官方判牍以及司法档案来看，除上述各种外在社会压力外，女性也会出于生存、生活等需要而主动涉入诉讼。大致来说，妇女参与诉讼主要基于以下四种情况：申冤、报仇、泄忿和图赖。[3]

要想明确区分原告控告的目的是申冤、报仇、泄忿抑或图赖，并不容易。除了这些案件都是以"冤抑""申冤"的形式提起，其原因尚有二：一方面，这几个概念本身所涵盖的意义并不十分明确和统一；另一方面，从清代司法档案以及当时的一些判牍来看，当事者意图往往是多种并存，表现形式也是多种多样。在一些案件中申冤和报仇、报仇和图赖、泄忿和图赖以及申冤和图赖的情形交织在一起，很难明确区分。

（1）申冤。寺田浩明先生在对明清时期司法制度和民事法秩序分析的基础上提出"冤抑"和"申冤"的概念。他认为："关于地方官应这样的请求而从事的活动，正好对应于'冤抑'的描述之语就是'申冤'。在这类话语情境中，法官作为主持公道、惩治恃强凌弱横行霸道之辈的主体登场，使陷于'冤屈''压抑'状态的当事者一方得以'申展'，恢复到理应如此的原有状

---

〔1〕（清）汪辉祖：《汪辉祖集》，商刻羽点校，杭州，浙江古籍出版社 2021 年版，第 568-569 页。
〔2〕 王跃生先生曾经述及一个案件：因刘某两次图奸调戏，周氏向丈夫哭诉，并要求告官。其夫考虑刘某为人凶狠，劝其隐忍。刘氏不依吵闹，并私自上城，其夫被迫一道喊冤。据王跃生先生称："这是一名不甘受辱的妇女，敢于赴官府告发图奸自己之人。它是我们在个案中见到仅有的一例。"王跃生：《清代中期婚姻冲突透析》，北京，社会科学文献出版社 2003 年版，第 307 页。
〔3〕 这四种情况不仅表现在妇女作为原告的诉讼中，其他人提起的各种诉讼我们也都可以用这三种概念予以概括。

态。在那里，要求公共权力所做的就是解除'申冤无门'的状态，实现'无向隅之人'的状态。"[1]寺田先生关于申冤的描述是他所给出的明清民事法秩序整体图景的组成部分，其本身就有着严格的语境限制。在上控的语境内，申冤是指对于自己及其亲属在地方遭受不公正待遇时寻求上级官员给予纠正的行为。典型的如杨乃武小白菜案中，杨乃武之姐叶杨氏、妻杨詹氏二次京控的目的是纠正浙江省对杨乃武的错判，还其清白。申冤只能是在官方控制领域内通过公权力来完成。

（2）报仇。关于中国古代复仇的研究已有不少成果。从作为一种社会制裁制度和控制机制的复仇，到复仇背后所体现的"义"的观念，以及作为压力社会中普通民众挤来挤去生存必需的手段，现有研究向我们展示了传统社会复仇这个特殊文化产物的不同面相。[2]现有研究更多从国家意识形态、法律规定以及复仇对民间社会的个案影响来考察，强调礼法社会的两难境地。[3]有学者把报仇作为私力救济的一种，和上告官府申冤这种"公力救济"相并列，认为"有仇者未必都走上鸣冤叫屈的告状之路，亲手杀死仇人一直被许多人认为是不可替代的，假手于作为第三者的官府虽然更为简便，手刃仇人尽管充满风险，也还是以亲自报仇为最佳选择。"[4]这种情形针对明清以前

---

〔1〕　[日]寺田浩明：《权利与冤抑——清代听讼和民众的民事法秩序》，载滋贺秀三等著：《明清时期的民间审判与民间契约》，王亚新等译，北京，法律出版社1998年版，第217页。

〔2〕　瞿同祖：《中国法律与中国社会》，载《瞿同祖法学论著集》，北京，中国政法大学出版社，1998年；张守东：《申冤与复仇——中国传统法文化中的"公"、"义"与"正义"》，载郑永流主编：《法哲学与法社会学论丛（五）》，北京，中国政法大学出版社2003年版，第339-340页；苏力：《复仇与法律——以赵氏孤儿为例》，载《法学研究》2005年第1期。

〔3〕　笔者并不否认也无意否认追求"一个统一、公正、为所有受伤害者可接近的司法公权力"（苏力语）的必要性，而是认为复仇与法律的关系问题被古人和现代研究者赋予了更多想象空间。第一，论者探讨这些问题的材料大多来自《刑法志》之类的正典，它们反映的是国家意识形态的关注点而不是构成社会生活中大多数普通民众的观念。（或者，其在多大程度上代表了普通民众的观念？）第二，复仇事件大多为国家公权力无法救济时所采取的一种措施。第三，复仇案件引起轰动并不是因为担心引起后来者的效仿，而是复仇的方式（手刃仇人，食其肉，以心肝和人头祭灵痛哭而去）和报仇者的勇气（悲壮激昂）以及事件本身在视觉和听觉的刺激效应。第四，研究者没有充分考虑到复仇的观念及行为在不同社会的变化。明清时代随着商品经济的发展，基于行为成本的考虑，报仇的方式和意义并不见得一定和先秦一样。实际上苏力、寺田浩明的研究在某种程度上证明了报仇行为和方式的改变。

〔4〕　张守东：《申冤与复仇——中国传统法文化中的"公"、"义"与"正义"》，载郑永流主编：《法哲学与法社会学论丛（五）》，北京，中国政法大学出版社2003年版，第339-340页。

的社会或许成立。明清以后，随着国家公权力的强力扩张和渗透，公私观念的变化，报仇方式也发生了变化，先秦和唐代以前那种单凭一己之力复仇的"侠义"故事已经极为稀少。档案中更多展示的是通过官方之手达到复仇目的。

　　女性，特别是弱女子面对强大仇人时表现的坚韧不屈、慷慨悲壮是文学作品以及民间传说喜爱的主题和渲染的重点。从东汉的赵娥、北魏的孙男玉直至民国的施剑翘，这些故事每每让人荡气回肠，慨叹万分。但是这些事例在某种程度上并不具有代表性。多数弱女子在自己家人（丈夫、父母、儿女及其他尊亲属）遭受侵害时，国家法律不允许，她们也无法仅靠个人力量完成复仇任务。较为现实和可行的是通过诉诸官府来申冤，以实现对这些侵害行为的"报"。当官方处理结果没有达到自己心目中对"报"的期待时，往往会持续不断上控以寻求最大限度复仇。在前述案 59 程秦氏叩阍案中，我们已经看到为了惩处杀死丈夫的"真正"凶手，程秦氏在近十年的时间里时刻不忘为夫复仇，并最终实现了自己的目的。

　　（3）泄忿。如果说申冤和报仇是妇女上控的显性目的，泄忿和图赖则是隐性的。欧中坦说："清朝司法的结构性缺陷，不仅直接刺激了上诉；而且促使人们为了较隐蔽的目的而运用上诉制度。潜在的延期审理尤其具有吸引力。"[1] 清代司法判决确定性的缺失，使得一些当事人通过不断上控缠讼从而达到泄忿的目的。恶劣的监牢环境、巨大的心理压力和无休止的提审使得被告时刻面临健康甚至生命威胁。在表格一的案 20 中，我们看到一位决绝的泄忿者，周赵氏为了使其丈夫和弟弟逃避劫盗罪的惩罚，诬告执行拘捕任务的地方乡约。虽经历次审理，周赵氏均不输服，并先后五次京控，致使该案从咸丰九年第一次京控至光绪四年十月结案，时间长达二十年。该案最终以周赵氏的胜利结束，她的丈夫和弟弟虽然在监所身死，但逃避了国家刑罚的严厉处理。被控告的地方乡约也由于长期在押而身死。某种程度上，她为亲人报了仇，为自己泄了忿，还因自己的妇女身份逃脱了本应受到的法律严惩。[2]同样的，在案 28 中，蔡张氏虽然赔上了自己的性命，却使仇人因其数次上控

----

〔1〕　[美]欧中坦：《千方百计上京城——清朝的京控》，载高鸿钧等编：《美国学者论中国法律传统》，北京，中国政法大学出版社 1994 年版。

〔2〕　第一历史档案馆编：《光绪朝朱批奏折》，北京，中华书局 1994 年版，第一〇六辑，015 折。

而在押身故。并且如同上一个案件,其丈夫也因在押身故而免遭刑罚惩罚。[1]

在另外的两个案例中,来自热河的两位蒙古妇女坚持认为自己的仇家是杀害其丈夫和父母的凶手,虽然没有确切证据,官府也只好把被告监候待质。可以想象,被告最终很有可能因原告的坚持而身死狱中。[2]为了使仇家受到处罚和拖累,以泄心头之恨,告诉人甘冒承担诬告罪的巨大风险,而事实是虽然承认这些妇女因"挟忿"而诬告,但案件审理者大多仍倾向以各种理由赦免或从轻处罚她们。

(4)图赖。之所以把图赖作为引起诉讼的主观因素之一,因为此类案件较易引人注意。它对于了解明清时期社会秩序,特别是女性的社会角色有着重要作用。寺田浩明先生认为,图赖是在明清"挤来挤去"的社会中弱者获得生存资料而对抗强者的最后手段。[3]经济因素是图赖的直接和主要原因。日本学者上田信先生从对抗的角度考察图赖,对作为表征的尸体在图赖中的重要作用作了分析,并认为图赖是传统中国社会文化的一部分,"从历史学的视角来看,文本使图赖超越了地域的差异成为全国性的现象。"[4]以往研究认为,人命和尸体是图赖的条件,而处于社会弱势地位的老弱病残往往成为图赖的牺牲品。[5]清代妇女利用自己的特殊法律地位涉讼,以达到图赖的目的。例如表格一案65中,悲苦无着的王赵氏京控显然不是为夫报仇或申冤。经过审理后,官府更愿意相信,正是王赵氏之夫出于图赖(也有泄忿的可能)而指使其妻京控,或者王赵氏为了存活下去,在其他人(讼师)的帮助下巧妙

---

〔1〕 第一历史档案馆编:《光绪朝朱批奏折》,北京,中华书局 1994 年版,第一〇六辑,024 折。

〔2〕 第一历史档案馆编:《光绪朝朱批奏折》,北京,中华书局 1994 年版,第一〇五辑,948 折,表格一,案 11、12。

〔3〕 [日]寺田浩明:《权利与冤抑——清代听讼和民众的民事法秩序》,载[日]滋贺秀三等著:《明清时期的民间审判与民间契约》,王亚新等译,北京,法律出版社 1998 年版,第 204-205 页。

〔4〕 [日]上田信:《被展示的尸体》,王晓葵译,载孙江主编:《事件·记忆·叙述》(《新社会史》1),杭州,浙江人民出版社 2004 年版。

〔5〕 关于图赖的法律规定见于《大清律例》"杀子孙及奴婢图赖人"条:"凡祖父母父母故杀子孙,及家长故杀奴婢,图赖人者,杖七十、徒一年半。若子孙将已死祖父母、父母,奴婢、雇工人将家长身死(未葬)图赖人者,杖一百,徒三年半;(将)期亲尊长,杖八十、徒二年;(将)大功、小功、缌麻,各递减一等。若尊长将已死卑幼及他人身尸图赖者,杖八十。(以上俱指未告官言。)其告官者,随所告轻重,并以诬告平人律(反坐)论罪。若因(图赖)而诈取财物者,计赃,准窃盗论。抢去财物者,准白昼抢夺论,免刺,各从重科断。(图赖重罪依图赖论,诈取抢夺罪重依诈取抢夺论。)"《大清律例》,卷二六,"刑律·人命",田涛、郑秦点校,北京,法律出版社 1999 年版。

地利用了京控这种手段以获得基本的生活需求。[1] 面对诉讼中衣食无着的寡妇，即使明知其为图赖，怀抱仁义之念的官员一般也会判决对方给予一定的经济援助。[2] 寺田浩明认为这种对待图赖的态度显示出"地方官受理人民的诉讼，并不是按照某种客观的规范来判定当事者双方谁是谁非，而是揭示一定的解决方案来平息争执，进而谋求双方的互让以及和平相处"。[3] 正是官方对诉讼的态度及其解决纠纷方式决定了那些被生活所困的妇女愿意抛弃各种顾虑而走上公堂。

　　通过以上的分析，基本上可以说，清代妇女所处的客观生存环境、司法的结构性缺陷以及在具体情景下的女性主观需求是促使其参加诉讼的主要原因。

本章小结

　　一般认为，清代立法和司法排斥妇女涉讼，妇女也很少愿意参与诉讼。档案材料显示了清代妇女参与诉讼的更复杂和丰富的面向。晚清京控中的妇女不仅是传统观念中消极被动的司法参与者，在某些情况下，她们也会主动

---

〔1〕　案 64 是笔者所见一件特有意思的案件，不仅案情特别，而且处理结果更是出乎常理。因该折片不长，兹摘录于此。"查前准部咨河南孀妇王赵氏在道旁叩阍一案，将王赵氏审依圣驾出郊冲突仪仗妄行奏诉者杖一百发近边充军。因该氏供有长子王保，例应罪坐其子，请将王赵氏发回豫省就近提同王保到案讯明办理。奏奉谕旨钦遵咨前抚臣锡良行司饬查去后。兹据该署商丘县知县裘祖谔详称，该犯妇王赵氏之夫王积德原籍睢州，因王积德为其父王庆隆摈逐，携眷寄居商丘县境，不务正业。朱二黑等系王庆隆佃户，并无为匪情事。嗣王积德潜回睢州，出典地亩未成，游荡无踪。王赵氏心疑系被佃户朱二黑等谋害砌词妄控，迭次由府赴司控院批讯，均属子虚。勒传王积德未到，即将该氏交属保领管束。奉饬前因遵复查明王保早经削发为僧，随师远出。确访王积德委未被害，亦未身故，惟漂流无定，迄未查有下落。该氏既有夫男，其砌词妄控，更难保非受夫主使，应请仍俟查获王积德父子质明办理。王赵氏关提地翁王庆隆领回严加管束等情，由府呈经藩臬两司会详前来，臣复查属实，除咨刑部外理合附片陈明伏乞圣驾训示谨奏。刑部知道。"《光绪朝朱批奏折》第一〇六辑，155 折，光绪二十八年九月至三十二年四月。

〔2〕　不仅是《大清律例》，当时各省的省例也明文禁止自尽图赖，见《江苏省例》"臬政·严禁自尽图赖"；《福建省例》，"刑政例（下）·禁服毒草毙命图赖"。

〔3〕　[日]寺田浩明：《权利与冤抑——清代听讼和民众的民事法秩序》，载 [日] 滋贺秀三等著：《明清时期的民间审判与民间契约》，王亚新等译，北京，法律出版社 1998 年版，第 194 页。

涉入各种诉讼，是一群"活跃的参与者"。清代立法的模糊性规定而导致的司法结构性缺陷、妇女恶劣的客观生存环境以及申冤、复仇、泄忿、图赖等诉讼心态是决定妇女是否以及以何种形式参与诉讼的主要因素。妇女（主要是寡妇）利用以宋明理学为主导的国家意识形态造成的立法和司法上的模糊空间，通过各种诉讼策略，来为自己或隐或显的各种目的服务。面对这群不受欢迎者，官方的态度既不是一味纵容，也不是有错必究，而是在一种有限制的宽容下，灵活予以处理。

第六章

从"上控"到"上诉"——近代中国
刑事上诉制度的初步生成及其展开
（1902—1914）

传统中国有一套在程序、理念和制度上迥异于西方，却代表了世界文明发展另一高峰的纠纷解决机制。[1] 清末法治改革以来，中国踏上了一条移植西法的法制现代化之路。其中，近代刑事上诉制度取代传统中国的"上控"制度，开始在中国发芽、生根并逐步成长。这套借助固有传统资源，由东西洋移植而来的制度在今日实践中仍有较多不合和争议之处。[2] 例如，是否应该赋予刑事案件被害人上诉权、"上诉不加刑"原则为何在司法实践中屡屡被规避、案件为何"终审不终"等。[3] 若仅从比较法角度进行研讨，似乎很难真正明白问题的实际所在。但是，如果我们拉宽视野，进入历史，则发现有些问题在上诉制度建立之初就曾经出现过或者一直存在着。

为此，本部分尝试回到问题起点，探讨近代刑事上诉制度最初是如何取代传统上控而被移植入中国的。此制度在实施之初出现了哪些问题？原因何在？在简要介绍上控制度后，本书重点从制度、词语、理念三个面向分析转型之过程，并探讨移植来的上诉制度在实施中的四个突出问题：被害人上诉权、判决确定性、审级和期间。透过比较历史视角，以期对当下司法改革中的一些深层次问题有更深入的了解和认识。[4]

---

〔1〕 [日] 滋贺秀三：《中国法文化的考察——以诉讼的形态为素材》，载 [日] 滋贺秀三等著：《明清时期的民事审判与民间契约》，王亚新等译，北京，法律出版社 1998 年版。

〔2〕 陈瑞华：《二十世纪中国之刑事诉讼法学》，载《中外法学》1997 年第 6 期。

〔3〕 作为西方刑事上诉制度的核心原则之一，上诉不加刑直至 20 世纪 30 年代方为我国立法所接受。1979 年《中华人民共和国刑事诉讼法》对其予以重新确立，并延续至今。鉴于该原则背后"保障人权"的强大话语和制度压力，几乎无人公开对该原则提出质疑，但在司法实践中该原则却屡被规避或突破。批评者往往认为法官和法院职能错位、侵犯人权、违反程序，规避者则以维护公平和正确适用法律以辩护。"余金平交通肇事案"（〔2019〕京 01 刑终 628 号）中，围绕上诉不加刑原则是否适用于检察院为被告人利益提起的抗诉展开的争论，抛开文字论辩、权力角逐等因素，背后体现的恰恰是两种不同诉讼价值观之间的争锋。武小凤：《"上诉不加刑"原则在中国的立法及实践问题分析》，《刑事司法论坛》第 2 辑，2009 年。

〔4〕 从秦至清，上诉名称虽有变迁，制度内容上更多呈现出质的连续性和同一性。本书重在强调上诉制度从传统到现代的转型，不同朝代上诉制度之间的差异并不影响本书的分析。因此，姑且以清代"上控"代表传统中国上诉。需要注意的是，清代上控并不区分民事和刑事案件，本书分析主要基于刑事案件。

第一节 上控：中国传统上诉制度

案件的一次审理未必能保证判决的公正性。因此，诉讼制度相对成熟的国家，大多设立上诉制度。唯因文明程度的差异，上诉制度在各个历史阶段、不同国家的表现形态也非全然一致。我国秦汉时期已有"乞鞫"制度，判决宣读后，若当事人不服，可依法请求重审。此后，各朝代均规定了对判决不服而提起控告的制度。惟称呼不太统一，有上告、上诉、申诉、陈诉、诉冤、诉枉、诉雪、上控等。其中，更有直接至皇帝面前诉冤的邀车驾、击登闻鼓、上表申诉、叩阍等直诉。清代上控是传统上诉制度发展的最后阶段和典型代表，也是近代上诉制度建立的基础。本部分以上控制度为核心，从内容、特点和功能三方面对中国传统上诉制度作一概括性认识。

一、上控制度的主要内容

中国古代偏重实体法而较少程序法，自李悝编纂《法经》，确立了"诸法合体、民刑混同"的法典体例。清代既无专门诉讼法典，也未对上控予以集中统一规定。上控法则主要散见于律例、会典以及皇帝谕旨、通行等法律渊源之中。根据各种律典章程和司法实践，本书第二章对清代上控制度做了较细致的讨论。此处，再对此作一简要概述。

第一，上控的概念。《大清律例》规定："词讼未经该管衙门控告，辄赴控院、司、道、府，如院、司、道、府滥行准理，照例议处。其业经在该管衙门控理复行上控，先将原告穷诘，果情理近实，始行准理。"[1] 此处，上控乃向上控诉之意。当事人及其家属对于案件审理不服而逐级向上控诉于各级衙门，被称为"上控"。

第二，上控的主体。上控由案件当事人或其家属提起。当事人包括案件的原告、被告。命盗等刑案中，被害人为原告，罪犯为被告。当事人的家属也可上控。但是，老、幼、妇女、残疾、官员、士人等特殊群体上控时，须

---

[1] 马建石、杨育裳 主编：《大清律例通考校注》，北京，中国政法大学出版社 1992 版，第 873 页。

由成年的家属代诉，谓之"抱告"。不同于现代诉讼代理人，抱告人只是上控人的替身，其对诉讼基本不具有主动性；一些抱告人甚至对案情了解不多，只是代人递交诉状并承担呈诉的后果。[1]

第三，上控的层级。清代行政司法不分，地方上刑事审判层级自下而上一般包括州县、府、道、省按察司、督抚。《清史稿·刑法志》载："凡审级，直省以州县正印官为初审。不服，控府、控道、控司、控院，越诉者笞。其有冤抑赴都察院、通政司或步军统领衙门呈诉者，名曰京控。"[2] 因此，清代上控禁止越诉。对州县审判不服，可逐级上控至府、道、臬司、督抚、皇帝。无论是上控至京城上述各衙门，还是直呈皇帝的叩阍，都是向皇帝的陈诉，是最高层级的上控。

第四，上控的理由。《大清律例》规定，上控的理由主要有三个：（1）案件得不到受理或受理后迟迟不予审结，当事人可以上控。由于多数上控案件会被发回重审，当事人常常把上控作为督促地方官员审理案件的一种诉讼策略。（2）"在外州县有事款干碍本官不便控告"，即所控事项涉及本管官员时，当事人可以直接向上级控告。（3）"有冤抑审断不公"，即当事人认为案件裁判结果不公时可以上控。上述后两种情形，当事人应在上控状内将案件已经审理情况书写明白。

第五，上控的处理方式。上控案件被受理后，主要有发审、委审和提审三种处理方式。发审是案件受理机关将案件发交原审或其他相应衙门审理。委审是委派属员至案发地主导或联合审理案件。提审又称"亲审"，即对于重大案件，由上控案件受理衙门长官亲自提案审讯。被提审的上控案件很少，大部分案件通过发审、委审处理。这一点不同于现代诉讼中上诉案件只有在上级法院审理后符合法定条件时才能发回重审。

二、上控制度的重要特点

清代上控和现代上诉具有较多功能和制度设计上的相似性。相对于现代上诉制度，传统上控制度体现出以下典型特点。

---

[1]　徐忠明、姚志伟：《清代抱告制度考论》，载《中山大学学报》（社会科学版）2008 年第 2 期。
[2]　（清）赵尔巽等撰：《清史稿》卷一四四，"刑法志三"，北京，中华书局 1998 年版。

第一，上控与逐级审转覆核制并存。上控，是案件当事人因不服案件裁判结果而向上级审判机关要求复审的制度。审转覆核，是指徒刑以上案件在州县审理后，拟律详报上一审级复核，再层层上报，直至有权作出判决的审级核准后才为终审。[1] 审转覆核制的主要功能在于强化中央集权、加强对下级裁判的监督和统一量刑标准。[2] 当事人上控与否并不影响审转覆核程序的进行，因此又称"自动"或必要的复审制。[3] 与此不同，现代上诉制度遵循"不告不理"原则，没有当事人上诉或检察机关抗诉，上诉程序不能启动。

第二，上控没有明确期限限制。现代司法中若当事人在上诉期间未提出上诉，则判决发生法律效力。当事人在法定期间外提起上诉将被驳回。清代并未规定上控期间，只是要求案件审结后方可上控。实践中，当事人若对州县官的案件处理感到不公，即便案件正在审理，也有提出上控者；上控一旦被受理，上司则会介入该案的审理。[4] "就一般来说，上控无期间的限制。有至秋审鸣冤，又有临决死刑呼冤，复有已配流、充军或发遣后而上控者。"[5] 即使在案结多时后，当事人和官府只要认为裁判不公，仍可随时要求重审案件。[6] 翻阅清代司法档案和司法文牍，经常有在案结数年后又上控者，其中不乏受理者。光绪二十八年蒲城县赵金贵上控案中，赵金贵在案结两年后上控被驳不准，并非因为已过法定期间，而是按照情理判断其显系"藉命图讹"。[7] 反之，若有新证据，即使两年后也可能受理。

第三，上控围绕案件事实而展开，不涉及法律适用问题。上控主要是当事人对处理结果不服，强调的是已有决定在事实认定上的不公，从而使自己

〔1〕 郑秦：《清代地方司法管辖制度考析》，载氏著《清代法律制度研究》，北京，中国政法大学出版社 2000 年版，第 94-95 页。

〔2〕 [日] 寺田浩明：《自理与解审之间——清代州县层级中的命案处理实况》，载 [日] 夫马进编：《中国诉讼社会史研究》第十章，杭州，浙江大学出版社 2019 年版，第 441 页。

〔3〕 [日] 滋贺秀三：《清代中国的法与审判》，熊远报译，南京，江苏人民出版社 2023 年版，第 14-24 页。

〔4〕 [日] 寺田浩明：《自理与解审之间——清代州县层级中的命案处理实况》，载 [日] 夫马进编：《中国诉讼社会史研究》第十章，杭州，浙江大学出版社 2019 年版，第 415-416 页。

〔5〕 戴炎辉：《中国法制史》，台北，三民书局 1966 年版，第 186 页。

〔6〕 [日] 夫马进：《中国诉讼社会史概论》，载《中国古代法律文献研究》第六辑，北京，社会科学文献出版社 2012 年版。

〔7〕 （清）樊增祥：《樊山政书》，"批蒲城县民赵金贵呈词"，那思陆、孙家红点校，北京，中华书局 2007 年版。

蒙受冤屈。"上控而关于法条解释者，实际上未能发见。"[1] 作为上控之最高级别的京控，当事人提出控告理由也不在于法律适用而在于事实认定。[2] 在对案件处理结果不满而又必须给出理由以说服上控衙门受理案件时，不具备律例知识且无法律专业人士帮助的当事人无法指出裁判在法律适用上的问题，而只能在上控状中通过对案件事实的不断"构造"和诉冤话语的反复强调来证明自己的冤情和官员的裁判不公。相对来说，无论是案件的提起、审理还是裁判，现代上诉均从案件事实认定和法律适用两方面展开。审判级别越高，越强调裁判的统一适用法律功能。

第四，上控缺乏现代意义上的裁判终局性。裁判终局性，是指一个裁判结束纠纷、终止诉讼的能力。[3] 现代司法在理性区分实质真实（客观事实）和形式真实（法律事实）的基础上，通过审级、上诉期间等程序性机制实现裁判的终局性。清代案件当事人不服州县初审判决，可以逐级上控。就此而言，理论上只有最高层级的皇帝才是所有司法案件的最终裁判者。上控制度有利于吸收当事人不满、加强裁判的正当性，但裁判终局性缺失的直接后果是案件多年不结、拖累无辜，司法效率和公正都受到极大影响。清代中后期，为解决积案设立发审局、清讼局等制度外措施的出现，也证明传统司法在某些方面已经无法适应社会的发展需要。[4] 清末法制改革中，改革者力主模范列强学习西法，既有取消领事裁判权追求富强的外在压力，也确实看到了西方诉讼制度对于解决固有司法难题的某些作用。[5]

三、上控制度的核心功能

清代司法和行政不分，作为大一统下皇权政治的产物，上控不仅承担平

---

〔1〕 戴炎辉：《中国法制史》，台北，三民书局1966年版，第186页。

〔2〕 [美] 欧中坦：《千方百计上京城——清朝的京控》，载高鸿钧等编：《美国学者论中国法律传统》，北京，中国政法大学出版社1994年版，第473页。

〔3〕 易延友：《我国刑事审级制度的建构与反思》，载《法学研究》2009年第3期。

〔4〕 李贵连、胡震：《清代发审局研究》，载《比较法研究》2006年第4期。

〔5〕 袁世凯在谈及国家公诉制度的优点时曾说："刑事案件多由检事提起公诉，以免冤狱而省拖累，采取此制，可期庶狱之枚平，而旧日之借端讹诈及斱法、私和等事，亦即不禁自绝。"天津地方各级审判厅"试办数月，积牍一空，民间称便"。袁世凯：《奏报天津地方试办审判情形折》，《袁世凯奏议》（下），天津，天津古籍出版社，1987年，第1493页。

反冤狱的司法职能，还担负社会控制、治理信息传送、增强统治合法性等诸多政治治理功能。

第一，纠正错判。现代上诉制度的首要目的和功能是防止和纠正错判。[1]在这一点上，上控和上诉相同。道光帝曾言："各州县审断不公，致令属民上控。全在该管上司亲提审断，庶不致有冤抑。"[2]上控在平反冤狱的同时，也对下级审判衙门秉公判案起到监督作用。著名的清末杨乃武小白菜案中，没有杨乃武家人的不断上控，案件很难得以平反。[3]

第二，督查官吏。上控能使中央对地方、上级对下级进行更有效的监察、督促和治理。儒家理论认为，通过科举考试选拔出来的官员级别越高，道德水平越高，知识能力也更强。地方官员疏忽、懈怠、懒惰和贪赃枉法，被认为是引起上控的最主要原因。嘉庆十二年（1807年）五月，皇帝在一份谕旨中直接点明："近来各省告案纷繁，人但知告讦之风，起于民治刁健，而不知正由官司阘茸有以启之也。"[4]因此，一方面，国家不断强化道德宣教，借助对典型案件的运动式整顿，教育和督促官员勤于职守。另一方面，在严格的监察体制下，失职渎职者也不免监督和处分。以"治吏"而实现吏治的目的，典型体现了中国传统法律的政治逻辑。[5]

第三，社会治理。上控，特别是京控中，蕴含了底层社会的丰富信息。身处深宫的皇帝和高高在上的上层官员通过上控了解民情，构筑了一个基层社会治理信息向上传送的渠道。当然，民隐上达的同时，上控信息失实、诬告、缠讼也成为制度的副产品。通过上控的开禁及其处理，皇帝和中上层官员也向民众和下级传达了自己的治理理念。通过这种方式，司法发挥着社会治理的重要功能。

第四，增强统治合法性。上控制度的设置和对"天道正义"的反复晓谕，强化了民众和官员对皇权的认同，增强了国家统治的"合法性"。民众之所以

---

〔1〕 彭勃：《日本刑事诉讼法通论》，北京，中国政法大学出版社 2002 年版，第 369 页。

〔2〕 （清）祝庆祺等编：《刑案汇览三编》，卷 45，"控府三次不行提审饬查参办"，北京，北京古籍出版社 2004 年。

〔3〕 王策来编著：《杨乃武与小白菜案真相披露》，北京，中国检察出版社 2002 年版。

〔4〕 《清仁宗实录》卷 182，嘉庆十二年六月（下）。

〔5〕 李启成：《治吏：中国历代法律的宗旨》，载《政法论坛》2017 年第 6 期。

千方百计进京城，是因为他们相信高高在上的皇帝是至公至正的，给自己造成冤屈的恰恰是无能且道德败坏的地方官吏。

总之，上控和现代上诉在制度的目标、内容、功能、运作等方面的较多相似性，为清末民初从上控到上诉的制度转型提供了认同基础和转换载体。同时，二者在形成机理、价值理念和技术规范上的内在差异性，也使得移植而来的新制度必然会面临"排异"带来的一系列问题。这些问题有的会在较短时间内得到解决，有的只能在古今中西的碰撞、融合中得到消解。

第二节　从"上控"到"上诉"：近代中国刑事上诉制度的初建

从传统上控到近代上诉的转型，不是简单的模仿、移植和借用，而是在已有传统法基础上，随着对西方法制认识的不断深入而结合本国特点改革创新的过程。只是由于清末民初国事衰微，改革迫切，留给一干法律人的时间和改革空间极为有限，仓促之间挪用抄袭便成为不得不为的无奈之举。即便如此，时人也是尽可能在求新中努力适应中国固有传统，在变革中致力于解决本土实际问题。[1]

如前所述，传统中国并无单独的刑事诉讼法典，也未对刑事上诉制度予以专门规定。光绪二十八年，清廷开始法制变革，沈家本等人着手编纂诉讼法典，作为整个刑事诉讼制度一部分的近代上诉制度被一步步引入中国。本部分拟先略陈清末民初刑事上诉立法的演进过程，然后重点从制度建构、词语演变、观念变迁三个方面考察转型的过程。法律制度通过语言得以表达。语言由词语连缀而成。法言法语的专业性、抽象性决定了在引介外来法的过程中，法律词语的创造、翻译成为其至关重要的一环。词语输入和制度引入也反映了法治观念的变化。对于外源型法治现代化国家，法律观念转型成功与否往往决定了新构建之法律制度能否真正得以实施。

---

[1]　胡震：《亲历者眼中的修订法律馆——以〈汪荣宝日记〉为中心的考察，载《华中科技大学学报》（社会科学版）2010 年第 3 期。

一、刑事上诉程序之立法

清末法制改革中涉及刑事上诉制度的立法，共有《大理院审判编制法》《京师高等以下各级审判厅试办章程》二部审判机关编制法和《刑事民事诉讼法（草案）》《民事刑事诉讼暂行章程（草案）》《大清刑事诉讼律（草案）》三部诉讼法草案。其中，《民事刑事诉讼暂行章程（草案）》影响较小，本书不予讨论。[1] 下文以时间为序简述刑事上诉制度立法演进之轨迹。

1.《刑事民事诉讼法（草案）》（1906 年 3 月）

光绪三十二年四月，修订法律大臣沈家本等奏呈《刑事民事诉讼法（草案）》，请求先行试办。该草案民诉、刑诉合编，共五章 206 条。其中，第四章第四节"上控"用 7 个条文（第 244-250 条）对上控的提起、期限、承审官的责任等作了简要规定。《刑事民事诉讼法（草案）》乃"就中国现实之程度，商定简明诉讼法"，性质上为一时先行试办的过渡立法。[2] 该法新旧杂糅的特点表现在以下几个方面。首先，草案仍沿袭传统法律概念和术语，如"上控""公堂""供证""覆审""承审官""两造"等。其次，草案仍保留传统"纠问主义"色彩，案件原、被告均可提起上诉。再次，草案首次规定了上控期限（一月），期满后判决即发生法律效力。（第 245、78 条）最后，上控后，上级"覆审后平反或更改原判者"，原审官除贪贿、溺职等情形外，不承担法律责任（第 250 条）。从而改变了清代上控案件改判后原审官员承担拟律或错判责任的规定。作为中国近代第一部正式诉讼法，"该草案基本上，仍是依据传统审判体制与运作方式，仅是加入一些当代人权保护的诉讼法则，并未根本动摇传统的审判深层结构"。[3] 由于遭到湖广总督张之洞等人反对，该草案终遭搁置。

---

〔1〕 有关《民事刑事诉讼暂行章程》的考订情况，可参见徐立志："沈家本等订民刑诉讼法草案考"，载张国华主编：《博通古今学贯中西的法学家：1990 年沈家本法律思想国际学术研讨会论文集》，西安，陕西人民出版社，1992 年；吴泽勇：《〈民事刑事诉讼暂行章程〉考略》，载《昆明理工大学学报·社科（法学）版》2008 年第 1 期。

〔2〕 "修订法律大臣沈家本等奏进呈诉讼法拟请先行试办折"，载政学社编印：《大清法规大全·法律部》卷十一，"法典草案一"，宣统元年北京政学社印。

〔3〕 黄源盛：《民初近代刑事诉讼的生成与开展》，载《民初法律变迁与裁判（1912—1928）》，"国立"政治大学法学丛书（47），第 294 页。

2.《大理院审判编制法》(1906 年 12 月)

光绪三十二年十一月，为预备立宪，清政府先行改革官制。改大理寺为大理院，专管司法审判。为明确大理院权限编制和权责，同年十二月，法部颁行《大理院审判编制法》。《大理院审判编制法》中有关上诉制度的规定，在保留部分传统法的同时，加入了更多现代法治内容：第一，确立司法独立原则。大理院以及各下级审判机关"裁判全不受行政衙门干涉，以重国家司法独立大权而保人民身体财产"。[1] 第二，首次规定审级制度。采取四级三审制，京师地区分大理院、高等审判厅、地方审判厅和城谳局等四级，对第一审裁判不服可提起"控诉"，对第二审裁判不服可提起"上告"或"上控"。[2] 第三，建立刑事检察制度，在审判机关内附设检查局，检察官负责提起公诉、监督裁判和法律实施（第 12 条）。《大理院审判编制法》在近代中国第一次正式建立了上诉制度，确立了审检合署、司法独立等基本原则。由于法制草创，该法仍然保留了不少传统法内容，如传统司法中的上控、京控等。

3.《京师高等以下各级审判厅试办章程》(1907 年 11 月)

由于《刑事民事诉讼法》草案被迫搁置，而新式审判组织的试行又势在必行，法部"调和新旧"，拟订《京师高等以下各级审判厅试办章程》，作为临时性法规通行试办。该章程借鉴日本刑事诉讼法，以袁世凯所奏《天津府属审判厅试办章程》为基础，在内容上兼有法院组织法和刑事、民事诉讼法。就上诉制度而言，该章程主要规定以下几方面：第一，进一步系统规定了四级三审制。改《大理院审判编制法》中的城谳局为初级审判厅；除控诉和上告外，还规定对审判厅的决定或命令不服而依法提起的上诉为抗告（第 58 条）。第二，采用刑事案件国家追诉主义，但同时规定原告人与检察官、被告人、代诉人均享有刑事上诉权（第 59 条）。第三，规定了上诉期限制度。"凡逾上诉期限而不上诉者，其原判词即为确定。"（第 65 条）。[3]《京师高等以下各级审判厅试办章程》是清末唯一得以实施的具有近代程序法性质的审判法

---

[1]《大理院审判编制法》第 6 条，载吴宏耀、种松志编：《中国刑事诉讼法典百年（上册）》，北京，中国政法大学出版社 2012 年版，第 226 页。

[2]《大理院审判编制法》第 22、29 条，载吴宏耀、种松志编：《中国刑事诉讼法典百年（上册）》，北京，中国政法大学出版社 2012 年版，第 228 页。

[3]《京师高等以下各级审判厅试办章程》，载吴宏耀、种松志编：《中国刑事诉讼法典百年（上册）》，北京，中国政法大学出版社 2012 年版，第 233-244 页。

规，对清末民初刑事上诉制度建构具有重要影响。

4.《大清刑事诉讼律（草案）》（1911 年）

1911 年，沈家本等人参酌明治二十三年（1890 年）日本《刑事诉讼法》，拟定《大清刑事诉讼律（草案）》。该草案第三编"上诉"分"通则""控告""上告""抗告"四部分，对刑事上诉制度做了具体系统的规定。第一，草案改此前《京师高等以下各级审判厅试办章程》中借用自日本的"控诉"为"控告"。[1] 第二，规定原告人不再享有上诉权，检察官、当事人、辩护人、法定代理人及夫可提起上诉。第三，控告，是对初级审判厅和地方审判厅第一审终局判决不服而提起的上诉。控告可因事实问题，亦可因法律问题；对控告案件的审理，并非全面审查原则，而是采取"不告不理"，规定"控告审判衙门应就原判决中控告之部分调查之"。相较而言，针对第二审判决不服而提起的上告，只能就法律问题提出。第四，抗告。《各级审判厅试办章程》规定："凡不服审判厅之决定或命令依法律于该管上级审判厅上诉者曰抗告。"《大清刑事诉讼律（草案）》规定："不服审判衙门之决定得为抗告，"但是对于审判机关的命令以及其于判决前有关审判管辖问题的决定，当事人不得提出抗告。《大清刑事诉讼律（草案）》酌采各国通例，在学习西方法制的道路上更进一步，是清末刑事诉讼立法的集大成者。虽然未及该草案正式颁行，清廷倾覆，其内容却为民国刑事诉讼所援用和发展。其"上诉"部分内容虽未由司法部呈请政府援用，在实际司法中往往作为"诉讼法理"被大理院在判决中征引运用。

二、法律制度之构建

1. 上诉的概念

对上诉概念的认识经历了一个逐步深入的过程。清末制定的第一部诉讼法草案《刑事民事诉讼法（草案）》在概念上仍沿用"上控"一词，其第 244 条规定："无论刑事、民事案件，经公堂裁判后，原告或被告如因审讯不公或

---

〔1〕 据徐立志先生考证，此前修订法律馆编订的《民事刑事诉讼暂行章程》已经弃"控诉"而用"控告"。徐立志：《沈家本等订民刑诉讼法草案考》，载张国华主编：《博通古今学贯中西的法学家：1990 年沈家本法律思想国际学术研讨会论文集》，西安，陕西人民出版社 1992 年版。

裁判不合供证或裁判违律，心有不甘者，准其赴合宜高等公堂声明原由，申请覆审，但须先向公堂呈明。"此处不仅在用语上沿袭传统的"公堂""供证""覆审""呈明"等词语，在有关上控理由方面也和清代法律规定基本一致，强调上控应该是基于原裁判的错误不当等实质性理由，而非认为上控是当事人的一项诉讼权利。[1] 如此一来，上控人必须提供充足理由和证据证明原判决给予自己的不公，否则案件很难获得受理。相对来说，现代上诉中，上诉权人只要"不服"未生效的判决、裁定，就有权依法提出上诉，上级法院即应当受理，并引起上诉审程序。法院不得以任何借口限制上诉人的上诉理由，也不允许以其上诉理由不正确、不充分或上诉形式有瑕疵而拒绝接受上诉。[2]

随后颁行的《京师高等以下各级审判厅试办章程》则明确规定："刑事案件，由初级审判厅起诉者，经该厅判决后，如有不服，准赴地方审判厅控诉。判决后如再不服，准赴高等审判厅上告。"[3] 无论对第一审不服提起的控诉，还是对第二审不服提起的上告，上诉的理由只有"不服"二字。言下之意，上诉已经是上诉人的合法权利，而不是官府的恩赐。

《大清刑事诉讼律（草案）》则采用概括形式，在"谨案"中明确规定了上诉的概念。所谓"上诉者，指不服前审之判决，于未确定以前向直近上级审判衙门请求撤销或变更之诉而言。"[4] 上诉不同于再理（我国现行诉讼法称之为"再审"）。再理是指对已经确定的判决不服，根据法律规定请求复审。由于传统中国司法制度中并无现代通过审级制度建构的判决确定性，清代并不区分对未确定判决不服提起的上诉和对已确定判决提起的再理。因此，就承担的功能而言，我们可以简单总结为"上控 = 上诉 + 再理"。

---

〔1〕《刑事民事诉讼法》草案虽然吸收了律师、陪审、公开审判等一些西方近代诉讼原则和制度，但在总体上仍然是"依据传统审判体制与运作方式，仅是加入一些当代人权保护理念的诉讼法则，并未根本动摇传统的审判深层结构。"黄源盛：《近代刑事诉讼的生成与展开——大理院关于刑事诉讼程序判决笺释（1912—1914）》，载《清华法学》第八辑，第 84 页。

〔2〕 大理院判决例 [1914 年抗字第十三号] 载："声明上诉只须声明不服，即为有效之声明。其形式虽有欠缺，自不能妨碍其声明上诉之效力"。

〔3〕 吴宏耀、种松志编：《中国刑事诉讼法典百年（上册）》，北京，中国政法大学出版社 2012年版，第 239 页。

〔4〕 吴宏耀、种松志编：《中国刑事诉讼法典百年（上册）》，北京，中国政法大学出版社 2012年版，第 185 页。

2. 上诉的提起

（1）上诉的主体

刑事上诉的主体包括被告人及其辩护人和辅佐人、检察官。刑事案件中的被告人和刑事诉讼有直接利害关系，当然有上诉权。为保护被告人利益，被告人的辩护人可以为被告利益提起上诉。根据《大清刑事诉讼律（草案）》，刑事辩护人包括委任辩护人和指定辩护人。委任辩护人非经被告人之委任，不得提起上诉。指定辩护人为被告人利益，得声明上诉，但被告人明确表示反对的除外。辅佐人是辅助被告人进行诉讼行为的人，包括被告人的法定代理人、夫或其他在法律和事实上与被告人有利害关系且有诉讼行为能力者。辅佐人不同于代理人和辩护人。在提起公诉后，辅佐人为被告人利益，有权以自己名义独立实施被告人所得为之诉讼行为，但不得违反被告人的明确表示。

清末根据日本、德国模式，确立国家追诉主义，检察官代表国家提起公诉。无论因被告人利益或不利益，检察官有要求正确适用法律之权，当然可提起上诉。检察制度解决了传统司法中的一些顽疾性问题。如袁世凯曾言："刑事案件多由检事提起公诉，以免冤狱而省拖累，采取此制，可期庶狱之敉平，而旧日之借端讹诈及黩法、私和等事，亦即不禁自绝。"[1] 同时，被害人被排除在上诉主体之外。[2] 若被害人及其家人认为裁判不公可请求检察机关抗诉。

（2）上诉的理由

清代法律规定诉讼必须逐级进行，不准越诉。只有在案件不被受理或裁判不公时，方可上控。上控人必须在诉状中写明"不服之理由"。为了使上控

---

〔1〕　袁世凯：《奏报天津地方试办审判情形折》，载《袁世凯奏议》（下），天津，天津古籍出版社 1987 年版，第 1493 页。

〔2〕　清末制定的《大清刑事民事诉讼法》和《京师高等以下各级审判厅试办章程》均规定刑事案件受害人可以告诉，作为刑事原告，并可以提起上诉。但是随后的《法院编制法》和《大清刑事诉讼律（草案）》均排除受害人的直接上诉权，规定受害人只能请求检察机关提起上诉。民初上字第三号决定载："查《各级审判厅试办章程》第五十条、第五十九条被害人虽可为刑事原告，然颁布在后之《法院编制法》第九十条第一款规定检察官之职权有提起公诉，实行公诉等语。是已设检察厅地方按后法胜前法之公例，试办章程被害人可为刑事原告条文应失其效力，被害人既不能为刑事原告，即当然不能有上诉权。"《大理院刑事决定上字第三号》，载大理院书记厅编辑：《大理院判决录》，华盛印书局印刷，民国三年。

能够得以受理，夸大案情、渲染自己所承受之冤抑，甚至编造事实耸人听闻，往往成为上控人的一个常见诉讼策略。[1] 如前所述，清末《刑事民事诉讼法（草案）》仍规定，上控须"声明原由，申请覆审"。《京师高等以下各级审判厅试办章程》和《法院编制法》均规定，当事人只要主观上不服判决，即可提出上诉，并不要求证明上诉理由的客观真实。即使上诉理由不成立，但审理结果发现原判错误不当，也应撤销原判，作出改判。[2] 此后的《大清刑事诉讼律（草案）》则第一次明确提出"上诉权"。

清末民初采行四级三审制，对第一审裁判不服的可以提出控告，对第二审仍然不服的可以提出上告。控告的理由，法律上没有限制，可以基于事实认定、法律适用或诉讼程序等方面提出。第三审只审理法律适用问题，不涉及事实认定。因此，提起上告，应该以法律问题为理由，即认为控告审判决违法而提起上告。违法包括违反实体法和程序法两个方面。[3] 在控告范围上，上诉人可以对原判决全部声明不服，也可以仅对一部分提出控告，若未明白表示时则推定为全部控告。

（3）上诉的期限

清代并无上控期间的规定。当事人在案件审理结束若干年后仍有提起上控而被受理者。案件久讼不结，拖累无辜，成为传统法制的一大弊端。清末引进西方诉讼制度，明确规定了上诉期间，逾期不准上诉。针对控告、上告和抗告，分别规定了 7 日、5 日和 3 日的不同上诉期限。

---

[1] [日]谷井阳子：《为何要诉"冤"：明代告状的类型》，载[日]夫马进编：《中国诉讼社会史研究》，杭州，浙江大学出版社 2019 年版，第五章。

[2] 大理院判决例"1919 年上字第七九四号"。

[3] 《大清刑事诉讼律（草案）》第 390 条采用列举形式规定了违法的各种情形，具体包括："第一，推事、检察官或审判衙门书记官未出庭而行审判者；第二，法律回避之推事参与审判者；第三，被拒却之推事参与审判者；第四，审判衙门所为有管辖权或管辖错误之判决而不当者，但关于土地管辖者，不在此限；第五，审判衙门受理公诉或驳回公诉而不当者；第六，除法律特别规定外，被告人未出庭而为审判者；第七，应置辩护人之案件，辩护人未出庭而为审理者；第八，除法律特别规定外，审判衙门于已受请求之事宜不行判决及未受请求之事宜而行判决者；第九，违背公开审判规定者；第十，判决不附理由及所附理由有抵牾者。"此外，即使诉讼程序违法但与判决无关者，不得作为上告的理由。参见吴宏耀、种志松编：《中国刑事诉讼法典百年（上册）》，北京，中国政法大学出版社 2017 年版，第 194 页。

3. 上诉的审理

（1）部分审查原则

上诉审的审查范围大致包括全面审查和部分审查。全面审查是指上诉审对原审法院认定的事实和适用的法律进行全面审查，而不受上诉人提起上诉范围限制的原则。部分审查是指上诉法院只对上诉人明确表示不服的内容予以审查。[1]清末采部分审查原则，无论是在控告或上告阶段，法院只对上诉状中声明不服及其相关部分进行审查。控告审的审查范围包括事实认定和法律适用两个方面，上告审则只审查后者，不对第二审已经认定的事实问题进行审查。

（2）上诉的审理方式和程序

审理方式包括开庭审理和不开庭审理两种。清末各诉讼法规均强调原则上公开法庭审判，允许公众旁听。《沈家本等奏〈刑事诉讼律〉草案告成装册呈览折》中强调，审判公开"此本为宪政国之第一要件。盖公开法庭许无关系之人旁听，具瞻所在，直道自彰，并可杜吏员营私玩法诸弊"。[2]与此相关，清末立法规定直接言辞原则。"一为直接审理。凡该案关系之人与物，必行直接讯问调查，不凭他人申报之言辞及文书辄与断定。一为言辞辩论。于原、被两造之言辞辩论而折衷听断。自经辩论之后，于被告之一造，亦可察言观色，以验其情之真伪。"[3]清末实行四级三审制，第二审审查的范围包括一审裁判中的事实认定和法律适用两方面，除特定案件，原则上需要开庭审理。[4]由于对第二审判决不服而提起的上告审只能针对法律适用提出，法院以第二审认定事实作为裁判基础，只针对上诉状和答辩书提出的法律问题围绕进行

---

〔1〕 陈卫东、李奋飞：《刑事二审"全面审查原则"的理性反思》，载《中国人民大学学报》2001年第2期。

〔2〕《沈家本等奏〈刑事诉讼律〉草案告成装册呈览折》，载吴宏耀、种松志编：《中国刑事诉讼法典百年（上册）》，北京，中国政法大学出版社2012年版，第109页。

〔3〕《沈家本等奏〈刑事诉讼律〉草案告成装册呈览折》，载吴宏耀、种松志编：《中国刑事诉讼法典百年（上册）》，北京，中国政法大学出版社2012年版，第108-109页。

〔4〕 民国初年，由于全国未能普设法院，部分地方由县知事兼理司法。原告诉人对于县知事判决案件不服提起上诉的案件，经检察官主张或同意，第二审可以书面审理，但以事实法律无重大错误且非命劫案件为限。大理院判决例"1917年上字第九三八号"，载吴宏耀、郭恒编校：《1911年刑事诉讼律（草案）——立法理由、判决例及解释例》，北京，中国政法大学出版社2011年版，第328页。

审查，故原则上适用书面审理主义，且主要针对上诉状和答辩书进行。因此，上告审大多须有律师或通晓法律之人作为辩护人或辅佐人。

《京师高等以下各级审判厅试办章程》规定，法庭审理有单独制和合议制。单独制以审判官一人开庭，合议制则以审判官三人开庭，并需要有本厅长官派候补人员二人以上随同听审（第 28 条）。根据《法院编制法》，上诉案件采合议制，由 3 或 5 名法官组成合议庭审判（第 5 7 条）。

（3）禁止不利益变更原则的弃用

禁止不利益变更原则，在刑事诉讼法上又称"上诉不加刑原则"，是指仅有刑事被告人一方提出上诉时，法院不得改判重于原判刑罚的原则。作为现代刑事上诉制度的基本原则之一，上诉不加刑原则主要有利于保障被告人上诉权，促使下级法院严格依法裁判。1890 年日本《刑事诉讼法》第 265 条规定："若只有被告人、辩护人或法律上代理人控诉，不许将原判决变更为不利益于被告人。为被告人之利益计，而由检事控诉者，亦同。"[1] 有意思的是，清末民初立法对日本刑事诉讼法虽多有取法，而对这一原则，无论是清末的《刑事诉讼律（草案）》，还是民初的《刑事诉讼条例》均直接弃用，直至南京国民政府时期方把此一原则引入法典。对此，值得进一步深思其背后的原因。

4. 对上诉案件审理后的处理

上诉人在判决前可随时向上诉法院撤回上诉。上诉撤回后，上诉期限届满，裁判即发生法律效力。经过审理后，上诉案件的处理结果主要包括驳回上诉和撤销原判两大类。若上诉程序不合法或无正当理由，上诉法院可以直接判决驳回上诉，维持原判。例如，被告人或辅佐人提起控告而被告人不出庭者，应以判决驳回控告（第 386 条）。对于控告和上告案件，撤销原判后，上诉法院针对不同案件，分别重新改判或者发交原审或其他相关法院重新审判。

此外，清末规定了再理制度。再理是对已经确定的裁判予以复审，包括再诉、再审和非常上诉。再诉，是指对未开始第一审辩论前驳回公诉的案件，因发现新证据或事实，请求再次提起公诉的制度。再审，是指对判决确定后

---

[1] 《新译日本法规大全（点校本）》第二卷，李秀清点校，北京，商务印书馆 2007 年版，第620 页。

又发现案件事实有或可能有重大错误的案件予以复审的制度。非常上诉是对已经确定的违法判决予以复审的制度。

三、法律词语之演变

日本在引进西方法学之初，创立了大量的法学词语，其中涉及刑事上诉的就包括公诉、控诉、管辖、事实审问、诉讼、上告、再审、期限等。这些词语既有借助汉字重构新词，也有少部分沿用古文古义。[1] 明治十三年（1880年），日本颁布《治罪法》和《刑法》（日本称"旧刑法"），正式开始建立近代西方式法律体系。1887年，黄遵宪撰就《日本国志》，其中"刑法志"部分直接译自上述两部法典。黄氏《刑法志》不仅把日本西化的法制引介于国内，而且借助日本的翻译把西方（主要是法国）的法律语言介绍给中国。其后，通过日本这个媒介，西方法制、法学和法律语言开始大规模进入中国。

近代法学术语和概念的使用，也经历了一个逐步演变的过程。具体而言，大致包括三个阶段：第一阶段，法制初创之际，传统法制和法学仍占主导地位，由于各方条件限制，改革者更多是在保留传统法制的基础上对其整理、修补，以应改革之需。此时，只能以传统法律词语为主，部分借用外来词汇。第二阶段，在对西方法制和法学翻译、学习的基础上，以引进西方法为主，大规模移植日本法制和法学，采用"改换读音加以解说之法"，在较短时间内把西方近代法律概念移植到中国，顺利奠定了20世纪中国法学的语言基础。[2] 第三阶段，随着西法大规模进入中国，一部分对中西法制和语言文化均有一定了解之法律人逐渐对移植而来的这套语言体系心生不足，开始有意识从中国已有文化中寻找合乎国人习惯的替代词，用中国人自己的语言去讲述外国法学，并进而裁割外国法学构建自己的法学体系。此阶段，为在移植基础上的消化改造，以求更适合中国语境。通过细致考察清末民初上诉制度诸法律词语的变化，我们可以清楚感知上述三个阶段的变化。

---

〔1〕 李贵连：《20世纪初期的中国法学（续）》，载《近代中国法制与法学》，北京，北京大学出版社2002年版。

〔2〕 李贵连：《20世纪初期的中国法学（续）》，载《近代中国法制与法学》，北京，北京大学出版社2002年版。

1. 以传统法律词语为主，部分借用外来词汇

最早拟定的《刑事民事诉讼法（草案）》虽然引入了一些西方法制，但依然采用了大量中国传统法的概念和词语，如"上控""公堂""覆审""两造""谋杀""故杀""关提""判词""控词"等。上述词语在现代大多废弃不用。即使偶有出现，其意亦和古代用法不同。例如，古代之"谋杀"和现代刑法上的"预谋杀人"（杀人罪的预备犯）显然不同。

2. 大规模移植日本法制，外来法言法语逐渐占据主导地位

随后的《大理院审判编制法》新旧杂糅，在使用"控诉""上告""国事犯"等外来词的同时，[1] 也保留了"京控""上控"等传统词语。"控诉""上告"两词属于近代法律翻译中的"旧瓶装新酒"。二者古已有之，均用来指向官府告状，如《元典章·刑部十五·越诉》："人民词讼之剧，多有不候本路归结，越经省府按察司控诉。"在现代诉讼制度中，日本法学则赋予这两个词语特定的现代法学含义。所以，本书称之为外来词。日本 1880 年颁布的《治罪法》定义不服一审裁判提起的第一次上诉为"控诉"，不服二审裁判而提起的第二次上诉为"上告"。[2] 在此新法初入之际，为避免国人误解，当时的法学界也往往用一些中国原有的词语概念去解释和认识新法。如 1907 年由上海商务印书馆出版的《新译日本法规大全·法规解字》中，编者便用大家熟悉的"上控"来解释"控诉"和"上告"，用"申诉"来解释"上告"。但是，随着西方法学知识在中国的不断普及，上控、申诉这些传统的法学概念由于没有在日本翻译西方法学的过程中得到启用，而慢慢湮没于历史的尘埃之中。[3]

---

〔1〕 "国事犯"来自日本旧刑法（1880 年），其中第二遍第二章规定了国事罪，具体包括国乱罪和外患罪。国事罪是"关系全国安危存亡，厉害所及极大"之犯罪。对国事罪即使未遂也要处罚。黄遵宪：《日本国志》，吴振清等点校整理，天津，天津人民出版社 2005 年版，第 737 页。

〔2〕 黄遵宪解释"上告"为"上告者，最终之上诉也，谓预审及公判宣告有违律乖规者，乃求破毁厘正，苟别有矫正之道，不许辄以上告。大抵行于终审裁判者为多，其始审不为控诉及终审缺席裁判不行翻控者，并失上告之权。"（清）黄遵宪：《日本国志》，吴振清等点校整理，天津，天津人民出版社 2005 年版，第 664 页、第 711 页。

〔3〕 "不服区裁判之初审及地方裁判所之初审而上控者，名曰控诉"；"不服地方裁判所之第二审，及控诉院之第二审而上控者，名曰上告"；"不服裁判所之判决，再向上级裁判所申诉者，名曰上诉。上诉之方法有三：曰控诉；曰上告；曰抗告"。《新译日本法规大全·法规解字》点校本，北京，商务印书馆 2007 年版，第 4 页、第 66 页。

近代中国法学在诉讼词语上也直接借用"上诉""控诉""上告""抗告"等外来词汇，放弃了"上控""京控"等原有词语。

法律制度由规范构成，规范则通过语言而表达。法律语言的核心在于法律概念和词语。传统法学词语的被弃用，一方面，是因为仓促之间大规模引进、移植日本法学和法制，直接采取拿来主义，虽然有误读的风险，但效率上较高。对于急于奔向富强的国人，实在没有太多时间去仔细揣摩、比较和选择法律词语。另一方面，更主要的原因则可能是传统法律概念和现代法律概念分别镶嵌在中西不同的制度上。旧瓶装新酒并非易事，也非恰当之举。基于此，一些具有较强中国传统特色的法律词语便和旧有制度一起灭失了。例如，"冤抑"或"冤枉"这一传统上控制度中的关键概念，[1] 在现代诉讼制度就被"不服"所代替。"冤抑"强调的是不公平的事实，"不服"注重的是当事人诉讼权利。表面的相似下是两种不同理念、价值观和制度设计的差别。

3. 在移植基础上的祖述和摘拾，以求更适合中国语境

任何对外来法的借鉴，均不可能是完全的生搬硬套，更需要在固有传统的基础上，对引进内容消化、吸收和改造，以使其适应本国现实。一方面，如果不能把固有传统全盘剔除，改革者则不得不用现代法学知识对传统内容进行改造，把已有现实装进现代知识结构和理论框架中，如此则可减少改革的阻力，使外来法更易为国人接受；另一方面，在引进的知识和内容被逐渐消化后，则可以在此基础上根据本民族的语言、文化、心理特征和社会诸条件，对其进一步改造，使其更适合本国族之特点。作为法制后发国家，翻译、介绍和移植是中国近代法学的第一步，其后的祖述和摘拾则是中国人用自己的语言讲述、裁剪外国法学的开始，同时也是中国法学迈出独立的第一步。若能完成此两步骤，则未尝不可能慢慢走出"殖民法学"的境地，而创建民族的中国法学。[2]

清末法制改革也不仅是法律条文的翻译和移植，事实上，当时参与立法

---

〔1〕　日本学者寺田浩明先生从中国传统司法中提炼出"冤抑"这一概念，认为中国传统的"冤抑—平反"型诉讼是和西方"权利"型诉讼相对应的一种不同的诉讼类型。寺田浩明：《权利与冤抑——清代听讼和民众的民事法秩序》，载 [日] 滋贺秀三等：《明清时期的民事审判与民间契约》，王亚新等译，北京，法律出版社 1998 年，第 216-217 页。

〔2〕　蔡枢衡：《近四十年中国法律及其意识批判》，载氏著：《中国法理自觉的发展》，北京，清华大学出版社 2005 年版。

的诸法政人员也确曾努力于近代法制和法学的中国化。参与清末诉讼律和多部法律制定的汪荣宝，在日记中如此具体描述了自己法律创造之艰难的心境。"以民诉律内所用术语多系袭东人名词，思酌量改易。阅渡部万藏《法律大辞典》及上野贞正《法律辞典》，并参考英字，翻检经籍纂诂，反覆斟酌，卒不能一一得确译之字，始叹制作之难"。[1] 在古今中西、大陆英美之间反复斟酌去留，确非易事。法律语言中国化或者现代化也是中国法治现代化的一部分。其间，国人的努力有得有失。例如，1911 年拟定的《大清刑事诉讼律（草案）》改《京师高等以下各级审判厅试办章程》《大理院审判编制法》和《法院编制法》中沿用日本法律的"控诉"为"控告"。如此一来，控告、上告、抗告，三者均为"告"，只是所告不同。从语言上，一字改动，更合乎汉语习惯，也更易区别。[2] 1921 年北京政府颁行的《刑事诉讼条例》中，正式规定对第一审判决不服提起的上诉为"控告"。

四、法律观念之变迁

在制度设置上，传统上控和近代上诉具有很大相似性，而且一般认为后者是前者的演变。事实上，二者在一些具体制度相似性的背后，往往隐藏着观念上的较大差异。近代上诉制度引进不久，清廷便土崩瓦解。中西上诉制度之间的"貌合神离"并未有过多的展示机会。民国建立之后，围绕上诉制度发生的一系列争论及实践中的问题，某种程度上就是新制度移植后和受体排斥的反应表现。甚至，当代司法中面临的一些问题，如"终审不终"、被害人上诉权问题，上诉不加刑原则的被规避，莫不可以看到传统观念的影响。

1. 从冤抑到权利

日本学者寺田浩明用"冤抑"和"权利"分别概括中国古代和近代西方两种不同的诉讼结构模式。这一提炼的基础，来源于滋贺秀三先生有关中国法文化的整体考察。滋贺以欧洲竞技型诉讼为比较基准，认为中国清代的审

---

〔1〕 汪荣宝：《汪荣宝日记》，"宣统二年三月二十二日"，台北，文海出版社有限公司印行1991 年版。

〔2〕 如民国二年上字第一二三号判决要旨"上告人在控告审所提出之控告为一部控告，对于控告审所为判决之上告，当然以控告之部分为限，不能涉及于他之部分"。载《大理院判决录》，民国二年。

判是"父母官诉讼"。在竞技型诉讼中，当事人以预先存在的为当事人和法官共有的客观规范（"法"）为前提，向法官主张自己的权利或请求得到保护；法官通过重构案件事实，寻找法律规定，作出裁决；判决以穷尽程序而告终。与此不同，清代诉讼中并非按照某种已存客观规范来判定当事者双方的是非曲直，而是以父母对待子女方式，提示一定解决方案来平息纠纷，进而谋求双方互让以及和平相处。官员既不会在案件审理中明确区分事实问题和法律问题，诉讼也不会因"终局判决"而结束。相反，随着时间的推移和事态的发展，只要有一方觉得自己受了"冤抑"，围绕同一标的再次兴讼就成为可能。[1] 简言之，西方诉讼是根据已定的"权利"（法）解决纠纷，重在"定分"；清代审判是通过消除"冤抑"，在当事人之间达成新的平衡和妥协，重在"止争"。围绕上述观点，学界曾经展开过长期的论争。本书不拟对此展开论述，只是想选择其中一个小的角度，从古代"上控"和现代"上诉"的行为根据本身，进行简要分析，以对此问题作出一点回应。

上控是指由于地方官员的不公正裁判使自己蒙冤，从而被迫向上控诉。所谓"小民有冤欲白，始至兴讼；有冤难白，始至上控。乃讼之于有司而冤不得伸，控之于上台而冤仍不得伸，始激为京控"。[2] 逐级上控的过程，也是"冤抑"的叠加和再造过程。第一，"冤"是控的前提，无冤不得上控。否则，便是故意扰乱国家秩序，是刁民，也是国家法律严厉打击的对象。第二，对于鸣冤者，经过审理后，是否有冤，便成为其上控结果的一个分界线。如果确有冤枉，一般不予处罚；若并无冤枉，则予以重罚，且常常被视作诬告、刁控。第三，"冤抑"存在与否是一个客观问题，也是一个主观感知。相对于西方形式化的"法—权利"诉讼结构，上控人的"冤抑"很难通过逻辑性推论得以证明。[3] 一个现代法官可以宣称自己基于现有证据和法律规定通过逻辑推理作出的判决是合法的，因此也是公正的。清代官员则更多只能诉诸当事人的供结和自己所代表的"公"的意识形态。如果说在一些案情简单的案

---

〔1〕 [日]滋贺秀三：《中国法文化的考察——以诉讼的形态为素材》，[日]寺田浩明：《权利与冤抑——清代听讼和民众的民事法秩序》，二文均载 [日]滋贺秀三等著：《明清时期的民事审判与民间契约》，王亚新等译，北京，法律出版社 1998 年版。
〔2〕 《论京控》，载《申报》光绪二年八月十五日。
〔3〕 [日]寺田浩明：《权利与冤抑——清代听讼和民众的民事法秩序》，载 [日]滋贺秀三等著：《明清时期的民事审判与民间契约》，王亚新等译，北京，法律出版社 1998 年版，第 35 页。

件中，较易判定当事人是否"冤抑"。在一些证据不是十分充分的疑难案件中，通过刑讯获得当事人自供则成为必须。否则，若道德斥责和刑讯均无法消解当事人的冥顽不化，案件便无法终结。反之，若仅仅通过刑讯获得当事人一时的输服供结，又难保其不继续上控喊冤。

从功能上看，上控和上诉似乎一致，均可以保证当事人提起控诉。不同的是上诉的基点和结果。清代语境下，小民认为案件审理不公，自己有"冤"，方可提出上控。与上控不同，上诉的前提是上诉人有上诉权。现代社会，上诉权是法律赋予当事人及其家属、辩护人、代理人等因不服裁判而向上级法院提起上诉的一项法定权利，体现了寻求上级法院给予救济的主体意志和愿望。清末引进西方上诉制度，就是用上诉权代替"冤抑"。例如，传统色彩很强的《刑事民事诉讼法（草案）》中规定："经公堂裁判后，原告或被告如因审讯不公，或裁判不合供证，或裁判违律，心有不甘服者，准其赴合宜高等公堂声明理由，申请覆审。"[1] 换句话说，从理论上要求上控人必须有实质性正当理由，如审讯或裁判中存在不法问题等，否则不能提起上控。而现代刑事诉讼法中，当事人只要"不服"，便可以提起上诉。《京师高等以下各级审判厅试办章程》则删除了"审讯不公""裁判不合供证""裁判违律"等，明确规定"刑事案件，由初级审判厅起诉者，经该厅判决后，如有不服，准赴地方审判厅控诉。判决后如再不服，准赴高等审判厅上告"。[2] 实际上，就是赋予某些诉讼参与人上诉权。上诉人只要"不服"，即可提出上诉。上诉权的行使无须当事人有实质性正当理由。权利是先定的、法定的。

此外，若案件经上控后得以"平反"，当事人的"冤"得到证明，则"冤"的制造者——承审和审转官员就应该受到惩处。为预防和减少错案，督促地方官员认真办案，清代建立了以"责任连带"和"结果归责"为原则的严格的错案追究制。一方面，对于错案，承审官员和审转官员承担法定连带责任；另一方面，只要案件最终被认定存在错误，无论承审或审转官员主观上是否存在故意或过失，均须承担相应责任。[3] 与此不同，《刑事民事诉讼法

〔1〕 吴宏耀、种松志编：《中国刑事诉讼法典百年（上册）》，北京，中国政法大学出版社2012年版，第239页。

〔2〕 吴宏耀、种松志编：《中国刑事诉讼法典百年（上册）》，北京，中国政法大学出版社2012年版，第239页。

〔3〕 白阳：《清代错案追责制度运行中的困境及原因探析》，载《浙江社会科学》2019年第7期。

（草案）》第250条规定：在上控后，上级"覆审后平反或更改原判者"，原审官除贪贿、溺职等情形外，不承担法律责任。

2. 从督查到裁判

上控人在表征自己冤抑的同时，也含有对地方官员失职的控诉。中央政府通过京控督查地方政府，上级政府通过上控督查下级政府。传统封建王朝，司法的首要目的在于维护社会秩序，保证国家安宁。官员在裁判时必须服从这个最高目标。无论是讲求"国法"，还是"天理""人情"，根本上都是为了止争。上控不仅是司法救济的途径，同时也承担着社会控制和督查官吏的功能。皇帝对地方官员的道德品质和包括法律知识在内的执政能力保持高度的警惕。上控和京控的多少往往被视为官员治理能力，甚至是其道德水平高低的衡量标准。嘉庆帝认为，"小民健讼刁风，故不可长，若一概禁遏，使民隐不能上达，亦恐覆盆之冤无以上伸。息讼之道，全在地方大小官吏勤于听断。果能案无留牍，曲直较然，政平讼理，上控之风，将不禁而自息"。[1] 也就是说，之所以有上控，是因为地方官怠于职守，不勤于听断。通过上控和"逐级复核"制，清代实现了上级对下级司法的督查和控制。现代上诉制度中，"独立司法""不告不理"、事实审和法律审的分离等制度使得上级法院对下级法院虽有监督权，政府对法院和法官却无控制之权。上诉案件审理后，即使出现冤错案件，除非故意或过失，原审法官也不须承担法律责任。

从上控到上诉的转变，在理念上，除了"冤抑"到"权利"，监督到裁判的变化之外，其他需要提及之处尚有多点，如从强调判决实体正义同时开始注重程序正义，变传统的纠问式诉讼模式为告劾式模式，区分公诉、私诉，分别事实审和法律审等。数千年制度至此一变，其中需要细细梳理者甚多。

第三节　民初刑事上诉制度实施中的几个问题

民国初建，国体虽有变更，清朝法制改革的成果却基本得以继承。民国元年三月十日，临时大总统袁世凯下令在民国法律未经议定颁行前，所有从

---

〔1〕《清仁宗实录》卷三四三。

前施行之法律及新刑律除与民国国体抵触各条外，其余均暂行援用。清末法制改革废除了传统的上控和京控，代之以统一的上诉制度。一来，该套制度基本上完全承袭自外国，与本国传统差别甚大；二来，清末法制改革甚为仓促，制度引进虽初步完成，但初建的这套司法体制并非来源于中国社会的自然发展，在移植之后其必然面临与传统法制观念、习惯的冲突和融合问题。移植而来的制度如何在一个新土壤中生长、发展并融合为社会的有机组成部分，成为民初司法的重要问题之一。

本节选择当时司法实践中的一些突出的典型问题，重点讨论上诉制度在民初实际实施中的具体情况及其存在的问题，包括被害人上诉权、判决确定性、审级等，希望借此再现中国刑事上诉制度转型之艰难过程，并透视转型成败背后的政治、文化、传统、心理等深层次因素。

一、被害人上诉权

清律规定："军民人等遇有冤抑之事，应先赴州县衙门具控。如审断不公，再赴该管上司呈明。若再有冤抑，方准来京呈诉。"[1] 简言之，百姓只要认为有冤，在地方上无法得到平抑，均可上控。对于案情较重的刑事案件，受害人及其亲属更是大多数上控案件的呈告者。然而，现代诉讼制度中民、刑分立，刑事案件被认为是对国家利益的一种侵害，刑事案件的侦查、起诉均有专门机关负责。清末法制改革取法大陆法系，刑事诉讼由检察厅提起，受害人及其亲属对于审判结果不服必须通过检察厅提起抗诉，而不能以自己名义提起上诉。民初沿用清末的《法院编制法》，规定对刑事案件判决不服的上诉只能由检察机关提起。被害人没有上诉权，缘于民初刑事诉讼采国家主义，控辩式诉讼取代传统的纠问式诉讼。[2] 设立专门的检察机关，由代表国

---

〔1〕《大清律例》，卷三十，"越诉"，田涛、郑秦点校，北京，法律出版社 1999 年版。

〔2〕 中国传统诉讼虽有"命盗重案"和民间"细故"的区别，但并无民、刑案件的明确区别。案件一般按照可能处以刑罚的轻重，由不同级别衙门掌握最终的决定权。但如果从诉讼职能区分的角度来看，中国古代的诉讼制度大致可以归入纠问式程序的类型。二者具有一些共同点：都是为了维护统治秩序的需要；侦查、追诉和裁判职能不分；司法的主要功能不是为了居中裁判而是为了维护社会秩序等。当然，中国古代的诉讼程序也和西方严格意义上的纠问式程序有较多的区别。陈瑞华：《刑事审判原理论》北京，北京大学出版社 2003 年版，第 192 页。

家的检察官垄断行使起诉权，强调被告人的主体性，赋予其在诉讼中较大的权益。检察制度的建立排除了被害人在一审（自诉案件除外）程序中的诉讼权和在上诉案件中的上诉权。这一点和中国传统法规定及民众的一般社会心理相差较大。中国传统诉讼中十分强调被害人的告诉权，虽然国家设置有自动上报案件处理结果的"复核制"，然而在实践中有相当一部分获得平反的案件，往往是通过被害人或其亲属的上控实现的。民众对于只能由检察官代表被害人提起上诉的制度，十分不适应。民初学者徐朝阳对此颇有微词："惟值此注重民权时代，举凡被害者均须先向检察官告诉，苟未经检察官起诉者，即不得受法院正式之裁判，揆诸保护人民法益之本旨，容有未周。"[1]

就该制度的实际施行情况来看，也存在较大的问题。在民国二年大理院所作出的 25 件刑事上诉决定书中，因被害人提起上诉被驳回的就占 5 件。[2]虽然比例不是很大，但可以看出当时的民众对于这种规定并不是很能理解，也不甚认同。民国大理院的第一份刑事上诉决定书就是对此问题的处理，兹录原文，以观其时国家对此类问题的态度。

大理院刑事决定二年上字第一号（二月十七日）黄邓氏等对于广东高等审判厅就该上告人等籍学骗财案件所为判决不服上告一案：查现行规例已采国家诉追主义，上告权惟属于检察官及不服第二审判决之被告人，若被害人则无上告权。本案判决无论是否适法，广东高等检察厅检察官及被告人均逾期未经声明上告，被害人陈汉英等依法既不能有上告权，其声明不服之处，本院碍难受理，故特为决定如右：上告驳回。[3]

同样的问题也见于当时各地方审判厅。民国二年，广东高等审判厅咨文大理院，言及"查本厅接管刑事上诉案件，凡二百余宗，而不合诉讼程序者，什居八九，就中以逾期上诉，及被害人上诉为尤多"。其中缘由在于"期间"以及"被害人无上诉权"的规定与传统观念和制度格格不入。在对广东高等审判厅的答复电文中，大理院再次重申了刑事被害人无上诉权的规定。[4]直

[1] 徐朝阳：《刑事诉讼法通义》，北京，商务印书馆 1930 版，第 262 页。

[2] 大理院书记厅编辑：《大理院判决录》，华盛印书局印刷，第 1～10 册，民国二年各月出版。

[3] 大理院书记厅编辑：《大理院判决录》，华盛印书局印刷，第 1 册，民国二年二月出版。

[4] 郭卫编：《大理院解释例全文汇编》，"统字第一五六号"，上海会文堂新记书局，民国二十年。

至今日，被害人是否应该被赋予上诉权问题仍然存在争论。主流诉讼法学理论出于诉讼平衡的考虑，不主张赋予被害人上诉权；然而，现实社会中受各种因素的影响，当被害人无法在刑事上诉中获得一席之地时，他们往往会寻求诉讼外的解决途径，如通过上访获得问题的解决等。一项移植而来的制度如果和现行的国情民俗格格不入，即使民众暂时逼迫自己去适应，一旦有另外的释放渠道，该制度的实施效果就可能受到影响。[1]

二、判决确定性

古代已有"判决"一词。《南史·孔觊传》载："虽醉日居多，而明晓政事，醒时判决，未尝有壅。"清代昭梿的《啸亭杂录·伍弥相公》有"及判决事，公素持大体，事无稽迟"的记录。但其中的判决均非司法裁判，更多是指处理政务、作出决定。现代意义上的判决，是司法机关就所审理结束的案件作出的决定。判决一旦经过法定期限未提出上诉或穷尽上诉程序，便发生法律效力，即为确定判决。除非特殊情形，不得任意更改或撤回。

清末实行四级三审制，对判决生效作出了明确的规定。时人对判决有了较清晰的认识。如解释"确定判决"为"判决不服，准其上诉。然上诉有一定之期限，过期不准，故判决已经过上诉期限者，及经第三审判决者。名曰确定判决"。[2]"终局判决。裁判官对于讼案，经此判断而终结，不再为之审理者，名曰终局判决。"[3]

---

〔1〕 当受害人及其亲属认为公权力并不能给自己提供看得见的司法公平和正义时，通过私立救济实现自己心目中的公平和正义会成为相当一部分人的选择。上访在某种程度上也可以被看作私立救济的一种，事实上由受害者及其亲属提起的上访在上访案件中占有相当大的比例。黄源盛先生从民国初年特定的历史情境出发，认为"民国初年以提起公诉之权，专属于代表国家的检察官，俾不为权势者所倾，除法理的考量外，着眼点或系为契合当时的社会环境"。黄源盛：《民初近代刑事诉讼的生成与开展》，载氏著：《民初法律变迁与裁判（1912—1928），国立政治大学法学丛书（47），2000年。

〔2〕《新译日本法规大全·法规解字》点校本，北京，商务印书馆2007年版，第103页。

〔3〕《新译日本法规大全·法规解字》点校本，北京，商务印书馆2007年版，第113页。

　　相对而言，中国古代并无现代意义上的判决确定性。[1] 滋贺秀三先生认为，"作为欧洲刑事诉讼本质要素的判定这一契机"在清代司法中是完全缺乏的。[2] 也就是说，虽同为"判决"，传统中国和西方对其的理解并不相同。大致来说，包括以下几个方面：第一，对于轻微刑事案件，地方官员的判断必须得到当事者一定的认同，如提交"遵结"或"甘结"等，方具有终结案件的含义。第二，对于"命盗重案"，官员必须获得被告的口供才能定罪。口供不是作为证据而存在，而是定罪的前提。第三，对于徒刑以上的案件，作为初判者的地方官员只能"拟判"，提出参考性判决意见，而无权作出最终决定。案件必须经过"逐级复核"后方能最终确定。第四，即使是在裁决作出若干年后，当事人也可能通过不停地"翻异"上控，促使官员改判。[3] 上述情形集中指向一点："法官的任何判断都不具有形式上的确定力。"[4] 简单地说，官员的判决不具有现代司法意义上的终局性。[5] 这是为什么滋贺等日本学者认为中国古代的司法更近似于行政意义上的调解的原因。

　　深入比较考察清代诉讼结构和近代西欧"竞技型诉讼"形态后，会发现清代司法并非没有确定性。滋贺秀三先生以西欧"竞技型诉讼"作为研究清代司法的比较基准。近代西欧司法强调客观理性，认同判决的相对正确，通

---

〔1〕　关于中国古代法的"确定性"问题，此前曾经是学界讨论的焦点。双方围绕古代司法是否是"卡迪司法"展开论争。论者基本上把古代法的"确定性"等同于司法的确定性，进而演为司法的客观性，再进一步简化为韦伯的"形式理性"理想型。讨论的前提是何谓"确定性"以及何种"确定性"。实际上对于法律的确定性的研究，仍有较大研究空间，需要对"确定性"的概念产生，具体内涵，构成要素以及背后的文化差异及其差异进行系统的探索。

〔2〕　[日] 滋贺秀三：《中国法文化的考察——以诉讼的形态为素材》，载 [日] 滋贺秀三等著：《明清时期的民事审判与民间契约》，王亚新等译，北京，法律出版社 1998 年版，第 10 页。

〔3〕　"康熙三十几年覆准：奸徒包揽词讼，有不由州县，径行奔赴上控者；有已经结案多年，希图翻案者；有污蔑问官、牵告衙役、罗织多人者。此等讼棍应按光棍例定拟，以儆刁风"。（清）昆冈等修、刘启端等纂：《钦定大清会典事例》，卷八一九，"刑部"，载《续修四库全书》编纂委员会编：《续修四库全书》，上海，上海古籍出版社 2003 年版。

〔4〕　王亚新：《关于滋贺秀三教授论文的解说》，载《明清时期的民事审判与民间契约》，王亚新等译，北京，法律出版社 1998 年版，第 107 页。

〔5〕　美国大法官 K.R.Handley 是如此定义"终局性"概念的：只要判决可能被重新审判和撤销，则该判决即为临时性的，不能作为有既判力的判决。终局性的概念在大陆法系体现为既判力规则，即由有审判权的法院对实质性问题作出的终局性判决对于双方当事人及其他利害关系人（privies）是结论性的，据此构成对涉及相同请求、要求或诉因的后来诉讼的绝对禁止。参见傅郁林：《审级制度的建构原理——从民事程序视角的比较分析》，载《中国社会科学》2000 年第 4 期。

过审级、期限等程序性规定构建的"终局性"来保证判决在形式上的客观确定性。与此不同，清代司法追求案件的客观真实，强调判决应符合"情理法"实质正义观并得到当事人主观认同而实现确定。所以，清代司法更多表现为"主观确定性"。当然，西方司法判决也不是绝对确定不变的。在某些情况下，对已经生效的判决，可以通过再审等程序予以改变。所以，在司法确定性问题上，以清代为代表的传统司法和近代司法之间并非非此即彼，而是在表现形式上的不同。[1]

三、审级

清代虽然也规定案件必须由州县逐级上控，不得越诉，但是对于确有冤抑的当事人，如果甘冒被处刑（笞五十）的危险，案件也可能引起上级官府的注意而使问题得以解决。对于现代司法来说，越过相应的司法机关，即使案情属实，原判决不当，相应机关也不会受理。民初大理院曾经多次强调，大理院不受理直接提起的诉讼以及未经高等厅判决的案件。民国元年的"外省民事上告案件应由原审衙门转送通告"云：

民事上告案件除在京师高等审判厅判决者，得由上告人或代理人赴院呈递上告状外，其各省上告案件概由当事人在原审衙门呈递上告状，如声明上告已逾上告期间或在高等厅已为终审，及未经第一审第二审径行对于本院请求审理者，均由高等审判厅以决定驳回，并将决定书送达当事人。[2]

中国古代司法和现代司法的一个重要区别就是现代审级制度的存在。中国古代司法中看似也有审级制度。如《清史稿·刑法志》："凡审级，直省以州县正印官为初审。不服，控府、控道、控司、控院，越诉者笞。其有冤抑赴都察院、通政司或步军统领衙门呈诉者，名曰京控。"[3]如果仅仅把审级看

---

〔1〕　胡震：《清代司法判决确定性研究——以终局性为核心》，《清华法学》2022年第5期。

〔2〕　"元年十一月十六日大理院特字一二号"，余绍宋编：《司法例规》，北京司法部民国十一年，第946页。

〔3〕　古代中国法典，如《唐律疏议》《大清律例》等并无"审级"一词，法律条文中较早出现该词是在1910年颁行的《各级审判厅试办章程》中。《清史稿·刑法志》编纂于民国时期，其时"审级"等法学语词已经普遍使用，是以编纂者未加深思，直接沿用。（清）赵尔巽等撰：《清史稿》卷一四四，"刑法志三"，北京，中华书局1998年版。

作是审判的级别，是民众对下级司法机关的裁判不服而向上提起诉讼的制度，则中国古代可以说是有审级的，且其审级之复杂和精致绝不亚于任何西方国家。然而，如果我们按照近代西方诉讼法意义上的"审级"概念，特别是审级制度背后的价值理念去衡量古代的审级制度，便会发现中西之间在审级上其实乃似是而非。二者在表面的相似下，掩藏了深层次的差异。

有学者认为，"比较法考察和历史考察表明，各国审级制度的建构思路以立法者对于司法统一性、正确性、正当性、终局性、权威性等价值目标的认同为基础"。[1]具体而言，是指通过审级制度维护司法统一，保证裁判正确，保障司法确定性，增强判决正当性。如果说中国传统的上控和"逐级复核"制在促进规则治理（法律统一使用）和"纠错"（保证判决正确）方面，和现代上诉制度一样发生作用的话，[2]司法终局性的缺失，却是二者最大的区别。中国古代司法对案件事实真相的绝对追求，对实质正义的锲而不舍，恰恰是以牺牲司法的终局性为代价的。而司法的终局性又恰恰是审级制度最核心的内涵和最基本的特征。[3]

现代诉讼法学认为，审级制度是指法律所规定的审判机关的级别以及案件应经过几级法院审判才告终结的制度。[4]就审级的构成要素而言，其主要强调的是法律所规定的审判机关在纵向组织体系上的层级划分关系，以及诉讼案件最多经过几级法院审理后，判决或裁定即发生确定力的诉讼法律制度。[5]简单来说，审级制度可称之为"Ｘ级Ｙ审制"。"Ｘ级"是指一国法律制度中司法机关中可以分为几个层级，是有关上下级法院的纵向设置及其相互关系

---

〔1〕　傅郁林：《审级制度的建构原理——从民事程序视角的比较分析》，载《中国社会科学》2000 年第 4 期。

〔2〕　于明：《司法审级中的信息、组织与治理：从中国传统司法的"上控"与"审转"切入》，载《法学家》2011 年第 2 期。

〔3〕　"以重复审判的方式追求司法的正确性和正当性必须以维护司法终局性和权威性为前提，否则，这种追求以破坏终局性为代价，案件的审判次数越多，则司法的正当性和权威性越少。判决不被随意推翻，是审判权威最基本和最本质的内容，司法的终局性作为审级制度的核心内涵，它以司法的统一性、正确性和正当性为基础，又反过来决定着司法的正当性和统一性。"傅郁林：《审级制度的建构原理——从民事程序视角的比较分析》，载《中国社会科学》2000 年第 4 期。

〔4〕　陈光中主编：《刑事诉讼法学》，北京，中国政法大学出版社 1999 年版，第 486 页。

〔5〕　尹丽华：《刑事上诉制度研究——一三审终审为基础》，北京，中国法制出版社 2006 年版，第 23 页。

问题。其具体设置和国家政治体制、历史传统、地理环境等密切相关，往往和行政层级相契合。"Y审"规定了当事人的上诉权以及与此密切相关的案件可经历的审级次数问题，其更多体现了国家司法权的纵向配置，受纵向国家权力结构影响较大。清代司法中，对审转覆核案件规定了不同案件的审转层级，但对于上控案件则无审级的限制。换言之，如果说清代也有审级，则只有"X级"而无"Y审"。

四、诉讼期间

上诉和审级制度密切相关。审级制度是由诉讼期间等一系列的技术规范构成的。为了保证诉讼活动的正常进行，及时正确地处理案件，并保护诉讼当事人的诉讼权利以及公民人身权利不受非法侵犯，现代诉讼法均对诉讼期间作出明确规定。诉讼期间是指诉讼参与人完成某项诉讼行为必须遵守的法定期限。上诉期限乃期间的一种，具体是指当事人及其法定代理人不服法院的判决或裁定，向上一级法院提起上诉时必须遵守的法定期限。

清代司法追求"案情确凿、引断允协、罪名恰当"，发现事实、正确定罪处刑是其核心，并无上诉期限的规定。只要发现新的证据，任何时候提出都可能再次启动审判程序。清末法制改革引进西方的诉讼制度，《刑事民事诉讼法（草案）》首次规定上控期限为一个月，"凡宣告判词经过上控期限方为决定"（第78条）。《京师高等以下各级审判厅试办章程》把刑事上诉期限缩短为5日，并规定"凡逾上诉期限而不上诉者，其原判词即为确定"。上诉期限的存在保证了判决的"确定性"，一定程度上减少了传统司法中翻控不已，缠讼不休的情形。但是从当时的施行情况来看，好像并不理想。

民国二年二月十七日，大理院就"黑龙江高等检察厅检察官对于同级审判厅就张广志杀人案件所为判决声明上告一案"作出决定，驳回上告。其理由为："查现行例规，刑事上告不得逾十日，本案在黑龙江高等审判厅于中华民国元年十月初八日判决，该上告人于同月二十八日提出上告，是对于已确定之判决为通常之上告，其上告程序不得谓为合法。"[1] 其实，不仅是一般民

---

〔1〕　大理院书记厅编辑：《大理院判决录》，第1册，华盛印书局印刷，民国二年。

众,即使是当时代表国家行使刑事上诉权的检察官,也对上诉期限相当隔膜。在民国二年大理院作出的 25 件决定中,除了 1 件关于大赦和 5 件驳回被害人上诉,其余 19 件均为因超过上诉期间被驳回的案件,其中被驳回者既有刑事案件中的受害人,也有代表国家的检察官。[1]

从上述几点来看,随着司法和行政的分立,各级审判机构的成立,特别是现代西方司法制度的引进和实施,原有的上控逐渐被新式的上诉所取代。虽然二者在制度形态上存在一定的相似性,但制度背后价值追求的不同以及具体技术规范上的差异,使得民初上诉制度在司法实践中出现了较多问题。不同问题,解决方式也不同。技术性规范的扞格不合可以通过知识普及、制度改进获得一定程度的解决。上诉期间这种表层次问题,随着法律规则的进一步普及和强化,会得到较好遵守。[2] 对于是否应给予被害人上诉权的问题较为复杂。学界以往对是否应该赋予被害人上诉权往往通过是或否的对立方式进行判断、争论,未能解决问题。刑事和解制度上的创新较大缓解了这一问题。[3] 对于判断确定性、审级制度这些更深层次的问题,则需要较长时日去解决。党的十八届四中全会提出,要"完善审级制度……实现二审终审",说明在现代审级制度的完善方面还有许多工作要做。制度完善,并非一日之功,只能在具体的改革实践中不断推进。

本 章 小 结

作为一种法律救济途径,传统上控制度历史悠久。在制度设计、价值理念、追求目标等方面,上控和现代上诉既有较多相似,又有本质差异。清末法制改革,引进西方法制,变"上控"为"上诉"。上诉制度开始在中国生成,这个过程不是单纯的法律移植,而是在传统基础上的变革。清末法政人在变法改制中,并非完全拿来照搬,而是在充分体察国情基础上,对西法有

〔1〕 大理院书记厅编辑:《大理院判决录》,第 1 ~ 10 册,华盛印书局印刷,民国二年。
〔2〕 当然,司法上的时间也牵涉到复杂的中西时间观的转变,时间观又和农耕社会、工商社会等社会形态密切相连。黄兴涛:《序 探究近代中国的时间之史》,载湛晓白:《时间的社会文化史——近代中国时间制度与观念变迁研究》,北京,社会科学文献出版社 2013 年版。
〔3〕 陈卫东:《构建中国特色刑事特别程序》,载《中国法学》2011 年第 6 期。

所取舍，借鉴吸收。即使如此，制度初建时仍然表现出较大不适应性。究其根源，在于两种异质性的法律文化在许多方面的差异。其中，既有语言、制度和理念上的差异，也有体制上的不同。

考诸西欧历史，西方近代上诉制度是在民族国家建构过程中逐渐形成的。由于中世纪以来西欧王权弱小，国家建构与相应政治治理更多地是由司法而非行政完成的，其中上诉制度的确立与发展扮演了至关重要的角色。推动上诉制度建立的主要动因，并非仅仅是对正义的追求，更多来源于中央统治者对于地方等级化控制的需求。司法审级在诞生之初，更多地是为了实现王权对于地方司法的渗透与控制，而作为民族国家的整合机制出现的。随着现代国家兴起，积极政治功能逐渐从司法领域中淡出，更多地交由新兴的科层制行政体系。法院不再是国家社会秩序和公共安宁的守护者，而成为法治和正义的维护者。在刑事诉讼中，法院不再是以探求事实真相，惩罚犯罪为目的，而是要对受到国家追诉机构指控的公民是否承担刑事责任问题作出客观、公正的权威裁决。相应地，上诉制度也不再专注于行政控制，而更多是对于案件事实及相关规则的关注。[1]

反观上诉制度在近代中国的生成，则是在民族国家建构的大背景下经由外力移植而成。上诉制度是作为法制一部分进入中国的。法治现代化的首要目的，小而言之，是为商战，为收回法权；大而言之，通过建立民族国家，实现"富强"之梦。[2]

---

〔1〕 于明：《司法审级中的信息、组织与治理：从中国传统司法的"上控"与"审转"切入》，载《法学家》2011 年第 2 期。
〔2〕 徐迅：《民族主义（修订版）》，北京，中国社会科学出版社 2005 年版，第 219-226 页。

第七章

清代司法判决确定性研究

2014 年《中共中央关于全面依法治国若干重大问题的决定》明确提出，要完善审级制度，通过诉访分离等措施解决司法确定性问题，"实现二审终审"。针对此问题，研究者从审级设置、司法环境、权力配置等方面进行了广泛的理论研究。[1]实践中，近年来刑事领域中的刑事和解、认罪认罚从宽等一些与中国传统法律文化暗合的制度改革在一定程度上缓解了判决的不确定性问题，案件服判率得到较大提升，取得了较好的法律和社会效果。[2]上述改革措施的成功经验之一就是从我国当前司法实际出发，充分考虑民情，找到了一条适合自己的"中国方案"。

如果我们扩大研究视野，会发现判决确定性问题在中国历史上，至少在清代已经存在。[3]一些案件在判决作出若干年后，当事人通过不停"翻异"上控，希求改判。[4]如何理解和解释这种独特的诉讼现象？学者给出了不同的答案。其中，日本著名学者滋贺秀三先生提出的"判定"论被认为是较具解释力的理论。他认为，西欧"竞技型诉讼"中的判决从本质上被认为是"神示"（oracle）。虽然承认绝对的、终极的正确判决的存在，但人类认识能力的有限性决定了特定时空下的判决只能把通过一定最优化程序获得的结论作为真实本身。因此，具有神示意味的判决应该也必须是具有确定性和终局

---

〔1〕　胡昌明：《"终审不终"现象的成因与消解——确立司法终局性的法律和社会双重路径》，载《法学方法论论丛》2014 年第 2 卷。
〔2〕　江苏省南京市中级人民法院课题组：《认罪认罚从宽制度的审判实践与思考——以 10273 例刑事判决为研究样本》，载《人民司法》（应用）2018 年 34 期。
〔3〕　[日] 夫马进编：《中国诉讼社会史》，范愉、赵晶等译，杭州，浙江大学出版社，2019 年，第 3-111 页。
〔4〕　"康熙三十九年覆准：奸徒包揽词讼，有不由州县，径行奔赴上控者；有已经结案多年，希图翻案者；有污蔑问官、牵告衙役、罗织多人者。此等讼棍应按光棍例定拟，以儆刁风。"《清会典事例》卷八一九《刑部》。

性的。[1] 与此不同，清代司法本质上是一种"教谕式调解"，完全缺少"判定"这一西欧刑事诉讼的本质要素，判决也不具有强制性和确定性。[2] 滋贺先生上述讨论浮现着马克斯·韦伯的影响，某种程度上是把中国古代司法置于和欧洲近代司法相对立的"非理性"一极。[3] 滋贺先生上述观点虽然受到黄宗智先生的挑战，但由于对解释清代司法裁判"屡断不休"现象具有较强解释力，得到寺田浩明、欧中坦、兰德尔·爱德华、於兴中、王亚新、季卫东等中外学者的呼应和认同。[4]

本部分在检讨滋贺先生判定观的基础上，试图提出清代司法虽然缺少西欧以程序保障实现的"客观确定性"，但因为其判决符合"情理法"的实质正义观并得到当事人的主观认同而表现为"主观确定性"。进言之，中、西判决确定性的差异和司法正义观密不可分，且部分可以借助时间观理论得以论证解释。[5] 本章分为四部分：第一部分以滋贺先生的判定观为中心，讨论判定的概念、内涵以及清代中国缺少判定的表现；第二部分讨论支撑判定的两个核心程序因素——上诉期限和审级，及其在清代司法中缺失的根本原因；

---

〔1〕 极端表现可见于英国在 19 世纪 70 年司法改革之前对于刑事上诉的排斥。（Ken Whiteway, The origins of the English court of criminal appeal, *Canadian Law Library Review*, pp.309-312）甚至 20 世纪 80 年代著名法律史学者卡内冈仍然慨叹："长久以来对上诉的排斥心理，在某些场合还是若隐若现。"[比]R.C. 范·卡内冈：《法官、立法者与法学教授——欧洲法律史篇》，北京，北京大学出版社 2006 年版，第 5 页。

〔2〕 [日] 滋贺秀三：《中国法文化的考察——以诉讼的形态为素材》，王亚新等译，载 [日] 滋贺秀三等编：《明清时期的民事审判与民间契约》，北京，法律出版社 1998 年版，第 10 页。

〔3〕 徐忠明：《清代中国司法类型的再思与重构》，载《政法论坛》2019 年第 2 期，第 47-69 页。

〔4〕 [日] 寺田浩明：《清代民事审判：性质及意义——日美两国学者之间的争论》，载 [日] 寺田浩明：《权利与冤抑：寺田浩明中国法史论集》，北京，清华大学出版社 2012 年版，第 298-310 页；[美] 欧中坦：《千方百计上京城：清朝的京控》，载高鸿钧等编：《美国学者论中国法律传统》，北京，中国政法大学出版社 1994 年版；[美] 兰德尔·爱德华等：《当代中国的人权》，纽约，哥伦比亚大学出版社 1986 年版；於兴中：《非终局性、"青天大人"与超级法官赫尔克里斯——兼论传统中国的公正观》，载《杭州师范大学学报》（社会科学版）2012 年第 5 期；王亚新：《关于滋贺秀三教授论文的解说》，载 [日] 滋贺秀三等编：《明清时期的民事审判与民间契约》，王亚新等译，北京，法律出版社 1998 年版，第 104-105 页；季卫东：《法律程序的意义——对中国法制建设的另一种思考》，载季卫东编：《法治秩序的建构（增补版）》，北京，商务印书馆 2014 年版，第 58-61 页。

〔5〕 从法文化类型的角度，本文所言"西方"主要是指作为清代"父母官型诉讼"对比参照物、强调对抗的西欧"竞技型诉讼"。

第三部分以上诉期限和审级两个问题为核心讨论清末民初司法转型期两种判定观的冲突及其融合；第四部分尝试采用时间观理论分析中西判定观差异的深层次原因；最后是一个简短的结论。

第一节　"判定"与司法确定性

1974 年滋贺秀三先生在日本著名法学刊物《法学协会杂志》第 91 卷第 8 号和第 92 卷第 1 号分两期发表长文《清代の司法における判决の性格——判决の确定という観念の不存在》，系统提出了清代司法不存在"判定"（判决确定性）观念的观点。[1] 在 1985 年发表的《中国法文化的考察——以诉讼的形态为素材》中，滋贺先生进一步阐发了他有关中国古代缺乏判定的观点。滋贺先生上述二文中关于判定的论述对于从比较视角理解中国传统司法的特质具有十分重要的意义。[2]

滋贺先生认为，从比较法律文化视角而言，判定是西欧诉讼的本质要素和独特产物，对于理解欧洲的诉讼和法至为关键。但是，何谓判定？学者对其理解并不统一。滋贺先生认为判定具有三个特性：第一，判定是基于当事人主张而作出的被动判断。第二，判定从本质上讲是"神示"，具有终局性。第三，在欧洲，通过法定程序获得的诉讼结果就是所谓"法"的最初意义，也是"正义"的代名词。[3] 王亚新先生从诉讼法学角度概括了判定所包含的四个命题：判定是一种权威性的判断；判定建立在当事人自我责任的基础之上；判定可以作为构成并发展一套法律概念体系的制度装置；判定的终局性

---

〔1〕 ［日］滋贺秀三：《清代の司法における判决の性格——判决の确定という観念の不存在》，《法学协会雑志》91 卷 8 号、1974 年、47-96 页；92 卷 1 号、1975 年、第 1-64 页。该文后被收录于滋贺秀三：《清代中国の法と裁判》，创文社 1984 年版，中文版参见《清代中国的法与审判》第三章，熊远报译，南京，江苏人民出版社 2023 年版，第 144-242 页。

〔2〕 滋贺先生的"判定"观一直没有引起国内法史学界的重视，但却受到了诉讼法学者的重视和阐发，并在此基础上提出了中国当代司法中的"判决型"和"调解型"两种审判模式。王亚新：《论民事、经济审判方式的改革》，载王亚新编：《社会变革中的民事诉讼》，北京，中国法制出版社 2000 年版，第 1-30 页。

〔3〕 ［日］滋贺秀三等编：《明清时期的民事审判与民间契约》，王亚新等译，北京，法律出版社 1998 年版，第 4-7 页。

具有作为法律秩序构建起点的意义。[1] 综合上述观点，我们可以主要从以下四个维度去理解这一概念。首先，判定不是一个法律制度，而是一个法学理论范畴。判定不同于判决。判决是判定在制度上的典型表现。判定和判决具有高度重合性，但判决是一个制度用语，判定则是从有关判决的制度及其功能中抽象出来的理论范畴。其次，判定是被动的产物。判定是由国家等中立第三者依据既有规范被动作出的对纠纷当事人具有强制性执行效力的权威判断结论。再次，判定的强制性决定了其终局性，即判定意味着法官作出的最终裁断具有一经确定即不许再轻易更动的特点。[2] 最后，判定本身蕴含着裁判的正当性。判定是基于承认既有规范大前提的权威性和正当性，在用尽了诉讼上一切程序手段并基于特定案件具体事实而给出的最终逻辑性结果。对于特定案件而言，这种结果就是确定的、最为直接意义上的法。西欧的"法"（jus）就是指在特定诉讼案件中，对于当事人来说正义的东西，也即亚里士多德所谓"正义的结果"。[3]

滋贺先生有关"清代司法中审判的性质是调解而不是判决"的论断，就是基于其所接受的上述植根于西方法律传统的判定观。[4] 在讨论清代裁判的特点时，滋贺先生特别强调上述判定的终局性。首先，判定从本质上讲是一种"神示"（oracle）。这一概念的背后隐藏着一种观念：应该存在着某种可称为绝对的、终极的真实那样的东西，但这却不是以人类的智力所能知悉的。[5] 具体到司法过程中，曾经发生的案件事实客观存在，全知全能的上帝对其完全清楚，但人类却无法直接得知。同样，在事实确定的基础上，判定者也无法对案件全部相关因素作出正确考量并得出绝对正确的终极性裁判。法官裁

---

〔1〕　王亚新：《对抗与判定：日本民事诉讼的基本结构》，北京，清华大学出版社 2002 年版，第 278-279 页。

〔2〕　王亚新：《对抗与判定：日本民事诉讼的基本结构》，北京，清华大学出版社 2002 年版，第 57-60 页。

〔3〕　[日] 滋贺秀三等编：《明清时期的民事审判与民间契约》，王亚新等译，北京，法律出版社 1998 年版，第 6-7 页。

〔4〕　林端教授精准意识到了滋贺先生有关清代司法论述的"西方中心论"底色，但似乎忽略了判决确定性（判定）不仅包括前端法源的可预测性，还应包括后端裁判结果的终局性。把二者结合起来有利于更充分理解清代司法中案件屡断屡翻的原因。林端：《韦伯论中国传统法律：韦伯比较社会学的批判》，北京，中国政法大学出版社 2014 年版，第 57-93 页。

〔5〕　[日] 滋贺秀三等编：《明清时期的民事审判与民间契约》，王亚新等译，北京，法律出版社 1998 年版，第 5 页。

判和学术活动类似，都是在既定条件下追求终极真理但永远无法到达终点的过程。无论是原始时代的神判，还是专业法官和陪审团作出的裁决，本质上都是神示。基于上述认识，无论当事人对案件裁决结果是否认同，通过诉讼程序达到的裁决就是当事人之间的法，也是最后的正义结果。判决一旦作出，不可撤回、不可更改。[1]

以判定观为比较基点，滋贺先生认为清代中国无论民事审判还是重罪的刑事审判中都"缺乏所谓判定的契机"，中国法律文化中从来没有产生过判定的观念，在历史上具体的诉讼制度里也找不到与此相应的程序规定。首先，包括刑事和民事在内的审判制度本质上是"作为行政活动之一环的司法"。民事审判不是审判或判定，而是"教谕式调解"。换言之，清代中国的官员不是根据当事人在诉讼活动中的表现站在中立的第三者立场上作出裁决的被动判断行为，而是对当事人之间的关系反复进行调整的主动管理行为。其次，中国传统司法中，"有错必究"被视为天经地义、理所当然的原则和常识。为追求公平，当事人在案件审结后缠诉不断，法官把此前其他法官审结案件推倒重审的现象并非少见。因为，清代司法中当事人的认同是官方裁判正当性的重要保障。命盗重案中被告人认罪的口供和户婚田土"细故"中当事人的甘结是结案的必要条件。简言之，西欧的判定是诉讼程序终结的产物，其裁决是终局性的，而清代诉讼则是因当事人对案件事实的认同和接受而结束。滋贺先生因此也意识到，口供在清代和西欧司法中的不同意义和作用。最后，在裁判结果确定性和正义的关系上，清代与西欧表现出较大的不同。西欧诉讼终结后被宣告的结果就是法，也是正义的。换言之，因为判定是诉讼程序适用的确定性结果，所以被认为是正义的。清代裁判结果的确定性则取决于当事人在具体情形下对裁判结果的主观认同和接受。

第二节　清代司法判决的确定性

如前所述，西欧近代型判决的确定性包含权威性、终局性和正当性三层

---

[1]　[日]滋贺秀三等编：《明清时期的民事审判与民间契约》，王亚新等译，北京，法律出版社1998年版，第14页。

含义，三者互相关联、密不可分。判决的权威体现在终局性，屡断屡翻的判决不可能有权威。正当性则以终局性为条件。其中，终局性是判决确定性的核心要素，主要是通过既判力、一事不再理等诉讼制度和程序设计来保障的。有学者认为，西欧竞技型司法的确定性的背后体现了西欧法律文化传统中"法的空间"在一定程度上优先于社会生活空间的程序性秩序原理。[1]支撑近代型司法判决终局性的程序构造中，上诉期间和审级两种制度安排至为重要。判决确定有两种方式。一种是制度上不允许上诉，判决一经宣判即发生确定的效果（如我国当前的二审终审），这主要由审级来规定；另一种可以上诉，但当事人在法定上诉期间未提起上诉，则法定期间期满后判决即告确定。当然，当事人在法定期间内明确表示放弃上诉也构成判决确定的条件。反观中国，清代司法既无上诉期间的明确规定，也无近代西方意义上的司法审级制度。加上司法实践中一些屡断不休的缠讼案件，很容易给人留下司法判决没有确定性的印象。本部分从司法内部视角分析清代无上诉期间的原因和中、西"审级"制度的貌合神离，并提出不同于西方通过程序保障既判力的客观确定性，清代司法不是没有确定性，而是通过追求司法的实质正义以实现判决确定性，从而达到"无讼"的目的。

（一）清代司法并无上诉期间的规定

早在秦汉时期，已规定上诉（乞鞫）时限为一年（东汉时缩短为三个月），"狱已决，盈一岁，不得乞鞫"。[2]唐律未见有关上诉期限的相关规定。北宋规定盗贼案件上诉期限为半年，至南宋绍兴年间，放宽为一年。涉及朝廷官员的"命官犯罪"案件的上诉期限为三年。案件审断三年之后，不许再上诉。但如果确有冤抑，且经下级官府提出的，可在案件判决后五年内提出，由刑部查核改判。[3]宋代对户婚田土民事案件并无上诉时限限制，竟有诉讼前后长达二十多年之久者。[4]宋以后，元明清三代立法上均无上诉

---

〔1〕　滋贺先生所谓的"竞技型诉讼"是指通常的对抗式诉讼。对抗与判定被认为是西欧近代诉讼的基本结构。王亚新：《对抗与判定：日本民事诉讼的基本结构》，北京，清华大学出版社2002年版，第348页。

〔2〕　南玉泉：《秦汉的乞鞫与覆狱》，载《上海师范大学学报》（哲学社会科学版）2017年第1期。

〔3〕　王云海：《宋代司法制度》，郑州，河南大学出版社1992年版，第310页。

〔4〕　《名公书判清明集》卷十三，"挟仇妄诉欺凌孤寡"，北京，中华书局1987年版，第504页。

期间的规定，实践中也未见到官员以时间期限问题为由而拒绝受理案件的事例。即使案件审结，只要当事人认为自己确有冤抑，在不越诉的前提下，也有事隔数年乃至数十年后提起上诉而被受理者。即便是即将受刑的死刑犯，如果其家人击登闻鼓鸣冤，也要"暂免行刑，听候请旨"。

清代司法之所以未规定上诉期间，大致可以作以下几方面的解释：

首先，"天人合一"的观念决定了统治者不能因为追求司法效率而放任冤案不管。否则，极端的审判不公会使封建王朝遭受天谴，造成宇宙失衡，危及王朝统治合法性，给国家治理埋下不安定的因素。[1] 南宋郑克在《折狱龟鉴》中指出："若罪状未定者，虑有冤诬，理当考核，岂可取快一时耶？君子于此宜尽心焉。"[2] 不能因追求结案而冤枉无辜，这是清代的共识。在传统"天人合一"的思想观念下，不可能出现西欧严格区别自然秩序和人为理性秩序的文化传统，没有必要也不可能在司法领域之外单独产生"法的空间"这种理性构建的产物。[3] 因此，清代司法从未产生过关于"客观事实"和"法律事实"的区分及争论，也不会通过时间维度来确定法律事实和裁判结果。

其次，清代司法总体上坚持"疑罪必审"，不愿意承认有客观上无法查清的疑案。实践中，疑狱自古即有，"罪疑惟轻"的司法理念在古代中国影响较大。《唐律疏议》肯定了"疑狱"（疑难案件）的存在，且对其构成及处理作了具体规定。[4] 对于结合证据反复参验后仍不能确定的疑难案件，准许法官拷讯。同时，为了保证刑讯的不滥用，对于拷讯的次数、时间等又做了具体的限制和规定。经过法定拷讯后，仍不承认者，则按疑狱处理。然而，号称上承唐律的明律却除疑狱之专条，清律沿袭之。清末律学大家薛允升言："是拷囚并不拘杖数，而亦不准有疑狱及拷满不承之囚

---

〔1〕 [美] 卫周安：《清代中期法律文化中的政治和超自然现象》，载高鸿钧等编：《美国学者论中国法律传统》，北京，中国政法大学出版社 1994 年版。
〔2〕 （宋）郑克：《折狱龟鉴》卷八，"严明"，太原，山西古籍出版社 1995 年，第 385 页。
〔3〕 王亚新：《社会变革中的民事诉讼（增订版）》，北京，北京大学出版社 2014 年版，第 40 页。
〔4〕 "疑罪，谓事有疑似，处断难明。""疑，谓虚实之证等，是非之理均；或事涉疑似，旁无证见；或旁有闻证，事非疑似之类。"对于疑狱，"法官执见不同者，得为异议，议不得过三"。疑罪的处理，则各依所犯以赎论。《唐律疏议》，刘俊文点校，北京，法律出版社 1999 年版，第 617 页。

矣。"[1] 不承认疑狱，则不会对拷讯有唐律那样明确的杖数限制。为了结案，法官对嫌犯要么不停拷讯下去，要么长期羁押不决，甚至拷讯致死也不鲜见。清初秋、朝审"实、缓、可矜之外，尚有可疑一层，即罪疑惟轻之疑。凡有罪名已定而情节可疑者，均归列于内，亦慎重刑狱之意"。[2] 乾隆后期，涉疑之重案犯则不得因事实不清、赃证未明等理由监禁待质，而应在审限内结案定拟进入秋审程序，经会审后奏报皇帝裁夺。[3] 立法上不再愿意明文承认疑狱存在的合理性。当时流传广泛的各种官箴书也认为，只要地方官员用心穷理，必能获得案情真相，所谓"凡无证之词有思理亦能得之"；"凡审词讼，但以心入其中，详细研求，必有所见"；"凡词讼只当堂细审，其情自得"；等等。反之，疑狱则被认为是官员能力低下、倦怠不作为的结果。当然，也有一些较为理性的官员提出，应慎重对待疑难案件，"只宜案候密访，慎勿自恃摘伏之明炼成附会之狱"。[4] 但是，严格的审限制度使得官员不可能不顾考成而"案候密访"，高压之下只能依靠各种手段，或推诿不理，或锻炼成狱，或移情就案，从而实现按期结案的目的。总之，清代官方追求案件裁判中的绝对客观真实，有冤必平，就不可能通过上诉期间这种客观的时间规定来限制民众的上诉。

最后，现代司法中，上诉期间的设置目的，除督促当事人及时行使上诉权之外，更主要的是确定裁判、避免诉讼拖延。[5] 需要注意的是，清代司法认为裁判的确定性取决于当事人的主观认同和接受，而不是通过客观的诉讼程序。诉讼拖延也主要在于部分当事人的藉端拖累和官员的疲玩拖沓。为此，清代立法严禁讼师活动，规定了十分完善的审限制度。[6] 虽然我国现行诉讼法明确规定了上诉期间，但由于判定机制和观念的缺失，仍然不得不通过审

---

〔1〕（清）薛允升：《唐明律合编》，卷三十，怀效锋、李鸣点校，北京，法律出版社 1999 年版，第 819 页。

〔2〕（清）薛允升著述、黄静嘉编校：《读例存疑重刊本》，台北，成文出版社 1970 年版，第 1239 页。

〔3〕赵晓耕、逯子新：《清代涉疑案件处理考略》，载《法治现代化研究》2018 年第 1 期。

〔4〕（清）徐栋辑：《牧令书》卷十九"刑名下"，载《官箴书集成》第 7 册，合肥，黄山书社 1997 年版。

〔5〕刘玫、张建伟、熊秋红：《刑事诉讼法》，北京，高等教育出版社 2014 年版，第 487 页。

〔6〕谷佳慧：《"限期断狱"的中国命运：清代以来审限制度的变革与重述》，载《河北法学》2020 年第 5 期。

限这种具有更多行政化色彩的本土资源以提高诉讼效率、解决社会冲突。

（二）清代司法中的"审级"

如果把"审级"界定为审判的级别，视为民众对下级司法机关的裁判不服而向上提起诉讼的等级，那么中国早在秦代就已有明确的审级，且其审级之复杂和精致绝不亚于任何西方国家。古代中国，司法属于行政事务的一部分，司法审级基本和行政级别同一。具体到清代，《清史稿·刑法志》载："凡审级，直省以州县正、印官为初审。不服，控府、控道、控司、控院，越诉者笞。其有冤抑赴都察院、通政司或步军统领衙门呈诉者，名曰京控。"[1]部分研究者据此认为，清代以州县为初审，确立了严格的审级制度，甚至有六级六审、七级六审等称呼。然而，如果我们按照近代西方诉讼法意义上的"审级"概念，特别是审级制度背后的价值理念去观察古代中国，便会发现中西之"审级"在表面的相似下，掩藏了深层次的明显差异。其中最根本的区别就是，中国传统司法缺少作为审级制度最核心要素的司法终局性。[2]现代审级制度是指法律所规定的审判机关的级别以及案件应经过几级法院审判才告终结的制度。审级主要强调的是法律所规定的审判机关在纵向组织体系上的层级划分关系，以及诉讼案件最多经过几级法院审理、判决或裁定后即发生确定力的诉讼法律制度。[3]简单来说，审级制度可称之为"X级Y审制"。"X级"是指一国法律制度中所规定的、法院自下而上可以分为几个层级的纵向设置问题。"X级"的具体设置和特定的国家结构形式、政治体制、历史传统、地理环境等密切相关，往往和行政层级相契合。"Y审"则规定了当事人的上诉权以及与此密切相关的案件可经历的审级次数问题。二者共同构成了西方审级制的核心内容。

在对西方审级制度的内涵作简要梳理后，我们发现，清代司法虽有"X

---

〔1〕　古代中国法典，如《唐律疏议》《大清律例》等并无"审级"一词，法律条文中较早出现该词是在 1910 年颁行的《各级审判厅试办章程》中。《清史稿·刑法志》编纂于民国时期，其时"审级"等法学语词已经普遍使用，是以编纂者未加深思，直接沿用。

〔2〕　胡震：《近代中国刑事上诉制度的生成及展开》，载《法学研究》2020 年第 5 期。

〔3〕　尹丽华：《刑事上诉制度研究——以三审终审为基础》，北京，中国法制出版社 2006 年版，第 23 页。

级"却没有"Y审"。即清代司法缺乏程序上规定的终审制。西方审级制度实质上是建立在司法各层级分权基础上的制度安排，而清代司法审判级别是专制集权下不同层级政府职能的划分，而非权力的分配。寺田浩明认为，清代各级审判是官僚制内部按照官员德行的高低多寡与案件刑事性的多少而设置的自上而下的制度安排。[1] 清代并不具有西欧"竞技型诉讼"通过终审制来保障判决确定性的特点。如果说中国的传统上控和"逐级复核"制在促进规则治理（法律统一使用）和纠错方面，和现代上诉制度一样发生作用的话。[2] 司法终局性的缺失，却是二者最大的区别。中国传统司法对案件事实真相的绝对追求，对实质正义的锲而不舍，恰恰是以牺牲司法的终局性为代价的。

（三）两种不同的司法确定性

西欧竞技型诉讼中，支撑判决终局性的核心要素包括主观和客观两个方面。主观上，是指当事人对裁判在心理上的认可和接受；客观上，当事人只要在法定上诉期间没有依法提出上诉或者已经穷尽法律审级，判决效力即告确定。实际上，即使是当事人主观上对裁判的信服也需要通过客观不作为（在法定期间未提出上诉）来实现。简言之，期间和审级是现代诉讼中决定判决确定性的两个核心程序要素，程序决定了裁判的确定性。竞技型诉讼中，用尽了诉讼上一切程序手段而在审理终结时宣告的判决，对于本案来说正是被确定了的，也是对于特定案件而言正义的（jus）结果。[3] 正如美国联邦最高法院大法官杰斐逊所言："我们的判决是终审的并非因为我们是正确的，我们之所以正确，正是由于我们是终审的。"[4] 这句话典型反映了西方判定观下判决确定性和正义观之间的关系。此外，为了实现和保证裁判的终局性，判定把关于案情是非曲直的伦理性判断转换成对当事人在诉讼活动表现的一个

---

〔1〕 [日]寺田浩明：《权利与冤抑：寺田浩明中国法史论集》，北京，清华大学出版社2012年版，第250页。
〔2〕 于明：《司法审级中的信息、组织与治理：从中国传统司法的"上控"与"审转"切入》，载《法学家》2011年第2期。
〔3〕 [日]滋贺秀三等编：《明清时期的民事审判与民间契约》，王亚新等译，北京，法律出版社1998年版第6-7页。
〔4〕 [美]欧中坦：《千方百计上京城：清朝的京控》，谢鹏程译，高鸿钧编：《美国学者论中国法律传统》（增订版），北京，清华大学出版社2004年版，第527页。

技术性判断，从而使裁判进一步获得了客观性和正当性。[1] 由此，判定一旦作出，便被认为是公正的，也是具有终局性的。

不同于西欧竞技型诉讼，清代司法中的重案处理追求"案情确凿、引断允协、罪名恰当"，细故裁判需要两造输服、自愿结案。因此，能否顺利结案，则主要取决于当事人是否认罪、输服并作出"甘结"。[2] 换言之，案件判决结果是否确定主要决定于当事人的认可与接受。[3] 如果当事人认为裁判是公平的，则判决会得到遵守，判决的终局性得以保障。否则，在司法既无上诉期限规定、也未对上诉次数予以限制的情形下，只要当事人认为自己"冤抑"，理论上任何时候均可提出上诉以再次启动审判。当然，社会主流观念投射到该案件上形成的"公论"也会使得绝大多数生活其间的当事人不会为了一己之私而肆无忌惮。[4] 如果说西欧竞技型诉讼是"裁判因为确定而正义"，清代司法则恰恰代表了另一种司法文明类型——"裁判因为正义而确定"。中国传统司法追求一种动态的实质合理正义观，在立法、司法上表现为"天理、国法、人情"的统一。传统社会中，"在实际的司法审判中，司法官、当事人和社会民意这三方，对于什么是天理、国法、人情，或者说情、理、法是什么，以及它们最终都统一在'理'上，存在着以社会主流和基本观念为背景的某种共识，即使有分歧也不会动摇社会主流和基本观念的权威性"。[5] 综言之，清代司法中案件裁判是否确定主要取决于当事人对该判决是否认同，而认同则很大程度上决定于判决是否与以"天理、国法、人情"为代表的社会主流法律正义观相吻合。

因此，如果以西方严格的上诉期限和审级为标准去观察清代司法，很容易得出清代司法没有确定性和终局性的观点。实际上，清代司法裁判并不是

---

〔1〕 王亚新：《对抗与判定：日本民事诉讼的基本结构》，北京，清华大学出版社 2002 年版，第 60 页。

〔2〕 甘结是当事人接受裁决结果的一种表现形式。没有甘结，无法结案，但实践中当事人迫于压力出具甘结后又再次上控的也屡见不鲜。

〔3〕 寺田浩明把当事人承认官府裁决划分为基于官方权威的"命令—服从"型和基于当事人内心认同的"说服—合意"型，清代司法更多呈现为后一种。[日] 寺田浩明：《权利与冤抑：寺田浩明中国法史论集》，北京，清华大学出版社 2012 年版，第 247 页。

〔4〕 [日] 寺田浩明：《权利与冤抑：寺田浩明中国法史论集》，北京，清华大学出版社 2012 年版，第 256-257 页。

〔5〕 张中秋：《中国传统法律正义观研究》，载《清华法学》2018 年第 3 期。

没有确定性，而是没有西方近代以严格程序保障的"客观确定性"。清代司法是以对裁判正义的追求和认同来保障裁判的确定性。一方面，以"天理、国法、人情"为代表的社会主流法律正义观是相对确定的，对于深受儒家理、礼思想长期熏陶的各级官员，多数案件判决既要符合社会主流正义观，也要实现个案正义；另一方面，由于"天理、国法、人情"并非一个完全整齐划一、客观确定的标准，不同案件中的法官、当事人由于其自身所受教育、生活环境、不同角色等个人因素的影响就可能导致其对案件裁判结果的理解和认识出现偏差。清代乃至现代的一些案件，排除司法不公因素的影响，一些案件判而不结、当事人缠诉不止，其中一个较为重要的原因就在于对个案正义的理解不同。对于清代的法官而言，既无法通过"依法裁判"的三段论逻辑论证方式证明裁判的正当性，也无法依托于期限等程序规定来终结案件，而只能通过在当事者之间艰难寻找一个双方都接受的平衡点来终结案件。因此，相对于以程序和逻辑来确定的近代司法确定性，我们可以把清代的司法确定性概括为"主观确定性"，即通过对裁判结果的主观认同（无论自愿还是被迫）来实现和保障判决结果的确定性和终局性，从而努力实现"无讼"的理想。清代、西欧两种不同的判决确定性是根本不同的历史演进、诉讼理念和文化差异交互作用的结果。当然，二者之间并无优劣之分，各有长短。

第三节　清末民初司法转型中的判决确定性

清末民初，西法东渐。近代西方司法体系和制度之所以能进入中国，固然有废除领事裁判权的外在压力，但真正获得体制内改革主持者认同的，恰恰是针对传统司法中存在问题予以改良的动力。[1] 在清代"简约型司法体制"下，受财政困乏严重制约的司法已无法满足民众日益增长的诉讼需求。一方面，刑讯逼供、冤狱频发等司法积弊丛生，民众苦不堪言；另一方面，在制

---

〔1〕　清末法制改革，袁世凯在天津先行试办审判厅，发现新式司法制度"免冤狱而省拖累。采取此制，可期庶狱之敉平，而旧日之藉端讹诈及慁法私和等事，亦即不禁自绝。……现经试办数月，积牍一空，民间称便。"参见袁世凯：《奏报天津地方试办审判情形折》，载《袁世凯奏议》下，天津，天津古籍出版社1987年版，第1493页。

度资源有限的条件下，政府不得不通过"健讼"这种话语资源来贬抑民众诉讼行为的合法性，以论证政府限制诉讼行为的合法性和增强司法体制的正当性。[1]在当时改革者心目中，这一套以"判定"为中心、强调"判决必不可无确定之日"、以司法程序保证判决确定性和终局性的上诉制度对于破解传统司法"拖累破家"等难题具有显明的意义。[2]但是，源自西方的"判定"在更深层面上与传统中国追求客观真实、无限度实质正义的观念并不吻合。近代上诉制度引入之初，对一些具体内容，立法和司法上便不乏争议。其中一些冲突随着社会发展而得以消解，另一些观念上的深层次问题则顽强存在且不时凸现。

（一）清末民初的上诉期限

为保证诉讼活动的正常进行，及时正确地处理案件，并保护当事人的诉讼权利不受非法侵犯，近代以来各国诉讼法均对诉讼期间作出了明确规定。清末引进西方诉讼制度，开始规定上诉期限。1906年制定的《刑事民事诉讼法（草案）》规定："凡宣告判词经过上控期限方为决定。"（第78条）"凡上控期，以裁判后一月为限，逾限不准。"（第245条）[3]虽然该草案最终并未得以实施，但上诉期限首次得以进入中国。此后，《民事刑事诉讼暂行章程》《刑事诉讼律草案》《各级审判厅试办章程》等清末诉讼立法均明确规定了上诉期限。1911年《刑事诉讼律（草案）》规定："声明上诉期间，自谕知裁判日起算。"（第358条）其立法理由曰："一切裁判，必不可无确定之时，故设上诉期间，逾期则不须上诉。但期间须明定起算之法，此本条之所以设也。"[4]相对于传统社会以当事人认同（甘结、口供）和官府认定作为判决的确定因

〔1〕　尤陈俊：《清代简约型司法体制下的"健讼"问题研究——从财政制约的角度切入》，载《法商研究》2012年第2期。
〔2〕　传统司法被诟病者主要有刑讯无辜、非刑惨酷、拘传过多、问官武断、监禁凌虐、拖累破家等数端。参见高汉成：《签注视野下的大清刑律草案研究》，北京，中国社会科学出版社2007年版，第195页。
〔3〕　吴宏耀、种松志主编：《中国刑事诉讼法典百年》（上册），北京，中国政法大学出版社2012年版，第18页，第35页。
〔4〕　吴宏耀、种松志主编：《中国刑事诉讼法典百年》（上册），北京，中国政法大学出版社2012年版，第18页，第186页。

素。上诉期间的规定既要考虑法律判决的安定性，又要有利于保护上诉人的上诉权利。《刑事诉讼律（草案）》立法理由言："控告期间定为七日。此期间若为期过长，则判决不能确定，于公益、私益两有损害；若为期过短，当事人又不能深思熟虑；故本律认一星期为合宜。或谓七日犹恐过短者，不知此系声明控告之期间，其搜索证据等时间，原不包括在内。"[1]

当然，上诉期限之被引入中国，也并非毫无异议的。针对上述 1906 年《刑事民事诉讼法（草案）》规定的"凡宣告判词经过上控期限方为决定"。张之洞曾发表如下不同意见："本法所称上控期限，仅止一月，而官司断狱，有故入故出、失入失出各例，如已经过上控限期，分别执行各刑，则明知冤枉不与办理者，以故入人罪论之例不几虚设耶？定例：知府、直隶州有将州县审拟错误关系生死出入大案究出实情改拟得当者，经上司达部议准，奏请送部引见，原系慎重民命之意。即临刑呼冤，例得奏闻覆鞫。其上控之案讯系原问各官业经定案，而有抑勒画供、诈赃、舞弊情事，即分别发交审办，其由委审后上控者，即令各上司衙门亲提严鞫，不得复行委审。审系诬控，按律治罪，例意谨严，深防冤抑。承审之员当以力求裁判允当为主，若以经过一月方为决定，似所判已难自信矣。"[2] 通过时间限制来确定判决、实现司法相对公平是现代司法理性的表现。这与中国古代追求绝对公平正义的司法观是冲突的。张氏所言恰恰揭示了二者之间的紧张关系。

时间既是自然的存在，也是社会历史的产物。在农业社会中，人们生活在相对封闭的空间，日出而作日落而息，他们更习惯于按照自然时序和事物本身规律来安排自己的活动，不需要对时间作出分秒必争的安排。现代工商业社会中，大机器生产的准确、精密以及集体协作性，要求"人群的一切生产活动都须在时间上配合机器的转动，不能迟，也不能早，丝毫不容许有自随心意的余地。因之他们日子久了，无意中即养成了准时刻的习惯。"[3] 现代司法体制也是一个大机器。这座机器通过自己强大的规训能力，生产出划一

---

[1]　吴宏耀、种松志主编：《中国刑事诉讼法典百年（上册）》，北京，中国政法大学出版社 2012 年版，第 18 页，第 189-190 页。
[2]　《张之洞奏遵旨核议新编刑事民事诉讼法折》，载怀效锋编：《清末法制变革史料》上卷，北京，中国政法大学出版社 2009 年版，第 404 页。
[3]　全慰天：《时间观念的社会背景》，载《世纪评论》1948 年（第 4 卷）第 12 期，第 8 页。转引自湛晓白：《时间的社会文化史——近代中国时间制度与观念变迁研究》，北京，社会科学文献出版社 2013 年版，第 286 页。

的产品——司法程序和案件。这种司法的理性化特点，要求当事人必须按照程序规定的时间起诉、应诉、上诉，否则便有可能承担败诉的后果。

清末民初社会转型之际，国人的时间观念同样也经历着变化。当农业社会的闲散时间观碰上强调效率、准确、精密的现代时间观时，不适应在所难免。民国二年二月十七日，大理院就"黑龙江高等检察厅检察官对于同级审判厅就张广志杀人案件所为判决声明上告一案"作出决定："查现行例规，刑事上告不得逾十日，本案在黑龙江高等审判厅于中华民国元年十月初八日判决，该上告人于同月二十八日提出上告，是对于已确定之判决为通常之上告，其上告程序不得谓为合法。"[1] 即便是代表国家公权力的检察官，也难以骤然适应这种转变。在民国二年大理院作出的 25 件决定案件中，因超过法定期间上诉而被驳回的占至 19 件。[2] 代表国家行使刑事上诉权的检察官尚且对上诉期限如此隔膜，普通当事人就更可想而知了。我们可以通过下述清末法制转型期的一个普通案件，观察判决确定性标准之变化对于普通民众的意义。

张坤对金绍年进行诈骗，被控于天津地方审判厅。审判厅查清事实后，作出判决。金绍年服判具结。但张坤却拒绝具结，其原以为自己不具结，案件无法就审结。然而，在现代诉讼体制下，案件判决的确定并不取决于当事人是否具结，而是根据当事人是否在法定期间上诉。正如审判厅所言："金绍年遵已具结，张坤犹犮不具结，惟案已判决，俟经过上控期间照章销案。"[3] 如当事人未在规定期间内上诉，则裁判即发生法律效力。即使是身居天津这种开放之地，张坤也没明白为何自己尚未具结而官方已经宣布案件审结。

（二）近代审级制度的建立

审级制度是上诉制度的重要载体，也是上诉得以存在和运行的基础和空间。清末引进西方诉讼制度时，审级、检察、陪审、律师等制度被认为是学习借鉴审判制度时"最宜注意者"。其中，审级制度首当其冲。鉴于传统审判级别过于繁琐，新制既要有利民众诉讼，又要保障国家裁判之确定性，故需

---

〔1〕　大理院书记厅编辑：《大理院判决录》，华盛印书局，第 1 册，民国二年二月出版。
〔2〕　大理院书记厅编辑：《大理院判决录》，华盛印书局，第 1 ～ 10 册，民国二年各月出版。
〔3〕　《各省审判厅判牍》"判牍七·盗窃门·恐吓取财"，法学研究社印行民国元年版。

对各国制度仔细比较，慎重选择。[1]

清末起草的第一部诉讼法草案《大清刑事民事诉讼法（草案）》仍然沿用旧制，未对审级制度予以规定。《大理院审判编制法》（1906 年 12 月）首次规定了四级三审制，京师地区分大理院、高等审判厅、地方审判厅和城谳局等四级，不服第一审裁判，提起请求第二审审判，谓之"控诉"；对第二审裁判不服提起"上告"而请求第三审。1907 年的《各级审判厅试办章程》进一步系统规定了四级三审制，改《大理院审判编制法》中的城谳局为初级审判厅；除控诉和上告外，还规定对审判厅的决定或命令不服而依法提起的上诉为抗告（第 58 条）。至《刑事诉讼律（草案）》编竣，清末基本建立了完整的四级三审审级制度。

现代审级制度下，审判机关各有管辖，上诉必须逐级进行。即使案情属实、原判决不当，越级上诉和直诉也不会被受理。一般案件穷尽法定审级后，即使当事人不服，判决也会发生法律效力。其后，除非有严格的法定理由，案件不得再审。民国元年大理院"外省民事上告案件应由原审衙门转送通告"云："民事上告案件除在京师高等审判厅判决者，得由上告人或代理人赴院呈递上告状外，其各省上告案件概由当事人在原审衙门呈递上告状，如声明上告已逾上告期间或在高等厅已为终审，及未经第一审第二审径行对于本院请求审理者，均由高等审判厅以决定驳回，并将决定书送达当事人"。[2] 该通告重点强调，超过法定上诉期间、管辖范围和越诉等违反程序的案件，无论案情如何，大理院均不受理。这和传统司法务求水落石出、有冤必平的司法理念已经相差甚远。

清代司法实行审转覆核制，虽然州县、督抚、刑部按案件处刑轻重，分别拥有不同决定权，但理论上皇帝是所有案件的终审者。[3] 州县初审裁决被看作判决书草稿，谓之"拟判"。必须等相应有权机关批准后，一项判决才能确定生效。至于死刑案件，则只有皇帝才能乾纲独断。清末民初通过四级三审制对案件终审权进行分配。只有少部分案件有机会上诉到最高审判机关大

---

〔1〕《各省审判厅判牍》"考察司法制度报告书·审判制度"，法学研究社印行民国元年版。

〔2〕"元年十一月十六日大理院特字一二号"，载余绍宋编：《司法例规》，北京司法部民国十一年版，第 946 页。

〔3〕　郑秦：《清代地方司法管辖制度考析》，载郑秦：《清代法律制度研究》，北京，中国政法大学出版社 2000 年版，第 94-95 页。

理院。从传统案件当事人可以"千方百计上京城"到现在对案件在不同审判层级上的终审分流，这是现代审级制建立的重要结果，也是从传统司法"主观确定性"向现代"客观确定性"的转型。

第四节　两种时间观下的司法确定性

正如本章开始所述，法制近代化百年后的中国，所引入的上诉、审级等制度早已落地生根。但判而不结的司法终局性问题并未随着以"判定"为中心的这一套制度的生成而得以解决。令人寻味的是，恰恰是重视和合的传统司法文化而非强调对抗的竞技型诉讼模式，为问题的真正解决带来了实质性进展。每一种法律制度都植根于一定的法律文化之内。表面相同或相似的制度，其背后的理念有可能相差甚远。如果说法制移植之初，行事仓促，无法深究其间之精微，当此欲构建中国特色社会主义法治体系之时，就很有必要清点下自己的家底。正如有的诉讼法学者提出，"从本质上而不是从外表形式上省察中西文化的差异"，并且清点各自的长短之处，或许应为下一步司法改革的前期功课。[1]"清点家底"不仅要知晓中西的差异，可能更需要努力了解差异之根源。唯其如此，方能在古今中西之间走出一条适合中国自己的司法道路。

基于此，对清代司法缺少"客观确定性"的原因，学者从诉讼理念、司法价值、权力平衡、社会结构等方面进行了多角度讨论。[2]如前所述，两种司法确定性形成的一个重要区别是程序在其中的重要作用。而"程序就其本

---

〔1〕　侣化强：《形式与神韵：基督教良心与宪政、刑事诉讼》，上海，上海三联书店2012年版，第597页。

〔2〕　夫马进教授认为，允许无限制地上诉或者官府必须受理诉状的原则，是无冤理念法制化的结果。王亚新教授认为，因为中国缺少西方法制和法学传统中法的安定性价值高于具体案件实质正义价值的理念。季卫东教授认为，判决缺少终局性是通过当事人的翻案权来平衡司法官支配权的结果。於兴中教授认为，中国传统司法的非终局性是实质正义观的反映，是由中国两千多年的道德性社会结构决定的。[日]夫马进编：《中国诉讼社会史》，范愉、赵晶等译，杭州，浙江大学出版社2019年版，第20-22页；王亚新：《关于滋贺秀三教授论文的解说》，载[日]滋贺秀三等编：《明清时期的民事审判与民间契约》，王亚新等译，北京，法律出版社1998年版，第104-105页；季卫东：《法律程序的意义——对中国法制建设的另一种思考》，载季卫东：《法治秩序的建构（增补版）》，北京，商务印书馆2014年版，第58-61页；於兴中：《非终局性、"青天大人"与超级法官赫尔克里斯——兼论传统中国的公正观》，载《杭州师范大学学报》（社会科学版）2012年第5期。

体而言是这样一种普遍形态：人们遵循法定的时限和时序并按照法定的方式和关系进行法律行为"。[1] 因此，不同的时间观会直接影响人们的程序观念和制度设置。本部分尝试采用时间观这一理论视角，在分析法律和时间关系的基础上，讨论两种不同时间观对于司法确定性的重要影响及其表现。

（一）两种时间观

人类对时间的开始、行进和终了问题的认识，被称为时间观。时间观大致分为循环时间观和线性时间观。循环时间观认为，时间的结构是环状或螺旋状的，时间按照某种意志或规律循环往复，经历一个周期后再回到其初始位置；世间万物是反复出现的，人自身也处在永恒的轮回中。在农业文明中，人们的生产生活受循环时间观影响较大。线性时间观则认为，时间是直线状的，时间从一点出发，不可逆转地向前进，没有确定或可知的终点。个人的生命是独一无二的，人直接面对某一绝对终点，那就是"死亡和审判"。[2]

一般认为，古希腊、古印度文明是循环时间观，犹太—基督教文明是线性时间观。深受基督教思想影响的西方社会表现出较多线性时间观的特点。中国古代社会以农耕文明为主，循环时间观在历史、文化和社会中的影响更大。古人很早就使用四时、天干地支来标度时间，这种时间观由于一年四季、六十甲子的不断轮回而具有循环性。[3] 汉代佛教传入中国后，"轮回"观念使循环时间观的影响日益扩大。明清时期，特别是在民众信仰的"小传统"中，各种公案小说、戏曲传说中包含的大量因果报应、世道轮回的内容，对传统司法正义观和裁判确定性观念产生较大影响。

时间与法律密切相关。一方面，任何法律都存在于一定的时空中，外在于时间之流的法律是不可思议的。"在任何'法律'当中，'时间'都始终是一个极其关键而居于核心地位的实质性构成要素……正是'时间'创造、构成并维系着'法律'之作为'法律'的真实存在。"[4] 另一方面，法律通过对

---

[1] 张文显主编《法理学》（第 2 版），北京，高等教育出版社 2003 年版，第 155 页。
[2] 熊赖虎：《时间观与法律》，载《中外法学》2011 年第 4 期，第 682 页。
[3] 方潇：《中国传统历法之法意及其对法律时间的影响》，载《法制与社会发展》2010 年第 5 期，第 110 页。
[4] 姚建宗：《法治的生态环境》，济南，山东人民出版社 2003 年版，第 97 页。

时间的制度表达和建构，把时间"从世俗之流中提取出来并置入法律框域之中"，使其超越了一般世俗意义上的自然属性，而具有了法律的一切属性。[1] 因此，不同的时间观影响并产生了相应的法律和司法制度及理念。

（二）循环时间观和中国传统司法

就司法领域而言，古代中国体现出较多的循环时间观特点，或者也可以说，循环时间观对传统司法，特别是清代司法影响较大。

第一，循环时间观主要是基于对自然现象的观察，表现出较多非理性的特点。循环时间观倾向承认超自然现象的存在，并承认其对社会的绝对控制力。现象本身成为人们理解自然和社会的基本范式乃至判定事物的依据。人类历史早期存在的占卜和神判，本质上就是用自然现象代替裁判本身。[2] 现代司法审判是一个适用实体法于案件事实并得出结果的理性推理过程。然而，神明裁判中，"实体法、事实认定、判决结果三者'混合'、'浓缩'为一体并归结为一个现象或数字：有无烫伤、是否沉水、规定的宣誓人数量是否达到"。[3] 神判是一种获取案件结果的"裁判方法"而非证明案件结果的手段。[4] 中世纪基督教思想家圣奥古斯丁说："如果可以通过人类的理性识别真相，就不应诉诸神明裁判。"[5]

中国古代文明进化较早，殷商春秋时期通过占卜等方式的神判较为常见，战国秦汉以后律令法体系的形成逐渐解决了诉讼证据不足的问题，神明裁判失去了制度上的存在空间。[6] 但是，汉代以后佛教的传入及其对法律的不断影响渗透，使得神判虽不见于正式的法律程序，却仍然有其潜在的功能。在清代，一方面，官方正统意识中，通过神道设教，承认神判的教化惩罚功能；另

---

〔1〕 方潇：《中国传统历法之法意及其对法律时间的影响》，载《法制与社会发展》2010 年第 5 期，第 109 页。

〔2〕 熊赖虎：《时间观与法律》，载《中外法学》2011 年第 4 期，第 684 页。

〔3〕 侣化强：《形式与神韵：基督教良心与宪政、刑事诉讼》，上海，上海三联书店 2012 年版，第 95 页。

〔4〕 [英]罗伯特·巴特莱特：《中世纪神判》，徐昕等译，杭州，浙江人民出版社 2007 年版，第 207 页。

〔5〕 [比]R.C.卡内冈著：《英国普通法的诞生》，李红海译，北京，中国政法大学出版社 2003 年版，第 88 页。

〔6〕 郑显文：《中日古代神明裁判制度比较研究》，载《比较法研究》2017 年第 3 期。

一方面，对于一些疑狱，清代官吏会求助于鬼神帮助揭发罪状、查明事实。[1]因此，有学者把神判与官方审判、民间调解的互补作为中国传统法律的多值逻辑之一。[2]

第二，在循环时间观看来，各种现象之间存在普遍联系，因此必须从整体上理解世界。根据"天人合一"的观念，自然界和人间是一个统一的整体，包括法律在内的人世行为不能违反自然秩序，必须顺应四时、合于天道。否则，上天就会通过灾异等对人世予以警示。[3]犯罪者的恶行既违反了国法，也触犯了天理，理应受到天罚。天罚不受时间的限制。在人间蒙受冤屈的鬼神即使身处阴间，也会设法使自己的冤抑得以平反；同样，一个罪恶累累之人即使在生前未受到应有惩罚，也必会死后遭到阴谴。[4]这种观念是普通民众和不少地方官员共有的信念。清代汇编的官箴书中就有不少有关"阴德""阴施阳报"的说法。[5]此外，受地狱、因果轮回、报应等循环观的影响，明清时期民众意识中，公平正义的实现不以现世为界，对恶行的惩处甚至有相隔十世之久者，所谓"天网恢恢，疏而不漏"。[6]简言之，循环时间观认为，在一个大的宇宙秩序内，个案的实质正义是完全可以实现的，也是必须实现的。

第三，现象化、整体化思维的一个结果就是中国传统司法相信案件事实真相一定可以发现、法律正义的永恒存在且可以获得。如前所述，从整体上看清代司法并不纠结于正义的现时实现。正义在人间没有实现，在阴间也会实现；在此世没有实现，也会在下一世实现。"善有善报，恶有恶报，不是不报，时候未到"；"君子报仇，十年不晚"等民间谚语都和这种时间观有着密切联系。在具体司法裁判中，法官的任务就是查明客观真相、公正裁判。无论案件进展到何等程度，即使是已经审结多年的案件，只要发现疑点，官员均

---

〔1〕　瞿同祖：《中国法律与中国社会》，北京，中华书局1981年版，第255页。

〔2〕　林端：《韦伯论中国法律传统》，北京，中国政法大学出版社2014年版，第117-125页。

〔3〕　瞿同祖：《中国法律与中国社会》，北京，中华书局1981年版，第262页。

〔4〕　於兴中：《非终局性、"青天大人"与超级法官赫尔克里斯——兼论传统中国的公正观》，载《杭州师范大学学报》（社会科学版），2012年第5期，第104页。

〔5〕　（清）徐栋辑：《牧令书》卷十七"刑名上"，载《官箴书集成》第7册，合肥，黄山书社1997年版。

〔6〕　范忠信：《从明清市井小说看民间法律观念》，载《法制现代化研究》（第4卷），第345-346页。

有权力也有义务借助自己的智谋或者神灵启示去查找真凶、纠正冤屈。对冤假错案不惮纠正，有错必改。有学者把"求真得情"作为实现实质正义这一司法目标的进路。[1] 因此，清代对案件客观事实真相的无限追求，就不可能产生在法律程序中通过切割的时间点，借助证据认定事实予以裁判的诉讼机制，也无法产生上述西欧法律传统中的"判定"。

（三）线性时间观和近代西方司法

近代以来，随着以基督教为代表的西方文明的不断扩张。强调理性、发展、效率的线性时间观由于其适应了资本主义生产方式和法治治理方式的需要，对现代社会和法律产生了重要影响。线性时间观主要表现为理性化、个体化和即时化三个特点。

第一，理性化。现代社会的一个重要特点是形式理性。理性化的最终目标就是祛除人的主观任意，使得人类社会的行为可以在预期的轨道上有序运行。马克斯·韦伯曾说，近代西方法律理性化是两种相辅相成的力量的产物，一方面是法律程序，另一方面是系统性法典和受理性训练的职业官僚。[2] 此处的法律理性化是指法律的形式理性。传统实质理性社会中，实质正义、秩序是法律优先考虑的价值。现代法律思维的基本内涵则是法律上的真实优于客观上的真实；法律上的因果关系优于事实上的因果关系；合法性优于客观性；形式合理性优于实质合理性。[3] 在现代法律思维指引下，不主张为发现客观真实而无限追究、反复纠正错误，而采用法律上认定因果关系的特有方式和逻辑推理形式，并借助具有时间限度的规则和程序，减少不必要的法律判断，以达到法律一定程度上的可确定性可预见性与相对的不可知性之间的平衡。[4] 正如马克斯·韦伯所言，这种形式化的司法，"法官所追求的不过是相对的事实——透过当事人的诉讼行动所设定的界限里，能够得出的相对事

---

〔1〕 徐忠明：《凡俗与神圣：解读"明镜高悬"的司法意义》，载《中国法学》2010 年第 2 期，第 131-132 页。
〔2〕 张文显：《法哲学范畴研究》，北京，中国政法大学出版社 2001 年版，第 217 页。
〔3〕 郑成良：《论法律形式合理性的十个问题》，载《法制与社会发展》2005 年第 6 期，第 24-26 页。
〔4〕 于兵：《法律视野中的时间范畴》，载《法制与社会发展》2004 年第 5 期，第 135 页。

实"。[1] 中世纪基督教思想家奥古斯丁认为，即使最优秀的法官，最完美的法律，也必然无法做到绝对正确，因而也就不可能真正公平。现实中的种种谬误和不公是不可避免的，因为这是地上之城的必然状态。[2] 近代西方司法审判中则以自由心证为核心的主观真实主义取代客观真实主义，作为主要的证据裁判规则。一方面认为，大多数证据法学家都承认，获得特定的过去事实的知识是完全可能的；另一方面却认为，在审判过程对于过去事实获得绝对确定的知识是不可能的，所能获得的是关于过去发生之事实的一种可能性，而不是确定性。[3]

第二，个体化。线性时间观带来的另一个后果就是个体化倾向。每一个人作为单独的个体，有着基本相似的自然生理和生命周期。就此角度而言，时间是平等的，单独的个体在时间和法律面前也是平等的。古代法律中诉讼主体资格不平等的现象成为过去，个人获得了主体资格。每个个体在法律上都具有独特的价值。个人权利在现代法律上具有了合法性，个人利益成为个人考虑的首要目标。[4] 在现代诉讼模式下，按照时间序列展示的诉讼程序由当事人个体来控制。当事人可以在法律限度内自主决定诉讼的开启、中断和终止。每个人成为自己时间的真正控制者。当事人的决定权，由时间来表达，但又受时间限制。如果不按照法律规定的时间进行诉讼活动，最后的结果也只能是败诉。时间改变了判决的确定模式，成为判决确定的重要因素。

第三，即时化。个人以独立而平等的身份作为现代法律的主体这一趋势，和个人对自己时间的拥有观念结合在一起，其后果就是个人以一种享用现时的方式展开生活。[5] 行使权利、履行义务、承担责任都必须在一定的时间范围内展开。超出特定时间范围，权利不复存在，义务、责任发生变化。所谓"迟来的正义并非正义"就是强调正义实现的即时化。对时间的强调使得效率成为法的重要价值，有时甚至是优先于个案正义而需要考虑的价值。现代诉

〔1〕 [德] 马克斯·韦伯：《法律社会学》，康乐、简惠美译，桂林，广西师范大学出版社 2005年版，第 222 页。
〔2〕 高鸿钧、赵晓力主编：《新编西方法律思想史（古代、中世纪、近代部分）》，北京，清华大学出版社 2015 年版，第 96 页。
〔3〕 易延友：《证据法学：原则、规则、案例》，北京，法律出版社 2017 年版，第 91 页。
〔4〕 熊赖虎：《时间观与法律》，载《中外法学》2011 年第 4 期，第 689 页。
〔5〕 熊赖虎：《时间观与法律》，载《中外法学》2011 年第 4 期，第 689 页。

讼作为一种社会控制和解决纠纷、化解矛盾的手段，必须追求效率。纠纷和争端必须在当下一定时间内解决才有实际意义。为此，人们通过由时间所充斥的司法程序设计追求效率。在案件进入诉讼的那一刻起，整个诉讼程序被时间切割成诸多环节：起诉、审查、受理、开庭、一审、上诉、二审、终审、执行等。几乎所有的诉讼权利都被规定了一个时间上的有效期间，权利必须在法定时间内行使。恰恰是通过时间，司法行为获得了确定性，产生了西欧法律传统下作为诉讼程序终点的判定。[1] 一方面，判定是终局性的、最终的结果；另一方面，判定也是由不可逆的程序累积而成的。诉讼程序就如一列向前行驶的列车，每一站点标志着诉讼的不同阶段。无论是诉讼进行中还是终结后，程序都是不可逆的。一事不再理、既判力法则都在此意义上获得正当性。

本章小结

　　滋贺先生以欧洲"竞技型诉讼"为比较对象，在总结以清代为代表的中国传统司法一些类型化特征的基础上，提出二者的核心区别是：清代司法完全缺乏作为欧洲诉讼本质要素的"判定"。这一观点对于我们在比较视野下理解和解释清代司法乃至现代司法中的一些现象具有较大启发意义。

　　首先，本章通过分析试图提出，清代司法裁判并非如滋贺等学者所言没有确定性和终局性，而是没有西欧式的"司法确定性"和"终局性"。中、西司法判决确定性的表现不同，背后的机理及其原因也相异。西欧竞技型诉讼通过上诉期间、审级等程序性构造来保障判决的确定性和终局性，可称为"客观确定性"。除非经过法定理由和法定程序，这种客观确定性一般并不因案件真相的重新被发现而改变。与此不同，以清代为代表的中国古代司法以当事人对案件处理结果的主观认同（甘结）来保证判决的确定性和终局性。这种确定性容易随着当事人所处社会情景和心理的变化而呈现出较大不确定性和"终审不终"。但是，由于作为当事人诉讼主张正当性依据和法官裁判核

---

〔1〕　王亚新：《对抗与判定：日本民事诉讼的基本结构》，北京，清华大学出版社 2002 年版，第 59-60 页。

心原则的"理"是客观不变的，大多数案件裁判结果仍得以保持确定并得到当事人的认同。因此，清代司法表现为"主观确定性"。

其次，中、西有关"判定"的区别在于二者司法公正观的差异。受宗教、政治、历史、社会等多种因素的影响，近代西欧多追求程序公正，中国则更多关注实质正义。恰如审级制是历史的产物一样，正义观也是历史积累的结果，而非理性的选择。在西欧，判决之所以被认为是正义的，恰恰因为其是经过法所规定的司法程序确定的，而法本身被认为是正义的。亚里士多德以后的西方诸多法学家也不断强化这一"法即正义"的观念，故可称之为"因确定而公正"。中国传统司法追求案情客观真实，在此基础上，法官"适中"裁决，民众允服，从而实现"无讼"，其本身蕴含着对确定性的追求。但清代司法并非通过客观程序定分止争，而是希望依据社会公认的规范——情理法，通过化解纠纷而实现无讼，故可概括为"因公正而确定"。就追求社会秩序的安宁而言，二者并无价值上的优劣。

最后，借助时间观理论，可以发现清代司法总体上受循环时间观影响，表现为现象化、整体化和永恒化现象。清代追求司法的绝对真实和个案实质正义，排斥形式理性。从而，也很难产生出诉讼期间和审级这种程序性制度。线性时间观下的近代西欧竞技型诉讼则强调理性、诉权平等及诉讼的效率价值。与此相应，则强调用时间严格限定诉讼各环节，规定了严格的上诉期限和审级制度，以此保证诉讼的效率价值。

马克斯·韦伯以来的一些学者基于西方的法律历史经验，把形式—理性法认为是法治发展的最高阶段。但是对于当前中国的法治建设，基于西方法律传统总结的这一模式未必是我们的归宿。中国百年的法制现代化历程证明，法治中国建设很大程度上取决于我们能否立足我国实际，结合具体问题，借鉴传统法律文化智慧，走出一条创新性发展创造性转化的中国特色法治道路。

结　语

受法家"法定"思想的影响，秦汉时期已经形成了一套较为系统的传统上诉制度，明确规定了上诉的条件、主体、期限、受理机关、审理等内容。唐代之后，为保证案件的公正裁判，封建王朝逐渐形成了一套"双轨制"的司法控制和保障体系。以"五刑"刑罚体系为核心，对内建立了一套根据官员层级高低分配刑罚权并严格控制刑罚权行使的法定程序（如"绝对的法定刑主义""必要的复审制/审转覆核制"）[1]；对外保留了秦汉以来由当事人发动的上诉制度，当事人对案件处理结果不服，可向上提出控告。然而，封建王朝官僚制下强调"治吏"的司法"双轨制"表现出较大的不平衡性。明代以后，随着中央集权专制的进一步增强，为节约司法资源，维持社会秩序安宁，明清两朝均强调重要案件经由法定渠道自动复审，以保持对地方司法的监控。通过严密的制度设计督促官吏严格遵循成文法处理重要案件，清代上控在司法纠错的同时，更承担着社会治理和监督地方的重要功能。现代上诉制度中，上诉权是上诉人的基本权利；而上控则暗示上控人未能通过官僚体制内部复审获得平反而不得不"自救"。

清代上控是中国传统上诉制度发展的最后阶段，也是近代刑事上诉制度建立的基础。清代对上控案件的提起、受理和审理均有较明确的规定。对案件判决不服的原、被告及其亲属均可提起上控。上控人可在案件审结后提出

---

[1] [日]滋贺秀三：《清代中国的法与审判》，熊远报译，南京，江苏人民出版社2023年版，第14-32页。郑秦：《清代地方司法管辖制度考析》，载郑秦：《清代法律制度研究》，北京，中国政法大学出版社2000年版，第94-95页。

上控，但不能越诉。提出上控的理由主要有三个：告状不受理、控告涉及官员而不便受理者和对前审结果不服者。除了现代上诉状中常见的当事人、案情、上诉理由等内容，清代并没有针对法律适用问题提出上控，而是针对案件事实提出异议；不同于初次控告，上控中大多会涉及对地方官吏的控诉或不满，在命盗重案的上控中，上控人从一开始就往往把自己置于前审官员的对立面。在一些京控案件的上控中，上控人更是直接对地方官员的判决提出了批评。上控案件分为未结和已结案件。对于未经审结和越诉的案件，发交原审衙门重审；对于已经审结的案件，则由上控机关采取提审、委审和发审三种方式分别处理。

"京控"不仅是法律概念，更是一个地域性术语。多数京控案件均由中央机关接收后发回各省处理。嘉庆以后京控案件的处理程序得以定型，基本上形成奏交、咨交和驳回三种方式。发审局的出现使得多数京控案件都交由这个准专门性的司法机构审理。清末法律改革，作为传统司法体制之一部分的京控随之消亡，新设的大理院成为国家最高的上诉机关。在实际的司法实践中，民初大理院逐渐用新的以权利、程序为核心的现代司法制度取代了传统"申冤"式的京控。

从上控案件处理过程来看，清代刑事司法并非单纯地发现犯罪和适用刑罚的问题。诉讼当事人为了各自目的，会采取诉冤、诬告、越诉、缠讼、诉冤等诉讼策略以引起官府重视或对其施加压力，从而争取诉讼利益最大化。如何处理上控案件，不仅是弄清事实、依法判决，更是如何平息讼争的过程。这是由封建王朝"无讼"意识形态与官僚系统和司法体制内的各种规则制度共同决定的。清代的司法同样是一个诉讼参与者（皇帝、官吏、诉讼当事人及其他相关人员）互动博弈的过程。其中，妇女诉讼令人颇为瞩目。一方面，封建王朝意识形态和立法在努力压缩妇女参与司法的空间；另一方面，实际的司法场景和官方的理想呈现出较大的差距。在上控中，妇女是一群活跃的司法参与者。她们不仅是传统观念中消极、被动的司法行为者，在某些情况下，她们也会主动闯入这片对她们来说的"禁区"，并力求证明自己行为的合法性和合理性。清代立法的模糊性、涉讼妇女的客观生存环境以及明暗交错的诉讼心态决定了妇女是否以及以何种形式参与诉讼。妇女，特别是寡妇，可以利用以宋明理学为主导的国家意识形态在立法和司法上的模糊空间，为自己或隐或显的目的服务。

清末变法修律，引入欧洲大陆法系司法制度和诉讼模式。法律移植的过程，也是西方刑事上诉制度取代传统上控制度，并一步步在近代中国生成及演进的过程。立法主导型的法律移植使西方刑事上诉制度在短期内得以移植而来；如果说词语借用和制度建构可以在短期内完成，理念的转变则非一日之功。传统上控和近代上诉之间，在表面诸多相似性的背后却隐藏着有关判决确定性（既判力）、被害人上诉权、审级、诉讼期间等问题上的根本不同。这些问题直接影响了民初刑事上诉制度的实施。甚至，从当代中国刑事上诉制度改革中有关"上诉不加刑""刑事既判力""再审的异化"等焦点问题的讨论，也或多或少可以看到两种审判模式交缠纠葛的影像。

判决确定性是上控与上诉最根本的区别之处，也是传统与近代司法最核心的区别之一。判而不结、缠讼缠访已经成为多年来中国司法中的一个难解问题。清代并无现代意义上的审级制度，即使已经审结的案件，只要为了追求"公正"，也可以被重新、不断提起并被受理。然而，我们对当前案件判决的不确定性深感焦虑，同时对于形成于西方近代的刑事既判力则很难完全认同。其中，传统司法对判决确定性理解的影响或隐或现。同样，如何解决设置更多层级以保证司法公正的实质价值实现与减少司法层级以提高诉讼效率之间的冲突，仍然是当代司法中的一个重要问题。时间一直是法律的一个重要因素。作为法律存在的时间，如时效、诉讼期间、日、夜等，反映了中西不同的时间观、法律观和司法观。是否以及如何将时间这种客观存在作为界定判决确定性的重要因素之一，是中、西之间在诉讼程序上的重大差别之一。

中国传统司法认为犯罪对被害人、国家和社会均造成伤害，若犯罪无法受到相应的"报"，则会天怒人怨，世间无法安宁。因此，刑事处罚结果也要得到受害人的认可。否则，被害人认为司法不公，则有权层层向上"申冤"。与此不同，西方近代以来，随着国家权力不断强化，犯罪被认为是对国家的侵犯，由其行追诉之权，被害人只是被动参与者。鉴于王权专制的恶果，诉讼特别突出控辩平衡、保护被告人权利，被害人被剥夺了上诉权。1949 年之后，社会主义司法强调判决应得到包括被害人在内的"人民群众认同"，由此就需要在被害人、国家和被告人之间达成一种新的平衡。近年的认罪认罚从宽制度改革，被认为是中国特色社会主义刑事司法制度的重大创新，丰富了刑事司法与犯罪治理的"中国方案"。其之所以能取得较好的社会效果，很大程度上是因为这种制度创新从中国实际出发，在现有诉讼制度的基础上，充分考虑和融合了传统儒家正义伦理和社会主义法律文化。

在写作过程中，我始终面临着一个问题，即研究的结论和现实社会中所谓"理性的"想象和推理表现出较大的不统一。到底哪一种是，或可能是"真实的"？至少现在我无法也不愿给出判断，我只能说结论出之于材料，如果说本书还有一些发现或者结论，也更多是对材料的归纳和综合分析。这就引出了另一个问题，即如果材料是当时的人们以及后人基于各种考虑而建造出来的，则研究意义何在呢？这个问题在某种程度上又是无法求证的。之所以说"某种程度上"，是因为随着历史资料的进一步整理和丰富，所谓的"历史真相"也许能够被我们更加接近和建构出来。但是即使如此，我们仍然无法深入每一个人的内心看看他的真实想法。恰如一位学者所言："我想起霍布斯的一句名言：如果几何公理违背了人们的利益，也会被视为谬误。的确，从来就没有独立于利益与价值判断之外的'社会事实'。所谓的'历史记录'远非历史本身。要掀开各种利益与忌讳浇铸起来的沉重之盖，一睹社会事实的本来面目，谈何容易。"[1] 研究当代中国的问题，我们同样必须时刻保持着这种自我的警醒和反思。但是，学术探讨是无止境的，这也是研究的最大魅力所在吧。

---

〔1〕 曹锦清：《黄河边的中国——一个学者对乡村社会的观察与思考》，上海，上海文艺出版社，2000 年，第 642 页。

附　录

附表一:《光绪朝朱批奏折》所见京控案件统计表 [1]

编号	接案时间	受理衙门、发交时间	承审衙门	案由	原告	被告	引用律例	审理结果	备注
1 热河	光绪二年二月十二	步军统领衙门	热河道领承德府	挟仇放火,率众抢掠,赇审书役,私押毙命	杨泰清（民人）	单锡候（民人）	军民词讼申诉不实律,杖一百,折责发落	原告"依军民词讼申诉不实律,诉不实律,杖一百,折责发落"	原告在亲王前控告,解送步军统领衙门讯供取结
2 四川	光绪二年五月二十八	都察院／同治十二年十二月十六	某司提审	胞侄图产行逆	李徐氏（孀妇）;抱告徐国政（母弟）	饶卜年等十余人（国余人）	不应重律;不应轻律	原告照不应重律究八十,收赎,遇赦免究	不知姓名人作就呈词之名
3 四川	光绪六年二月二十九	步军统领衙门／同治十三年十一月十五日前	成都府		徐思相		不应重律;越诉	原告照不应重律,杖八十,遇赦免议。房屋土地照罪不议,房屋土地照约耕管	原告因胞兄犯法,恐恶牵累,被追究纵罪,再恐自己房屋被充公,不敢回籍,遂堆砌"传闻之词"京控。原告是"自作呈词"。注:折片残缺

[1] 附表一汇总了《光绪朝朱批奏折》所收的专案奏折中的66个案例,包括案件的结案时间,受理衙门、发交时间、承审衙门、案由、原告、原被告、处理结果、引用律例及其他一些重要信息。

续表

编号	接案时间	受理衙门、发交时间	承审衙门	案由	原告	被告	引用律例	审理结果	备注
4 热河	光绪二年九月二十九	理藩院/光绪元年十二月	热河道理刑司	拆房、抢去财物，苛派差银，坟茔烧荒，伤毙人命，并勒夫人与协理私通	布彦巴雅尔（四等台吉）、索特那木多尔济（四等台吉）	贝勒夫人及属下人等	理藩院例：蒙古有争控事件，倘不在该盟萨克处呈控，又不在盟长处控，径行赴院具控者，不论具控。如原告官司不实，按事之轻重反坐。刑例载：诬告人至死罪未决者，杖一百流三千里加徒役三年	索特那木多尔济照"诬告人至死罪未决者，杖一百流三千里"，革去"任意污蔑"，照例实发；布彦巴雅尔减一等，拟杖一百徒三年，照例，杖一百徒畜入官；台吉照不应重，杖八十讨责；拔甲拉希罚责性畜入官；素巴照不应重，杖八十讨责；交盟长重责，实加枷号三个月	原告所控各项情节为诬，惟贝勒夫人有不端之事，"任意污蔑"。因其贵为贝勒夫人，且系未婚其夫故世，奉旨过门守节
5 四川	光绪二年十月二十八	都察院/光绪二年正月初二	成都府审办解勘	地方官纵匪贻害：丁空窝留积匪，程文榜设坛传教纠结盟行劫，县令不究并纳匪女，绅士办理瞻徇，株连善类，勒民捐输	刘道生（民人）/抱告王永顺	丁空和尚、程文榜、县令，绅土高鹏元	筹越赴京告重事不实并全诬十人以上者，仍发边远充军，复犯本罪，加一等发极边充军，到配刺字，不应重律	程述生发边远充军，仍尽免军，复犯本罪，加一等发极边充军，照例免为从例，到配刺字一百；原告照徒三年，杖一百，照例，到配刺字一百；折责充徒。另一原告因畏累中途脱逃，照不应重律杖八十	该案是讼师程述生从中播弄主唆而起

续表

编号	接案时间	受理衙门、发交时间	承审衙门	案由	原告	被告	引用律例	审理结果	备注
6四川	光绪三年正月二十八	步军统领衙门/光绪元年三月四日	成都府审办解勘	挟仇焚抢、重毁殴掳、贿逼屈瘗、刑求凶诬	邹承友	赵光华等人	原告之人并未起意诬告，系教唆之人起意主令者，以主唆之人为首；代人捏写本状教唆或抗帮赴京命人命重罪不实并全诬十人以上者，发近边充军，到配重责字一百折责安置。	杨联洲依原告之人并未起意诬告，系教唆之人起意主令者，以主唆之人为首；代人捏写本状教唆或抗帮赴京人命重罪不安并全诬十人以上者，照例刺字，到配充军，到配重责杖一百折责安置。原告人不知情由且迫于主命，毋庸处罚	讼棍杨联洲起意主唆
7黑龙江	光绪三年三月二十三	都察院/光绪二年十一月初五		谋命重案，官作受贿，复验不明。（胞兄自缢身死六年，疑为杀死，三次检验，坚不蒸检）	王景殿（监生）	崔振福（佃户）		王景殿斥革	该案三次京控，四次检验。隔省提讯，争论的焦点是采用白僵尸骨检验还是蒸骨检取尸头，如系后者须结亲令今亲自取尸头，并

续表

编号	接案时间	受理衙门、发交时间	承审衙门	案由	原告	被告	引用律例	审理结果	备注
8 四川	光绪三年三月二十五	步军统领衙门/光绪二年四月十三	成都府	殴伤毙命、乡约受贿串朦、书差贿改伤顶凶	蒲天荣（县民）	赵大志（凶手胞叔）、谢道杰（乡约）、差役（候明）、刑书（马鹤鸣）	越诉律；不应轻	原告照越诉律答五十。被告因向其讯问并不善言理遭，致酿越京控，照不应轻杖四十	原告越诉，捏称控经司并未亲来提严审。自作呈词
9 湖北	光绪三年三月十八	步军统领衙门	汉阳府	挟嫌谋命，县差贿纵	皮克真（民人）	彭二盛（民人）	共殴人致死，下手者绞监候；不应重律；越诉	被告绞监候因大赦释放。原告越诉答五十（怀疑误控）	死者之子因为启衅缘由，照不应重杖八十教免
10 湖北	光绪三年正月十八	步军统领衙门	武昌府	土匪抢劫毙命，县差贿纵	正峰等（僧人）	李恒有（民人）	不应重律	首告在保身死，据实呈明，比照闻拿投首杖例，杖七十，从告杖六十，因所犯并非好盗诈伪，照例纳赎。被告免议	道光十二年同寺僧人曾因田产纠纷京控。田产纠纷原告达到目的
11 热河	光绪三年九月	都察院/光绪元年十月奏交	都统查办	夫被抢杀毙命	精色玛（蒙妇）；遭抱无姓名	李斌、李芳生、李芳		审讯官认为不能"仅凭原告一面空词，锻炼无人坚不承认"	该案案发同治九年，正犯不能缉获，原告"素有嫌隙"之人坚不承认，且毫无证据。被告监禁候质

续表

编号	接案时间	受理衙门/发交时间	承审衙门	案由	原告	被告	引用律例	审理结果	备注
12 热河	光绪三年九月	都察院/光绪三年六月	都统查办	勾贼杀害伊父母	吴鲍氏（如意）（蒙妇）	图拉巴吐（原告族兄）		审讯官认为，干证未到，不能仅凭原告"一面之词，徒事刑求"	被告监禁候质
13 热河	光绪三年十二月初八	都察院/光绪二年十二月二十六	热河道	官吏科敛民财，移树子人	张振元（社首、已革生员）抱告；郭殿元（社长）遗弟抱告	已革刑司司员孙恩庆等	指称各衙门打点使用，计赃犯该徒杖以上者，俱不分首从，发近边充军例发边远充军	原告"指称各衙门打点使用名色，计赃物，犯该徒杖以上者，俱不分首从，发近边充军例，发边远充军"应敕免，按律处置远充军"处治，请旨处置	
14 湖南	光绪四年二月初九	都察院/光绪二年十月初一	长沙府	知县诬陷忤逆，案悬不结	谢辅宗（户部主事）遭抱；许定崐	俞植（知县）	诬告人死罪未决，拾叁匿名条款唆词讼为人作词增减情罪诬告人	诬告人犯年逾八十，勿论，拾叁匿名条款仅烧毁。知县无贿申诬陷，办案不力，参革，仍发军台效力赎罪	牵涉尹锡纶京控吞饷案加赋吞饷款湖广总督委湖北候补道往湖南会谳臬提省审办

编号	接案时间	受理衙门、发交时间	承审衙门	案由	原告	被告	引用律例	审理结果	备注
15 湖北	光绪四年五月初十	步军统领衙门	武昌府	父被殴伤毙命，贿嘱委员抛尸不验，刑书书结自押	吴志道（民人）	张学清（民人）	不应重杖八十，赌博（救免），计赃准窃盗	原告越诉轻罪不议，但先不查明虚实，率行京控，照不应重，杖八十；被告依毁伐树木计赃准窃盗论，杖七十；从被告杖六十，毁树照律赔偿	京控审办期间，原告呈明自己痛父情切，怀疑误控（提审之先）
16 奉天	光绪四年八月初七	都察院/同治七年八月　遵旨交奉都察院	奉天府审理，臧局审办局会审派员会审　臧局	知县连年加征，发觉行贿　官吏贪赃不究，捏详革职	韩廷振（候选同知）遭抱沈桂　韩廷振（已革天知）遭抱侄子	俞恒灏（盖平知县）　盖平知县	积惯讼棍，播弄乡愚，恐吓诈财，一经审实，依棍徒生事扰害问发云贵两广极边烟瘴充军例	原告充军，身死免议。抱告人"迭次作抱诬告"，依从犯减一等，杖一百徒三年	被告撤任查办。原告丁忧"不安本分，屡次渔利插讼，蔑法抗官"，被革　光绪四年原告在监因病身死
17 奉天	光绪四年九月初七	都察院/光绪三年四月	臧局审办	纠众谋杀受贿纵凶弟被殴死，凶犯逃无着	王明德（民人）	刘括纷	斗殴杀人者不问手足他物金刃并绞绞监候，不应轻律	被告绞监候，遇救援免。人命重案，私自调处，笞四十照律轻缓	案发同治十一年。被告逃逸后被获。被告方一人监押毙命

续表

编号	接案时间	受理衙门、发交时间	承审衙门	案由	原告	被告	引用律例	审理结果	备注
18 山东	光绪四年九月二十一日	都察院/光绪三年五月	臬司审理	殴伤二命，贿串押逼	袁锡盛（民人）	李庆隆（监生）四年四月十二日在押因病身死	诬告人死罪未决律，杖一百流三千里，下比附，例减一等，杖一百总徒四年。（该犯"实属刁狡"，"第因痛弟痛叔情切"）	诬告人死罪未决律，杖一百流三千里，下比附，例减一等，杖一百总徒四年。（该犯"实属刁狡"，"第因痛弟痛叔情切"）因痛弟痛叔情切所致，与拖空诬告者究属有间，若凭实情比附酌减，加徒似觉比附酌减一致，自应比附酌减。被告监生收赎，监死勿论。	京控案件审理期间，被告又以驾唆诬告京控，两蠹藉诈遭害京控，案合并审理。案件审理未结，在监身死。
19 山东	光绪四年九月二十二日	都察院/光绪三年七月十八日	臬司提审	军犯私掘河口，连庄受害，喝令率众殴毙人命	李景秀（民人）光绪四年六月二十五日在店病死	燕灏洲（民人）	不应重律	原告诘非有心诬告，亦无雠别故及抗帮唆讼之人，诬告实属怀疑图准，被淹情急再京控，除徒疑诬诉应轻罪不议，依不应重律议，杖八十，身死免议	为争夺水利，双方曾经于同治十一、十三年断结，讯结十一再京控，令仍仍。因原告死亡，案结较易

续表

编号	接案时间	受理衙门、发交时间	案由	原告	被告	引用律例	审理结果	备注
20 奉天盖平	光绪四年九月二十九日	抱告王前呈亲王控，步军统领衙门，并由盛京将军领饬派员赴局会审/同治十二年六月，委臧局审办	挟嫌勾匪，抢掠财物，拒殴伊母致伤，串通委员庇赃接赃	李有仁（贡生）遭抱李桂龄	胡汰（民人）	凶徒聚众执持凶器伤人及围绕房屋抢劫家财，犯至徒罪以上，不分首从，发边远充军。不应重律	被告依例发边远充军，到官后脱逃，加二等发云贵两广极边烟瘴充军，照例以极边足四千里为限，发边远充军至配军一百折责安置。被告父因启衅事端，照不应重，杖八十收三人	原告控诉后先是匿不到案，后到案后脱逃，保放未结，而案结案时尚未到案在逃。此案发于同治四年六月十三日，光绪四年尚未彻底结案，拖延不结
21 奉天昌图厅	光绪四年十月初五/咸丰九年十二月	都察院/并由盛京将军派京控员赴局会审，委谳局审	窝留大盗，挟嫌纠众杀人枪毙八命，锢尸弃河，奸污妇女，嗦盗诬扳，贿盗诬通，原审刑逼纵凶不缉	周赵氏（孀妇）二次京控遭抱抱告	阎明，阎广月（乡约）	诬告人死罪未决者，杖一百流三千里加徒役三年	原告诬告反坐，应杖一百流三千里加徒役三年，唯该民县系挟忿诬控，尚无图诈冤命赖等重情所犯非关十恶，应准照律收赎，援赦免收赎	原告五次京控，被告因久羁霸押，被迫脱逃，并京控一次，数人任押毙命。被告京控目的是催促尽快结案，而原告京控目的是拖延不结

续表

编号	接案时间	受理衙门、发交时间	承审衙门	案由	原告	被告	引用律例	审理结果	备注
22 湖南	光绪四年十月二十八	都察院／光绪三年十二月初七	武昌府	挟嫌枉参	马云（已革候补知县）	增寿（原湖南岳常沣道，现任浙江按察使）		原应按律反坐，但系因瘐病所致，与有心诬告实呈悔，情尚可矜，即据实呈悔，并非始终诬执，原，但该官常箴，不守官箴，且恐将未瘐毙复发，别滋事端，著速未便即解回籍，由地方官严解回籍，加看管	
23 山东	光绪四年十二月初十	步军统领衙门／光绪四年三月初十	臬司	挟嫌将堂兄杀毙，官员贪酷虐民，押令掩埋	孙宗美（民人）	王端（民人）、梁启太（外委）、杨吉运（兵丁）、李广和（县役）	越诉律	原告越诉笞五十，庄长"地方出有人命案件，毫无觉察，任令掩埋，亦属糊涂"，令斥革	被告凶手王端被拿获归案

续表

编号	接案时间	受理衙门、发交时间	承审衙门	案由	原告	被告	引用律例	审理结果	备注
24 甘肃	光绪五年五月十六日	甘陕总督左宗棠报		县官贪污、失察家丁诈赃	吴景圣（廪生）	龚寿昌（已革县知县）湖南人	家丁诈赃×两以上发近边充军例	原告禀词失实，尚有冒充里书、侵吞官发种羊银两承认，但没有承认，发回原县另行讯结。被告家丁诈赃，发边四千里充军，照例刺字，到配折责安置	被告办事糊涂，有违定制，不成事体，著革职。但并无加征入己等重情，勤令回籍永不叙用
25 奉天昌图	光绪五年六月初八 同治十二年四月	都察院	饬委藩局/审办，盛京将军派员赴省局会审	挟嫌勾串官兵安拿伊弟冤杀	刘良轩（乡约）	高登汉	越诉律	原告因越诉律答五十，遇救援免。被告诬告本应处置，但因父死已死于非命，免议	原告一次京控，被告屡次京控因原告屡次京控制，而京控步军统领衙门，多人在押病故
26 奉天岫岩厅 021	光绪五年十月 同治四年八月	都察院	饬委藩局/审办，盛京将军派员赴省局会审	纠众抢掠，贿押毙命	何胡氏（旗妇）解往备质	原之华（客民）	斗殴擅将鸟枪施放杀人者以故杀论	原告之子斗殴，擅将鸟枪施放杀人者，故杀论，减一等，杖一百流三千里，遇救援免	原告两次京控，一次京控，案证一次京控。原告本为诬告，在押身死不议。原告、被告均在押病故

续表

编号	接案时间	受理衙门、发交时间	承审衙门	案由	原告	被告	引用律例	审理结果	备注
27 奉天 022	光绪六年三月	都察院/光绪五年闰三月	谳局审办	纠众烧房，刀伤事主	苏培生（文生）	王得金	凶徒挟怀私仇放火烧毁房屋未伤人，为首斩监候	被告依凶徒挟怀私仇放火烧毁房屋未伤人，为首斩监候，原告应请从宽免议	被告亦京控一次
28 吉林长春	光绪六年三月	步军统领衙门/光绪五年七月	提省审办	将伊父殴伤毙命	罗景云（拥有六品军功之差役）	韩希武等十一人	篡越赴京告重重不实并发边十人以上发边远充军；不应重重律	原告依篡越赴京重重不实并发边十人以上发边远充军，另外二人因听信谎言帮同拿人，照不应重律杖八十	
29 奉天昌图	光绪六年八月二十七	都察院/光绪六年正月都察院二次咨送蔡张氏遣抱	委谳局审办	诬良为盗，私毙二命，害夫未杀子，伤害原告	蔡张氏（孀妇，第二次京控遣抱堂哥张家臣）	黄万有（在押病故）、刘广成（捕役）、王凤臣（贴书）	诬告人因而致死被诬告之人，因拷禁身死者拟绞监候	原告诬陷人死罪未决律轻罪不议，因而致死被诬告者因拷禁身死拟绞监候后处决，虽已成候秋后处决，犯系死罪不准收赎，犯系死罪不准收赎	第一次京控后，原告在保候割伤舌尖，随后背保潜逃。一被告之夫纠众抢劫另一民妇李氏京控，伤拿案归案后病故
30 奉天盖平	光绪八年十二月十五日	都察院	谳局审办	聚众明火枪毙二命，外委差役纵不缉呈械	苑蓬瀛（府署书科清书）史	胡兆丰（外委）、潘海清（县总役）		原告痛父情切并图速获械，并非非嫌安外委、县役不革免议。县官照例题参	父兄被杀，久不能获凶，堂嫂、胞兄病故。心疑外委、总役纵盗不缉京控

编号	接案时间	受理衙门/发交时间	承审衙门	案由	原告	被告	引用律例	审理结果	备注
31 奉天028	光绪九年正月	都察院/光绪八年	谳局审办	主谋杀命、贿纵群凶	李延龄（民人）	蔡永沽、黄洛仲（刑书）、冯玉山（捕役）	共殴人致死律；共殴人致死律 不应重律	凶手依共殴人致死律下手致命伤重者拟绞监候秋后处决。共殴余人杖一百，遇赦准免。原告赴京越诉免，照不应重律杖八十	凶手被获拟抵，原告达到了自己缉获凶手为父报仇的目的
32 热河	结案日期不明	都察院/光绪八年六月	承德府	残杀一家三命	李发荣	桑洛三		将原告发交承德府取保候质，凶犯、入证、要证皆逃匿外出，一时实难缉获	朱批：此案情节较重凶犯及应讯要证何至一无获耶？殊属疲玩。著该都统严饬所属迅速缉务获，其公讯办，毋任延宕。钦此该部知道。
33 吉林	光绪九年十月二十	都察院/光绪三年京控交审讯	提发清讼局审讯	虚实未查、被参追赔并被诬卖放乡约、冤实难堪	赵关氏（职妇、孀妇）解任在备质			该案得以平反，亏款无凭，原被参各节应更正，买无乡约，一事亦无	该案事隔数年尚未审结，饬令分巡道速督饬。该案先后各清讼应速审结。该案先后咨都察院展限

续表

编号	接案时间	受理衙门、发交时间	承审衙门	案由	原告	被告	引用律例	审理结果	备注
34 河南省	光绪十二年七月初八	都察院/督奏/四月二十八日	藩臬两司/督同首府开封府知府审拟	贿盗纵凶，问官徇护，顶替凶犯	徐建中（附贡生），第二次京控遣抱		临时行强，以主意及为首；共论强盗强盗已行，从论强盗盗已行，但得财者皆斩立决。不应重	二犯监毙照例毙尸。另外二犯病毙勿论，被告之一一拾获赃物私匿被控诬报，不应重，援赦控诬免议，另一被告援赦免议押毙咎由自取。原告免议	三次京控都察院和步军统领衙门。五犯在押身死
35 奉天省昌图府	光绪十二年三月十五日	叩阍，刑部讯具奏，咨送奉天省审办/光绪十二年三月二十五日	饬交驿巡道、督同县办理讯具拟	短欠未结，纠人剐瞎双眼，并被抢去妻子，害死伊叔	刘朋照（客民），害诱奸	庞凤鸣	奸夫诱拐奸妇，和诱知情为首拟军，冲里充军，按例不准莸杖减，但因双目失明，一百发近边充军	原告依奸夫诱拐奸妇，和诱知情为首例拟军，发极边足四千里充军，按例不准莸，杖减，但因双目失明，照例收赎。被告依殴伤奸夫至折服累属殴奸伤得以上例得勿论	奸妇通奸同逃，应由县照例传案惩办。中奸之人援恩免传。前奸拐知府县候补知府于奸案件未详讯，任听私和，复断给钱文，随案附参
36 河南省	光绪十二年十二月十五日	都察院	开封府知府审办	唆子勒毙，解往备质	陈郭氏（民妇），自行写词呈京控	刘荣升（武生）	不应重律	原告怀疑误控，图准添砌，控词失实，不应重杖八十，援免	原告因夫出外自行京控。本案光绪三年五月，被发此前曾经被累因为原告宗控告先告被告

续表

编号	接案时间	受理衙门、发交时间	承审衙门	案由	原告	被告	引用律例	审理结果	备注
37 河南	光绪十三年五月	步军统领衙门	开封府知府审办	杀父毙命，正凶不缉	周殿甲（民人）	宁七	斗殴杀人者不问手足、他物、金刃并绞监候	凶手合依斗殴杀人者，不问手足、他物、金刃并绞律，拟并绞律监候。原告免议	路过不知姓名之人作就呈词
38 山东		都察院，光绪十一年十一月	委员会同州县查勘，臬司审明	申通讯官，凶决河防，朦上殃民	戴慕筹（文生）遣抱：王兆龄	李殿珠（监生）	不应轻律	不应轻律答五十，系生员照例收赎	此前光绪三年已经有王恩洽京控河流一案，这次仍然是关于河流问题
39 湖南	光绪十三年九月／光绪十三年三月	都察院／光绪十三年三月		族侄将母伊母毒毙，屡控不究	王家发	王政沂	圣驾出郊冲突仪仗，妄行奏诉，杖一百发近边充军例	原告杖一百发近边充军，解配折责安置	原告曾至步军统领衙门京控一次，发回后审依律不应重审，杖八十枷号两个月
40 湖南	光绪十三年九月／光绪十三年三月	都察院／光绪十三年三月		妻母被霸铺产，被诬告至妻母嗾申害被押	李帱尧	吴显奇	圣驾出郊冲突仪仗，妄行奏诉，杖一百发近边充军例	原告杖一百发近边充军，解配折责安置	原告妻母张吴氏曾至都察院京控，张吴氏照不应重律收赎

续表

编号	接案时间	受理衙门、发交时间	承审衙门	案由	原告	被告	引用律例	审理结果	备注
41 湖南	光绪十三年九月	叩阍／光绪十三年四月	某司	在道旁叩阍	凌李氏（民妇）	凌清一	圣驾出郊冲突仪仗，妄行奏诉，杖一百发近边充军例	叩阍情词系京控已结之案，照例毋庸再行审理。凌李氏照前次冲突仪仗充军，杖一百发近边充军，系妇人且年逾七十，照例收赎	原告曾请不知名人作就呈赴步军统领衙门陈告一次
42 直隶	光绪十三年三月	叩阍／光绪十三年三月初五日叩阍	发交永平府审办，后发交保定府审办	侵占茔地，挖毁坟砌，差书差赇捏控致被责押	曹国瑞	刘宝善	圣驾出郊冲突仪仗，妄行奏诉，杖一百发近边充军例	原告控词属虚，究系图准添砌，照例仍杖一百发近边充军	田土纠纷
43 四川奉节	光绪十四年六月二十六	都察院／光绪十三年五月初三日	成都府审拟	会匪殴毙伊侄，知县受赇故出，书役调唆，停贿改申，供贿顶凶	郭海楼（文生），遭抱陈德和，改申	李国贵（团首）	不应重杖八十	原告由情而因无凭，控出有因反坐，"惟以本省审明拟办之案辄行砌词赴京安渎，安属不合。"照不应重，杖八十	该案原告曾经至省学院呈告
44 盛京	光绪十四年五月二十七			挟嫌纠众枪毙伊家七命一案	李群山（民人）	郭泳等			钦交案件请旨添派大员会同审办。特交案件

续表

编号	接案时间	受理衙门、发交时间	承审衙门	案由	原告	被告	引用律例	审理结果	备注
45 盛京	光绪十四年五月二十七			亏短船规并捐输钱文一案		盛幅（故员，牛庄防守尉）			钦交案件请旨添派大员会同审办案件。特旨交办案件
46 湖南	光绪十四年十月十二月	都察院	督饬局员选次验讯，两造供词各执	殴杀弃尸	丁陈氏（孀妇）遭抱	被告以六品军功洊保都司			请暂行斥革被告。上谕同意
47 四川	光绪十三年	都察院奏交	发委成都府谳同督局委员审办	督杀夺财，冀恳审究雪冤	张吴氏（孀妇）遭抱张秀芳	黎鸿钧（参将）	不应重律；行政处分	原告误听传言，怀疑其夫为被告督所杀京控，照不应重律，杖八十。被告虽然没有共同谋杀情事，但未能事先防范约束以致散勇滋事抢杀，奏革	该案牵涉另一民事案件，原告借款未还，但一经纟到省质讯，很快便委人归还

续表

编号	接案时间	受理衙门、发交时间	承审衙门	案由	原告	被告	引用律例	审理结果	备注
48 直隶	光绪十六年九月交十五日	都察院奏交	饬司委提人卷发交保定府审书审办	谋产绝嗣致毙三命，丁书申审供滥刑反诬	杜老儿	任大黑牛	殴死功服卑幼一家非死罪二命绞决律	杜才虽系殴死一家三命，惟二故一斗共与故杀三命不同，且斗杀出嫁胞妹妹拟流，轻杀大功弟妹罪不议，依殴死功服卑幼一家非死罪二命，绞决，病故毋议。邀赌之陈四照不应重，杖八十免决。原告非有心诬执，按越诉律，笞五十	

续表

编号	接案时间	受理衙门、发交时间	承审衙门	案由	原告	被告	引用律例	审理结果	备注
49 四川	光绪十六年十二月二十二日	都察院光绪十六年十二月初七奏交	署按察使督同成都府知府审解勘；谳局审理	纠抢劫杀毙命绝嗣	林春黄（民人）遣抱黄文亮	唐功业、唐思业等	例载：共殴人当时身死，以后下手重者当其重罪。律载：共殴人致死，下手致命伤重者绞监候，斗殴杀人者不问手足、他物，金刀并绞监候	原告子侄被杀灭控，怀疑误控，尚非有心牵累免究。例载：共殴人当时身死，以后下手重者当其重罪。律载：共殴人致死，下手致命伤重者绞监候，斗殴杀人者不问手足、他物，金刀并绞监候。被害人不期而一家二命，各毙各命，自应各科各罪，二犯拟绞监候，一犯拟刃伤人三犯杖八十徒二年。三犯均系光绪十五年三月十六日恩诏以前，核其情节不在不准援免之列，应请均子援免，后有犯加一等治罪，并追给埋葬银二十两	该案光绪六年七月案发，光绪十六年八月十八日缉获凶手主犯。强调"诘非有心致死，亦无预谋纠殴及起衅别故而故无预谋纠殴后逃后行凶为匪与知情容留之人"

续表

编号	接案时间	受理衙门、发交时间	承审衙门	案由	原告	被告	引用律例	审理结果	备注
50 热河	光绪十六年七月—十二年旧案查销陈案	都察院咸丰八年十年两次奏交、光绪十六年七月另旨研审		因地挟仇杀毙伊家多命	李群山	李汶成	援例销案	该案案发咸丰元年，经过几十年的反复。王五人押毙，二犯子同治四年越狱潜逃。李群山在保潜逃去。怡清山同治九年借机远去。同治十二年，王怡清京控原案被无人可讯，销案。最后光绪五年重要嫌犯光绪五年押毙，此时申请销案。覆情疲理，原控本觉悬虚，且原、被无人可讯，援例情求销案	咸丰元年，王怡清控原告李群山之父纠众杀毙人命；咸丰五年，李群山以放火烧房、抢劫财物、杀死多命、抛弃荒河，后被告以原告反使伊子提词安控命之父杀毙词安控至盛京刑部。咸丰八年，李群山抢劫京控；同治十年，王怡清京控李群山抢劫京城毙命、随即脱逃板。同治十二年，王怡清京控无人可讯，销案。光绪十六年，李群山京控案也销案

续表

编号	接案时间	受理衙门、发交时间	承审衙门	案由	原告	被告	引用律例	审理结果	备注
51 广东	光绪十九年三月二十八日	都察院 光绪十二年二月十八日		族匪纠众杀毙三十三命，主使者详革并仅被押令交不凶，获并不案办犯解之	李丽松等 遣抱李安	何步阶（武举）、何亚迪等	纠众互殴致毙二、三命以上，案内执持金刃器械之余人数在五人以上者，勿论曾否伤人，即照原谋律，杖一百流三千里例	八被告在监病故，主谋及多个正凶在逃。原、被双方互殴杀毙多命、缠讼十载，两造主谋及凶犯均已死亡殆尽或存亡未卜，京控者多有失实且病故。现经乡署调处，两造悦服，恳请将已获各犯依照例核办。四被告依纠众互殴致毙二命三命以上，案内执持金刃器械之余人数在五人五人以上者，勿论曾否伤人，即照原谋律，杖一百流三千里例，援免	家族之间的械斗案件光绪九年九月案发

续表

编号	接案时间	受理衙门、发交时间	承审衙门	案由	原告	被告	引用律例	审理结果	备注
52 直隶	光绪二十年五月二十二日	军机大臣奏交,光绪十九年九月初二		匪徒扒堤,灾民聚众来京呈控	宫燮(被革文生)、张保良(被革文生)、孟昭桐(被革文生)、蔡振声、张世元等	偷扒大堤之人为首王卜世病故	直省习民假地方公事强行出头,逼勒钱谷聚众,联谋扳从者杖一百	列名之人被逼挟从,依直省习民假地方公事强行出头、逼勒钱谷聚众、联谋扳从者杖一百。讵内七庄因上游挖堤贻害,公出知单约会京控,并无出头主谋之人,列名京控之人被逼协同灾民京控,聚众多人已近要挟,又通令地方人同行,本应严究,姑念地方被灾情,非得已,一定为首之人,应从宽免其查究	文安大城两县二千余人京控,"集体京控"
53 山西	光绪二十年正月至六月	光绪十七年十二月奏,顺天府发交回审文太原府办	饬传被告到案后发审太原府		李张氏(民妇)	杨辉庭	例载:赴各衙门告言人罪,原告无故两月不到案者,即将被诬及证佐释放,所告之事不与审理,拿获原告,专治原告以诬告之罪	例载赴各衙门告言人罪,原告无故两月不到案者,即将被诬释放,所告之事不与审理,拿获原告,专治原告以诬告之罪。案销	李张氏在京与志成信票号涉讼,发回山西审办,被告到案,而原告始终未到案(是否身病、死亡或其他原因无法到案)

续表

编号	接案时间	受理衙门、发交时间	承审衙门	案由	原告	被告	引用律例	审理结果	备注
54 河南	光绪二十二年十二月二十八日	都察院续查远年京控，原、被无人，案件请旨查销	开封府审办	县官贪残等情	李友蓝（监生）遭抱:	周淦（县官）、门丁勾串摊派浮收		从案发至今二十多年，一直案悬未结。现在被告病故，原告也病故，证人或病故或外出无寻。原、被无人票请查销，关键证人王二无从查找，自应照章查销	该案发回审理上报后遭刑部驳回，光绪三年四月初七奉旨再审
55 浙江	光绪二十二年上半年	发委杭州府知府督同臧局委员审办		假冒世职，主谋杀命	孙吴氏（民妇）遭抱: 无姓名	孙成兽、孙飞鹏（监生、云骑尉世职）		请旨将被告监生及世职一并暂行斥革	生员孙云裳被杀。朱批"著照所请，该部知道"
56 直隶	光绪二十三年十一月初九	都察院	某司督同保定府知府沈某本家讯明拟议解勘	率众寻殴，书差教供纵凶，并令讼棍包揽词讼委员夏维银勘通遣具结。	王亲贤（童生）；书差夏维银	柴冠林（贡生），系族中重要紧人，也系凶手之一的父亲	照不应重律，杖八十	原告怀疑误控，并非有心诬告，且查明后即据安禀首，情尚可原。惟控词失实，究有不合，照不应重律杖八十；维持原审	该案为宗族之间的械斗

续表

编号	接案时间	受理衙门、发交时间	承审衙门	案由	原告	被告	引用律例	审理结果	备注
57 河南	光绪二十三年十二月二十六	都察院光绪二十一年六月初七案交	提省发交开封府审办	挟仇故杀，贿赂不偿命	张复兴	李金聚等		原告怀疑诬捏所致，并非凭空诬捏，到案后据实供明，情同自首，应请宽免置议。被告李金聚在所病故，但审无所告罪行，杀人案犯，一人绞监候，一人发边远充军，一人在逃	光绪二十年案发，由于书役弄弊，原告疑至府，上控赴县会审未结，委员赴省司院，上控至司院，案悬不结，因而请路过不识姓名，人作词京控
58 河南	光绪二十二年至二十三年	都察院	开封府审办	凶徒顶案问抵	张昆山	张铁妮			原告认为伊弟张守敬被张铁妮诱杀身死。张巨妮案问抵。该案已结，张巨妮已入秋审，从该年秋审将张扣除

续表

编号	接案时间	受理衙门、发交时间	承审衙门	案由	原告	被告	引用律例	审理结果	备注
59 奉天	光绪二十四年十一月二十三	光绪二十四年五月十一奉上谕交审	奉天驿巡道谳局审办	诬良妄拿，诈财毙命	程九武（贡生）	德英阿（营官，将军依克唐阿之侄）	依诬指良民为强盗发边远充军例，监临官因公事耤比依违，官员因公处非法殴打致死者杖一百徒三年；不应重一徒三年；杖八十律，杖八十	乡约王振兴依诬指良民为强盗者发边远充军，例，减一等拟杖一百徒三年；官员杨鹏湖比依临官因公事耤比去官处非法殴打致死者拟杖三年，减一等重杖九十徒二年半，系军官照例发往军台效力赎罪，仍照名例请旨定夺；德英阿贾元佳开复审处委员贾元佳开复原衔交部议处	奉天没有发审处
60 山东	光绪二十五年二月十三	光绪二十四年四月十三奉旨交审 叩阍案	由臬司审讯解勘前来	凶徒毙命，贿差匿凶，责押勒结	程秦氏（孀妇）	刘傲思（杀夫凶手）	孀妇照杖一百发近边充军例	程秦氏照孀妇杖一百发近边充军，系妇女收赎	光绪十七年九月案发。一次钦行叩阍，被提督衙门拿获，照违制律拟杖收赎；一次叩阍；二次请呈不知姓名人作就名呈词叩阍

续表

编号	接案时间	受理衙门、发交时间	承审衙门	案由	原告	被告	引用律例	审理结果	备注
61 直隶	光绪二十五年七月十二日	都察院交,光绪二十四年十二月初三日上谕	天津道查讯,会同核明	奸民暗筑私埝,贿通倫掘官堤	杨杏村等(绅民)	张海观等			未立案。饬令地方官细心处理,令河西河埝不再加筑,令其慢慢销毁,以解决纠纷
62 云南	光绪二十六年十一月二十日	都察院,光绪二十五年十二月十六日谕交研讯	某司督办,漱局审办(云南府、昆明县知府、明县候补知县,局员二人)	滥刑诬叛通招	夏王氏(已革职妇),遭抱夫弟夏文娘(从九品衔)抱告	王业先(把总)	诬告叛逆、被诬未决,斩候;谋杀已行未伤;造意为首;不应重	被告依诬告叛逆、被诬未决,斩候例上,量减一等,拟杖一百流三千里,减;从犯听纠同首减等,杖一百徒三年,比依谋杀已行未伤造意为首,减一等杖九十徒二年半;抱告不查实率行呈,照律律处	案发光绪二十一年十二月,不知名姓人作就呈词。该案发后先在漱局委员讯拟,后案委员因日久拖延,未结。原告因日久拖延,情夫情切,同可原,不议。夏王氏之夫既经革职不议
63 山东	光绪二十九年正月至七月			挟嫌纠劫故杀贿抵	刘大章(尸兄)	邵传礼			该案已由府审明解省照章入于当年秋审,因尸兄见犯,把罪犯从当年京控中扣除

续表

编号	接案时间	受理衙门、发交时间	承审衙门	案由	原告	被告	引用律例	审理结果	备注
64 奉天昌图	光绪二十三年十二月十六	光绪二十二年十二月十六日都察院奏交，又奏交，二次京控	交顺天府府尹确查，由昌府闾控报复图府讯办	劣官受贿串谋夺田；知陷害无辜	马春元、贾献廷				本案为民事纠纷，但原告以刑事起诉，最后仍以民事处理
65 河南	光绪二十八年四月至光绪三十年九月	光绪二十八年四月叩阍案		佃户为匪、杀毙人命	王赵氏以孀妇名义控告，实际上其不是孀妇	朱二黑（佃户）		其子出家为僧。该氏在京供称有长子王保，难保不有人从中教唆帮助。原告丈夫不务正业，游荡在外，无从找见。王赵氏生活无着，难保不为借活迤陷诬告。该省令其翁领回应该是为该氏找到一个生活的门路	刑部拟以冲突仪仗杖一百发近边充军，该省把该氏交由氏翁领回管束

续表

编号	接案时间	受理衙门、发交时间	承审衙门	案由	原告	被告	引用律例	审理结果	备注
66 湖南	光绪三十四年四月初二	光绪三十三年十一月都察院代奏	湖广总督同湖北臬司、武昌知府以及臬局委员审办	承审院司藐玩重案（逆伦重案）	陈王氏（孀妇）遣抱朱坤				注："……事关逆伦重案无论虚实均应及早讯结，因何拖延数年之久殊属不合，著赵尔巽按照秦公提讯，迅速秦讯据招折根讯不结，定行提京讯办。其承审迟逾之员有无应行交议之处并呈明覆钞秦，原折并呈明著钞给阅看。钦此"
		光绪二十九年十一月都察院代奏		背亲灭伦图继酿讼	陈王氏（孀妇）遣抱朱坤	陈为福（陈王氏胞侄）		两造均各悔悟，情愿迅速秦公具结完案	

附表二：《刑案汇览三编》所见清朝京控案件统计一览表
(1)

序号	时　　间	案件来源	原　告	案　　　由
1	嘉庆十一年	江苏司	许自发	子命无偿架词京控情尚可原
2	嘉庆十七年	东抚咨	陈效宾	囚已招服亲属妄听人言京控
3	嘉庆十七年	贵抚奏	胡元勘	父因子杀人遂架捏重情京控
4	嘉庆十七年	安徽司	贾六	控出有因原可酌量科断
5	嘉庆十七年	赣抚咨	钟世芳	妻父悔婚另嫁舅婿互相捏告
6	嘉庆十七年	东抚奏	李菜山	殴妻自尽妻父京控身死不明
7	嘉庆十八年	江督咨	徐文晋	讦执根卷两次京控藩司受贿
8	嘉庆十八年	江督奏	梁士秀	诬告非法殴死并库书盘踞
9	嘉庆十八年	长芦盐政奏	张廷赓	其子起意唆令伊父赴京诬告
10	嘉庆十九年	川督奏	刘觐朝	兵丁挟嫌捏款赴京诬告本官
11	嘉庆十九年	安徽司	段玉	钱债细故擅入钟楼击钟鸣冤
12	嘉庆二十年	东抚奏	李其言	生员好讼多事斥革按律发落
13	嘉庆二十二年	江苏司	王学诗	赴京越诉事尚有因
14	嘉庆二十二年	南抚奏	熊和清	赴京捏告重情提审之先首悔
15	嘉庆二十三年	山东司	苏仪陇	到官扳害未便照诬告论
16	嘉庆二十三年	河抚咨		妾被出诬告旧家长之子逆伦
17	嘉庆二十四年	江督咨	吴惠一	京控尼僧犯奸审明事尚有因
18	道光元年	江西抚奏	杨元本	各省捏砌奸赃进京未控被获
19	道光元年	晋抚奏	王本志	怀疑控告致子尸遭蒸检
20	道光元年	南抚奏	董宗璞	听从伊兄主使赴京抱告重情
21	道光元年	直督奏	小吴张氏	孀居子妇触犯翁姑未便发遣
22	道光二年	直督奏	倪宪章	京控重情拟罪过轻驳案
23	道光三年	江西抚奏	萧升文	监生京控县书勒折浮收
24	道光三年	京城	郝宝庆	教唆奸妇诬告本夫抑勒卖奸
25	道光三年	盛京将军奏	段守亮	兄怀疑京控致弟尸蒸检
26	道光六年	苏抚题	孙蕙芳	明知窃情之人被贼诬扳自尽

---

〔1〕 附表二中的113个案例主要来自祝庆祺等人编辑的《刑案汇览三编》、沈家本编《刑案汇览三编》和沈家本编《刑案删存》。这类案例相对于附表一奏折中的案件情况较简，一般只对案情做简要分析，重点关注案件事实和法律问题。

续表

序号	时　间	案件来源	原　告	案　由
27	道光六年	陕西司	朱良佐	生员健讼屡次滋扰情类棍徒
28	道光六年	湖督咨	刘洪先	诬告攒使私钱反坐应发驻防
29	道光六年	川督咨	任黄氏	母主令伊子诬告夫弟
30	道光九年	东抚奏	邓云珑	旗丁赴京钻入禁门欲行叩诉
31	道光九年	尚书松等奏	白马氏	诬禀武弁拾获饷银拷禁毙命
32	道光九年	安徽司	秦学建	典史妄揭印官拟军复行翻控
33	道光十年	贵州司	李六二	地亩细故欲行叩阍未成
34	道光十一年	江督奏	胡邦光	挟嫌藉断控告盐务立案不行
35	道光十二年	安徽司	马道生	控府三次不行提审饬查参办
36	道光十二年	江苏司	王成章	被告既系无罪原告即应坐诬
37	道光十二年	江苏司	张风仪	控告二人一虚一实仍应坐诬
38	道光十三年	大学士曹奏	李张氏	抵命有人执定尸伤夫遭蒸检叩阍
39	道光十三年	安徽司咨	刘帼平	疯迷无知诬告叛逆
40	道光十三年	浙抚咨	叶敬松	诬轻为重杖责收赎
41	道光十四年	山西司		家奴听从外人诬告家长
42	道光二十六年	热河都统奏	洛普桑莫溙	诬告死罪未决不得滥行加等
43	道光二十九年	河南	程如新	因兄病故尸身发变疑系被人谋杀赴京控告坚不承招
44	道光三十年	热河都统奏		挟妻父不将伊妻送回致幼子病毙之嫌诬告妻兄
45	咸丰元年	湖广司	唐廷弼	京控未根究明确
46	咸丰元年	湖广司	白莲	诬轻为重情重加等
47	咸丰元年	鄂督奏	王世惠	尊长诬告人谋杀致蒸检卑幼之尸
48	同治三年	福建司	陈谦恩	革员不候查办遣抱京控
49	同治五年	直隶司	奔嘎拉栋曾布	合词诬陷以起意之人为首
50	同治七年	东抚咨	冯义敬	原告不自认诬未便遽予反坐
51	同治七年	豫抚咨	周杜氏	
52	同治八年	奉天	喜林	官犯潜逃赴京妄控
53	同治八年	皖抚奏		挟伊第习教被获正法之嫌赴京诬控圩长人等

序号	时　间	案件来源	原　告	案　由
54	同治八年	直隶司	史浩然	京控抢案不实
55	同治八年	四川司	唐德芳	京控审理含糊
56	同治九年	河南	张建兴	京控原告之监生拟杖纳赎
57	同治九年	直隶	孔广汉	职员为人抱告京控不实
58	同治九年	直隶	曹盘龙	京控疑出有因
59	同治九年	山东	张书武	京控谋逆重情
60	同治九年	江苏司	渠印山	部民诘告知县
61	同治九年	直隶司	李国臣	京控妻兄贿差将伊妻嫁卖
62	同治九年	湖广司	罗文升	诬告未审首悔
63	同治九年	刑部咨	张俊熙	京控不准摘引申诉不实律迁就完结
64	同治十年	皖抚奏	张盛基	京控谋杀伊父泄忿
65	同治十年	皖抚奏	刘劲南	蓦越赴京二次控告重事不实
66	同治十年	山东司	李茂林	因妻自尽诬告人抢杀殴毙命
67	同治十年	山东司	王全忠	京控不实
68	同治十年	奉天司	张王氏	诬轻为重
69	同治十一年	四川司	刘裕骢	知县诬禀廪生阻挠军米批饬正法尸子亦自尽
70	同治十二年	湖广司	陈体元	唆令伊父出名捏词京控 陈体元
71	同治十二年	皖抚奏	宋大耀	痛子情切牵砌京控抢杀一案
72	光绪元年	浙抚揭	江春茂	擅杀盗葬罪人尸子京控
73	光绪二年	江督奏	詹启纶	已革总兵主使殴毙人命京控图翻
74	光绪二年	四川司	刘裕骢	京控知县娄诗澄等贪婪枉杀
75	光绪三年	江督奏	李文寿	捕役安拿私吊教扳诬良为盗
76	光绪三年	川督奏	乌承友	主唆代捏京控重情全诬十人以上
77	光绪三年	浙江（刑部奏）	杨乃武	诬告谋毒本夫重案相验不实枉坐人罪覆讯据实平反
78	光绪三年	河南	李友蓝	李友兰京控知县周淦贪残
79	光绪四年	四川	雷堂氏	雷堂氏京控雷小江因奸商谋奸妇史唐氏母女划戳致伤本夫史税青咽喉身死，假装自刎捏报

序号	时　　　间	案件来源	原　告	案　　由
80	光绪五年	奉天司	王景殿	王景殿命案
81	光绪五年	陕西司	王绍祖	叩阍人犯未取输服供词解回覆讯
82	光绪六年	热河都统奏	李克信	奴仆京控不实比律问拟
83	光绪六年	湘抚奏	尹松涛	刁徒主使诬告讯不成招援照众供确凿拟办请旨
84	光绪六年	四川司	徐开耀	卑幼告尊长诬轻为重
85	光绪七年	江苏	唐葆元	唐葆元京控参追冤抑
86	光绪七年	浙江司	袁陞扬	盗葬复诬告
87	光绪七年	川督奏	吴秀玖	京控差役索诈诬轻为重被告未到案受累
88	光绪八年	福建（台湾）	林戴氏	福建职妇四次京控
89	光绪八年	湖广司	毛盛万	京控全诬不得牵扯已结之案以诬轻为重论
90	光绪八年	安徽司	曹振绩	冒认尸侄妄控
92	光绪八年	四川司	熊彩亭	砌词京控复与人唆讼代作呈词
93	光绪八年	陕西司	张桂芳	京控知县毁碑加征不得以代作呈词之人为首
94	光绪八年	湖广司	王明南	京控
95	光绪九年	江西司		京控劣绅串结州官害民
96	光绪九年	湖广司	李满	绞犯畏死遣抱京控不肯输服
97	光绪十年	陕抚奏	王梦熊	叩阍人犯冲突仪仗
98	光绪十二年	陕西司	白亮	革役拟徒配逃赴京诬控差役索诈
99	光绪十二年	热河（四川司）	布帝什里	布帝什里叩阍案件
100	光绪十二年	广东司	陈克新	陈克新京控案件
101	光绪十三年	浙江司	程方元	程方元京控案件
102	光绪十六年	湖广司	李慈臣、李虞臣	诬告小功尊长原告不具结未便坐诬

说明：

1. 虽然该表格定名为"《刑案汇览三编》所见京控案件"，但资料来源主要包括三部分：祝庆祺等人编辑的《刑案汇览三编》（主要包括《刑案汇览》《续增刑案汇览》《新增刑案汇览》）、沈家本编《刑案汇览三编》（简称"沈编"）和沈家本编《刑案删存》。

2. 案件的编排基本按照时间先后，同一年案件按照上述 1 中祝编、沈编和删存的顺序，来自同一资料的，按照原先顺序不变。

附表三：安徽省光绪朝中后期朱批奏折所见京控案件审结情况表 [1]

编号	控告案由	原告、身份	遣抱人	被　　告	属　县	交审、结案时间
1	霸田抢妻	黄其寅		黄永魁	定远	光绪十五年下结案（咨交）
2	挖冢匿骨	王怀保		姚溁	桐城	光绪十五年下结案（咨交）
3	谋占纠殴（翻控）	林道之		林荣	贵池	光绪十五年下结案（咨交）
4	恃势秧民、殴毙二命	舒运林		李三俊	建平	光绪十五年下奏交、未结，光绪十八年上结案
5	栽诬捆刺	王章福等		王向发	巢县	光绪十五年下咨交、未结，光绪十六年下结案
6	群毙二命、贿串庇凶	江成周			定远	光绪十五年下咨交、未结，光绪二十一年下结案
7	谋占粮河、害命栽诬	周谢氏（民妇）	周灼		桐城	光绪十五年下咨交、未结，光绪十七年下结案
8	鸡奸其子	陈史氏（客妇）		沈增璧	合肥	光绪十五年下咨交、未结，光绪十六年上结案
9	强奸不从、毒后身死	盛锡振		李鳌	定远	光绪十五年下咨交、未结，光绪十七年下结案
10	毒子毒母、案抗四载	程刘氏（民妇）		程长青	桐城	光绪十五年下咨交、未结，光绪十七年上结案
11	假贿济权、埋冤枉断	赵进夫（文生）			泗州	光绪十五年下交、未结，光绪十六年上结案
12	欲吞图害、讯押贿脱	徐吴氏（孀妇）			泾县	光绪十五年下交、未结，光绪二十四年下未结，光绪二十九年前结案／销案
13	匿榜吞赈	周玫堂			凤台	光绪十七年上交、未结，光绪二十二年下结案
14	殴毙胞弟	李景云		周泽春等	阜阳	光绪十七年上交、未结，光绪十七年下结案

[1]（1）附表三是从朱批奏折中抽出安徽省光绪十五年至光绪三十四年上报京控案件审办情况的十九个奏折制成，内容主要涉及案件的原告姓名和身份、案由、交审以及审结时间。（2）光绪时期，各省上下半年分别上奏本省办理京控案件的情况，例如本表中"光绪十五年下"是指光绪十五年下半年，"光绪十七年上"是指光绪十七年上半年。

续表

编号	控告案由	原告、身份	遣抱人	被告	属县	交审、结案时间
15	护吏虐民、浮收苛诈	杨复盛（耆民）			建平	光绪十七年上交、未结，光绪十八年下结案
16	纠轰二命、贿朦势抗	朱永和			寿州	光绪十七年上交、未结，光绪二十二年上结案
17	粮差例外加费	王天林		喻甫	泗州	光绪十七年上交、未结，光绪十七年下结案
18	纠众决河、迭遭险害	余永平（文生）等	张纯修		宿州	光绪十七年上交、未结，光绪十八年下结案
19	缘官长藉捐营私	汪清臣（附贡生）	吴润田	卢锡麟	无为州	光绪十七年上交、未结，光绪十八年下结案
20	扎伤殒命	姚凤廷			怀远	光绪十七年下交，光绪二十年—光绪二十一年上结案
21	相验不实、捏详禁押	陈家有			寿州	光绪十七年下交，光绪二十年—光绪二十一年上结案
22	将伊母程氏殴毙	陈相春		吴长赠等	寿州	光绪十七年下交，光绪十九年下结案
23	伙开生埋、勾串抢掳	张振汉			亳州	光绪十八年上交，光绪十九年上结案
24	枉法纵凶、奔叩究雪	龚王氏（寄居孀妇）等	龚有统		宣州	光绪十八年上交，光绪二十年—光绪二十一年上结案
25	谋杀顶凶、朦县埋冤	刘传国			太和	光绪十八年上交，光绪二十一年下结
26	谋毙沉冤	蒲从章（客民）			六安州	光绪十八年上交，光绪二十一年下结案
27	浮收钱粮、虐毙人命	王维藩等	郾长有		凤台	光绪十八年上交，光绪十九年下结案
28	拐卖民妇、串朦断离	李对（客民）			霍邱	欲行叩阍，光绪十八年上交，光绪十九年下结案
29	明火劫抢	陈怀详			定远	光绪十八年上交，光绪二十年—光绪二十一年上结
30	强奸酿命、贿饰捏详	岳张氏（孀妇）	无姓名		太和	光绪十八年上交，光绪二十年—光绪二十一年上结案

续表

编号	控告案由	原告、身份	遣抱人	被　告	属　县	交审、结案时间
31	殴毙幼子、玩法纵凶	朱守诚			合肥	光绪十八年上交，光绪十九年上结案
32	蔑法私征、串通吏役	黄佩喜			寿州	光绪十八年上交，光绪二十年—光绪二十一年上结案
33	抢走堂妹	虞质成（职员）	虞在原张东美	施定富	宿松	光绪十八年上交；光绪二十年—光绪二十一年上再交，光绪二十二年下结案
34	承审不公、狱以贿成	陈景亮	陈云生		寿州	光绪十八年上交，光绪二十年—光绪二十一年上结案
35	殴伤伊夫	石唐氏	唐田美	陈六等	宿松	光绪十八年上交，光绪二十二年上结案
36	将伊继母余氏等扎伤殒命	施绣章		刘家宝	凤台	光绪十八年下交，光绪二十年—光绪二十一年上结案
37	绝嗣吞产	黄林氏（孀妇）			六安州	光绪十九年上交，光绪二十年—光绪二十一年上结案
38	殴毙捺案	周自云			广德州	光绪十九年下交，光绪二十年—光绪二十一年上结案
39	陈炳恒听从龚登镛悔婚	文少堂		陈炳恒	建平	光绪十九年下交，欲行叩阍，光绪二十年—光绪二十一年上结案
40	将伊夫翁刘布高等砍毙	刘张氏（民妇）		刘宗（伊夫胞侄）	太和	光绪二十一年下结，光绪二十九年前结案
41	侄殴叔毙	方赵氏（民妇）	方献瑞			光绪二十一年下结案
42	率众抄抢	于化鹏（监生）		谢占德	阜阳	光绪二十年—光绪二十一年上交，光绪三十一年上未结
43	将伊表叔害毙	陈家麟（客民）		阚永昌	凤阳	光绪二十年—光绪二十一年上交，光绪三十一上年未结
44	势恶攒殴毙命	汤李氏等	无姓名		凤台	光绪二十年—光绪二十一年上交，光绪二十二年下结案

编号	控告案由	原告、身份	遣抱人	被　告	属　县	交审、结案时间
45	驱贼遭祸	黄象弼（童生）	黄德胜		桐城	光绪二十年—光绪二十一年上交，光绪二十二年上结案
46	将伊父高怀盛殴伤毙命	高元静		高怀珍等	寿州	光绪二十年—光绪二十一年上交，光绪二十四年下结案
47	委员查勘湖田、县官扣留不勘	阚守齐			盱眙	光绪二十年—光绪二十一年上交，光绪二十九年前结案
48	拆毁房屋	王方氏（民妇）		周成泰等	歙县	光绪二十年—光绪二十一上交，光绪二十二上结案
49	迫叩洗冤	赵蒋氏（民妇）	赵廷标		亳州	光绪二十二年上交，光绪二十二年上结案
50	率众轰杀、贿饰埋冤	张仲安（童生）		张桂樨	灵壁	光绪二十二年上交，光绪二十二年下结案
51	凶殴两命、贿通朦详	蔡全宝等		张金诏		光绪二十二年上交，光绪二十三年上结案
52	学官侵吞公款、捏禀朦覆	云呈五（武举）等	张有成		太和	光绪二十二年上交，光绪二十二年下结案
53	忤逆谋杀、逼节毙命	王家仁（职员）	孙众宣		霍邱	光绪二十二年下交，光绪二十三年上结案
54	冤沉二命	刘运生（童生）			宿州	光绪二十三年上交，光绪二十三年下—光绪二十四年上结案
55	火枪杀人、串捺案悬	王正恩（民人）	王朝安		六安州	光绪二十三年上交，光绪二十四年上结案
56	挟嫌将伊父扎伤毙命	解开来		方山	宿州	光绪二十三年上交，光绪二十四年上结案
57	将伊仆人陈绍景殴毙	朱沛霖	张大成	王元善	和州	光绪二十三年上交，光绪二十三年下—光绪二十四年上结案

续表

编号	控告案由	原告、身份	遣抱人	被　　告	属　县	交审、结案时间
58	挟嫌纠众将陈文杰殴伤殒命	陈火运	孙有成	李长庚等	霍邱	光绪二十三年下—光绪二十四年上交,光绪二十四年下结案
59	羁吞诱串盗占	张正之（贡生）		宝田等	湖南	光绪二十三年下交,光绪二十九年上前结案
60	假借图骗、威逼毙命	凤世顺		凤承枢	泾县	光绪二十三年下交,光绪二十九年上前结案
61	群殴惨毙	叶辉凰			霍邱	光绪二十三年下交,光绪二十九年上前结案
62	因索废照捐银致酿人命	傅绍文（民人）		傅善林	英山	光绪二十九年上结案
63	欺吞诬噬	段之桢（监生）	张鼎三		英山	光绪三十年上结案
64	奸污焚抢	张孝荣（民人）		朱卿云	舒城	光绪三十年上结案
65	逆侄殴推、改供换格	黄寿仁（职举）	无姓名		寿州	光绪三十年上结案
66	捏诬勾串、索诈延搁	江刘氏（革贡之妻）等		王可观	颍上	光绪二十九年下结案
67	火枪毙命、凶释冤埋	李广德		陈怀信	怀远	光绪二十九年下交、结案
68	贿县祖庇、苛索钱粮	刘心泉（职员）等	无姓名	卜于恒	颍上	光绪二十九年下交,光绪三十一年上结案
69	率众刨挖伊父坟墓、贿串不究	方德云（县民）		王元朗	霍邱	光绪二十九年下交、光绪三十年上结案
70	迭纠火抢殴辱毙命	李锦章（职员）	无姓名	陈人杰	霍邱	光绪二十九年下交
71	阻抢怀恨纠围抄杀、扎毙子命、豪衿恶职贿差匿凶	徐芝仙（耆民）			霍邱	光绪二十九年下交
72	将伊父攒殴毙命	李玉玺（县民）		张献珍等	颍上	光绪二十九年下交
73	苛收漕折、霸吞租课	林秉心（县民）	林祖寿	林俊毓	霍邱	光绪二十九年下交

续表

编号	控告案由	原告、身份	遣抱人	被　　告	属　县	交审、结案时间
74	爬棺撒骨	觉开（僧人）		刘宝谦	霍邱	光绪二十九年下交、欲行叩阍，光绪三十年下结案
75	谋多家产	吴杨氏（职妇）	杨长桂	吴继盛	合肥	光绪三十年上交
76	因奸杀伤	林沈氏（孀妇）率子林有章		江家洪	六安州	光绪三十年上交
77	贿差纵凶	杨克远（民人）	杨克用		寿州	光绪三十年上交
78	率众截杀	涂冠群（监生）	江福	李鸿恩	寿州	光绪三十年上交、光绪三十一年上结案
79	发冢抛棺、贿差不究	张仁恕（监生）	王二	戴元良	寿州	光绪三十年上交、光绪三十年下结案
80	仗官扰害	朱绪文（职员）	朱永治		灵璧	光绪三十年下交
81	贿差庇凶、案悬冤沉	陈希贤（民人）	陈泽兰		寿州	光绪三十年下交
82	恃董庇凶、贿毙埋冤	陈才全（民人）	陈香亭		霍邱	光绪三十年下交
83	抽卷朦详	陈家言（民人）	无姓名		凤台	光绪三十一年上交

附表四：光绪朝朱批奏折所见各省京控案件审结情况表〔1〕

省份	时　间	已结	旧案未结	开　除	新 交 案 件	现未结
山西	光绪十五年上	0	0	0	0	
	光绪十七年下	1		0	1	
	光绪十八年下	0	0	0	1 咨发未到	
	光绪十九年上	0	0	0	1 咨发未到	
	光绪十九年下	0	0	0	1 咨发未到请销案	
	光绪二十七年下	0	0	0	0	
	光绪三十三年下	1	2	0	旧管新收咨交 3	
	光绪三十四年上	0	1	1	2 咨交	
安徽	光绪十五年下	3	9			
	光绪十六年上	2	7			
	光绪十七年上	1	12			
	光绪十七年下	4	11			
	光绪十八年上	2	22 咨交			
	光绪十八年下	2	21		1	
	光绪十九年上	2	20			
	光绪十九年下	3	18			
	光绪二十一年下	5	12			
	光绪二十二年上	5	11			
	光绪二十二年下	5	7			
	光绪二十三年上	2	9			
	光绪二十四下	2	5			
	光绪二十九年上	1	6			
	光绪二十九年下	2	12			
	光绪三十年上	4	13			
	光绪三十年下	2	14			
	光绪三十一年上	2	13			

---

〔1〕　附表四是对奏折中各省汇报京控案件审办情况的一个数字统计表。由于表中数据均来自
《光绪朝朱批奏折》，信息不全，只能部分反映清代京控的受理和审办情况。

续表

省份	时　间	已结	旧案未结	开　除	新　交　案　件		现未结
安徽	光绪三十四年上	不详	不详				
湖北	光绪十五年下		11				
	光绪十六年上		11				
	光绪二十一年上	1					
	光绪二十四年下		19				
	光绪二十五年上		17				
河南	光绪十一年下	16	59		39		98
	光绪十二年上	29	69		23		92
	光绪三十三年下	9	44		9		53
	光绪三十四年上	10	43		10		53
奉天	光绪十二年	1	1				
	光绪十七年	2	1				
江西	光绪十三年上		2		3		5
	光绪三十四年上		7		1		8
浙江	光绪十九年三月—安徽光绪二十年五月	1	3		2	3	5
	光绪二十四年正月—光绪二十五年六月	5			5	5	10
	光绪三十一年一月—十二月		1	0	0	1	2
	光绪三十二年一月—十二月		新收未结1			1	2
	光绪三十三年一月—十二月			1	5	2	6
贵州	光绪九年下		5				5
	光绪十年上		3		1		4
	光绪十一年上	1	3				3
	光绪二十五年上	0	0	0	0		0
	光绪二十八年下	0	0	0	0		0

省份	时　　间	已结	旧案未结	开　除	新交案件	现未结
陕西	光绪十年下		2			
	光绪十四年下		2			
	光绪二十六年下	0	0	0	0	1案发出缉拿案犯
	光绪二十九年下	0	0	0	0	同上
	光绪三十年上	0	0	0	0	同上
	光绪三十二年上		3			3
福建	光绪三年上		3		7	
	光绪三年下					
	光绪十二年下	3	13			
台湾	至光绪十四年十二月		2			
	至光绪十七年十二月		1			
	至光绪十八年下		1			
	光绪十九年上		1			

附表五：光绪朝湖南、直隶部分年份审结各类案件数目表 [1]

省　份	时　间	审结数目（上控、自理词讼）
湖南	光绪十三年上	6001 起
	光绪十四年上	5016 起
	光绪十四年下	5462 起
	光绪十五年下	5090 余起
	光绪十六年上	5621 起
	光绪十九年下	4724 起
	光绪二十一年上	4477 起
	光绪二十一年下	4211 起
	光绪二十二年下	4055 起
	光绪二十三年上	3547 起
	光绪二十四年下	3669 起
直隶	同治八年—同治十年十二月	结销 49 万 9000 余起
	光绪十一年正月—光绪十四年二月	结销 67933 起
	光绪十四年三月—光绪十七年六月	结销 75172，未结 1331

---

[1]　附表五是光绪朝部分年份湖南和直隶两省上报的审结州县自理和上控词讼的数目。依据《光绪朝朱批奏折》整理。

参 考 文 献

一、史料

1.《十三经注疏·周礼注疏》，北京，中华书局，1980 年版。

2.（汉）郑玄注，（唐）贾公彦疏：《周礼注疏》，北京，中华书局 1979 年版。

3.（唐）魏徵、长孙无忌等编：《隋书》，北京，中华书局 1973 年版。

4.（宋）王钦若等纂：《册府元龟》，南京，凤凰出版社 2006 年版。

5.（宋）《名公书判清明集》，北京，中华书局 1987 年版。

6.（元）马端临：《文献通考》，北京，中华书局 1985 年版。

7.（明）宋濂等纂修：《元史》，北京，中华书局 1976 年版。

8.（清）柯劭忞：《新元史》，张京华、黄曙辉校，上海，上海古籍出版社 2018 年版。

9.（清）徐松：《宋会要辑稿》，刘琳等点校，上海，上海古籍出版社 2014 年版。

10.（明）《明实录》，上海，上海书店出版社 2015 年版。

11.（明）申时行等：《明会典》，北京，中华书局 1989 年版。

12.（明）吕坤：《吕坤全集·实政录》，北京，中华书局 2008 年版。

13.（明）谢肇淛：《五杂俎》，上海，上海书店 2009 年版。

14.（明）颜俊彦：《盟水斋存牍》，北京，中国政法大学出版社 2002 年版。

15.（明）顾炎武：《日知录》，陈垣校注，合肥，安徽大学出版社 2013 年版。

16.（清）《圣祖仁皇帝实录》，北京，中华书局 1985 年版。

17.（清）《世宗宪皇帝实录》，北京，中华书局 1985 年版。

18.（清）《世祖章皇帝实录》，北京，中华书局 1985 年版。

19.（清）《清实录》，北京，中华书局 2008 年版。

20.（清）《光绪会典》，台北，文海出版有限公司，1967 年。

21.（清）赵尔巽等撰：《清史稿》，北京，中华书局 1998 年版。

22. 中国第一历史档案馆编：《康熙朝汉文朱批奏折汇编》第 4 册，档案出版社 1984 年版。

23. 中国第一历史档案馆编：《嘉庆道光两朝上谕档》第 12 册，桂林，广西师范大学出版社 2000 年版。

24. 中国第一历史档案馆编：《光绪朝朱批奏折》，北京，中华书局 1994 年版。

25. 台北"故宫博物院"印行：《清宫谕旨档台湾史料（四）》，1996 年版。

26. 故宫博物院编：《清末筹备立宪档案》（上、下），北京，中华书局 1979 年版。

27.《稀见清知府文档》，全国图书馆文献缩微复制中心 2008 年版。

28.《清臬署珍存档案》，全国图书馆文献缩微复制中心 2004 年版。

29. 怀效锋主编：《清末法制变革史料》（上下），北京，中国政法大学出版社 2009 年版。

30.（清）桂超万：《宦游纪略》，台北，文海出版有限公司 1972 年版。

31.（清）张集馨：《道咸宦海见闻录》，北京，中华书局 1981 年版。

32.（清）黄遵宪：《日本国志》，吴振清等点校整理，天津，天津人民出版社 2005 年版。

33.（清）石孟函辑：《广西调查诉讼习惯报告书》，广西官书局排印，宣统二年。

34.（清）包世臣：《齐民四术》，同治十一年刻本。

35.（清）王又槐：《办案要略》，光绪十八年刻本。

36.（清）祝庆祺等编：《〈刑案汇览〉三编》，北京，北京古籍出版社 2004 年版；

37.（清）包世臣：《安吴四种》，台北，文海出版有限公司 1968 年版。

38.（清）徐珂编纂：《清稗类钞》，第三册，北京，中华书局 1984 年版。

39.（清）葛士浚：《皇朝经世文续编》，台北，文海出版有限公司 1972 年版。

40.（清）刘锦藻编：《清朝续文献通考》，杭州，浙江古籍出版社 2000 年版。

41.（清）盛康辑：《皇朝经世文编续编》，台北，文海出版有限公司，1980 年版。

42.（清）樊增祥：《樊山政书》，北京，中华书局 2007 年版。

43.（清）汪荣宝：《汪荣宝日记》，台北，文海出版社有限公司印行 1991 年版。

44.（清）徐士林：《徐公谳词——清代名吏徐士林判案手记》，陈全伦等编，济南，齐鲁书社 2001 年版。

45.（清）祝庆祺等编：《〈刑案汇览〉三编》，北京，北京古籍出版社 2004 年版。

46.（清）《沈家本辑〈刑案汇览三编〉》，南京，凤凰出版社 2016 年版。

47.（清）周守赤：《刑案汇编》，程方等点校，天津，天津人民出版社 2018 年版。

48. 襟霞阁主编：《清代名吏判牍七种汇编》，（台湾）老古文化事业股份有限公司，2000 年。

49.《京控十三案折稿》，北京大学图书馆藏，不著辑者，民国二十五年版。

50.《历代判例判牍》，杨一凡、徐立志编，北京，中国社会科学出版社 2005 年版。

51.（清）许文濬：《塔景亭案牍》，俞江点校，北京，北京大学出版社 2007 年版。

52. 谢森等编：《民刑事裁判大全》，卢静仪点校，北京，北京大学出版社 2007 年版。

53. 大理院书记厅编辑：《大理院判决录》，华盛印书局印刷，第 1～10 册，民国二年各月出版。

54.《安徽通志稿·司法考》卷一，民国二十三年铅印本。

55. 北京市档案馆利用处、编目处合编：《北京审判制度研究档案资料选编（民国部分）》，影印版 1999 年版。

56. 朱寿朋等编：《杨乃武冤狱》，长沙，岳麓书社 1986 年版。

57. 袁世凯：《袁世凯奏议》，天津，天津古籍出版社 1987 年版。

58.《历代刑法志》，北京，群众出版社 1988 年版。

59. 睡虎地秦墓竹简整理小组编：《睡虎地秦墓竹简》，北京，文物出版社 1990 年版。

60. 张家山汉简二四七好汉墓竹简整理小组：《张家山汉墓竹简（二四七号墓）（释文修订本）》，北京，文物出版社 2006 年。

61. 官箴书集成编纂委员会编：《官箴书集成》，第 1～10 册，合肥，黄山书社 1997 年版。

62.《台湾省通志：卷三政事志·司法篇》，林衡道监修，戴炎辉、蔡章麟纂修，台北，台湾省文献委员会 1955 年版，4 册。

63.《安徽通志稿（32 册）》，安徽省通志馆编纂，民国 23 年铅印本，台北，成文出版社有限公司印行 1985 年版。

64.《安庆府志（九册）》，（清）张楷纂修，康熙六十年刊印本影印，台北，成文出版社有限公司印行 1985 年版。

65.《黑龙江志稿》，哈尔滨，黑龙江人民出版社 1992 年版，

二、法律法规

66.《宋刑统》，薛梅卿点校，北京，法律出版社 1999 年版。

67.《元典章》，陈高华等点校，天津，天津古籍出版社 2011 年版。

68.《大元通制条格》，郭成伟点校，北京，法律出版社，2000 年。

69.《大明律》，怀效锋点校，北京，法律出版社 1999 年版。

70.《大清律例》，田涛、郑秦点校，北京，法律出版社 1999 年版。

71. 黄彰健：《明代律例汇编》，"中央"研究院历史语言研究所专刊之七十五，1979 年版。

72.（清）姚雨芗原纂、胡仰山增辑：《大清律例会通新纂》，台北，文海出版社 1987 年版。

73.（清）昆冈等修、刘启端等纂：《钦定大清会典事例》，载《续修四库全书》编纂委员会编：《续修四库全书》，上海，上海古籍出版社 2003 年版。

74.（清）昆冈等撰：《大清会典》，台北，新文丰出版公司 1976 年版。

75.（清）沈之奇：《大清律辑注》，怀效峰、李俊点校，北京，法律出版社 2000 年版。

76.（清）薛允升：《读例存疑重刊本》，黄静嘉编校，台北，成文出版社 1970 年版。

77.（清）薛允升著，胡星桥、邓又天主编：《读例存疑点注》，北京，中国人民公安大学出版社 1994 年版。

78.《（增修）刑部奏定新章》，光绪二十二年北京琉璃厂荣录堂续刻本。

79.《清讼章程》，（清）觉罗廷雍纂修，光绪刻本。

80.《江苏省例》，江苏书局同治八年刊本。

81.《江苏省例三编》，江苏书局光绪九年刊本。

82.《江苏省例四编》，江苏书局光绪十六年刊本。

83.《晋政辑要》，（清）刚毅纂修，张煦续纂，光绪十四年山西官刻本。

84.《四川通饬章程》，台北，文海出版有限公司，1977 年。

85.《福建省例》，台北，大通书局有限公司、宗青图书出版有限公司，1997 年。

86.《湖南省例》，（清）吴达善纂修，清刻本。

87.《粤东省例》，道光抄本。

88.《粤东省例新纂》，（清）黄恩彤等纂，道光二十六年广东藩署刻本。

89.《广东省例》，清抄本。

90.《西江政要》，乾隆至同治年间江西按察司刊本。

91.《西江政略》，清刻本。

92.《豫省拟定成规》，清刻本。

93.《治浙成规》，道光十七年刻本。

94.《皖政辑要》，（清）冯煦主修、陈师礼总纂，合肥，黄山书社 2005 年版。

95.《山东宪规》，载杨一凡、田涛 主编：《中国珍稀法律典籍集成续编》第七卷，哈尔滨，黑龙江人民出版社，2002 年。

96.（清）直隶提刑按察使司纂修：《直隶现行通饬章程》，光绪十七年，保定臬署刻本。

97.（清）沈家本、俞廉三编：《大清现行刑律》，宣统元年修订法律馆铅印本。

98.（清）政学社编印：《大清法规大全·法律部》，宣统元年北京政学社印本。

99. 上海商务印书馆编译所编纂：《大清新法令（点校本）》，上海，上海商务印书馆 2011 年版。

100. 马建石、杨育裳主编：《大清律例通考校注》，北京，中国政法大学出版社 1992 年版。

101. 吴宏耀、种松志编：《中国刑事诉讼法典百年》，北京，中国政法大学出版社 2012 年版。

102. 杨一凡、田涛编：《中国珍稀法律典籍续编》第一册，哈尔滨，黑龙江人民出版社2002年版。

103. 杨一凡、刘海年编：《中国珍稀法律典籍集成》乙编，第二册，北京，科学出版社1994年版。

104. 余绍宋编：《司法例规》，北京司法部，民国十一年版。

105. 郭卫编：《大理院解释例全文汇编》，上海会文堂新记书局，民国二十年版。

106. 吴宏耀、郭恒编校：《1911年刑事诉讼律（草案）——立法理由、判决例及解释例》，北京，中国政法大学出版社2011年版。

107.《新译日本法规大全（点校本）》第二卷，李秀清点校，北京，商务印书馆2007年版。

108.《新译日本法规大全·法规解字》，何勤华点校，北京，商务印书馆2007年版。

三、著作

109. [美] 艾马克（Mark A. Allee）：《晚清中国的法律与地方社会：十九世纪的北部台湾》，王兴安译，台北，播种者文化有限公司2003年版。

110. [美] 白德瑞：《清代县衙的书吏与差役》，尤陈俊、赖骏楠译，桂林，广西师范大学出版社2021年版。

111. [日] 白凯：《中国的妇女与财产：960—1949年》，上海，上海书店出版社2003年版。

112. [意] 贝奈戴托·克罗齐：《历史学的理论和实际》，北京，商务印书馆1982年版。

113. [美] 布迪、莫里斯：《中华帝国的法律》，朱勇译，南京，江苏人民出版社1995年版。

114. 蔡墩铭主编：《两岸比较刑事诉讼法》，台北，五南图书出版公司1996年版。

115. 蔡枢衡：《中国法理自觉的发展》，北京，清华大学出版社2005年版。

116. 曹锦清：《黄河边的中国——一个学者对乡村社会的观察与思考》，上海，上海文艺出版社2000年版。

117. 陈光中、沈国峰：《中国古代司法制度》，北京，群众出版社1984年版。

118. 陈光中主编：《刑事诉讼法学》，北京，中国政法大学出版社1999年版。

119. 陈光中主编：《中国刑事诉讼程序研究》，北京，法律出版社1993年版。

120. 陈瑾昆：《刑事诉讼法通义》，北平朝阳学院出版民国十九年版。

121. 陈茂同主编：《历代职官沿革史》，上海，华东师范大学出版社1988年版。

122. 陈瑞华：《刑事审判原理论》，北京，北京大学出版社2003年版。

123. 陈瑞华：《刑事诉讼的前沿问题》，北京，中国人民大学出版社1999年版。

124. 陈新宇：《从比附援引到罪刑法定》，北京，北京大学出版社2007年版。

125. 程树德：《九朝律考》，北京，中华书局 2003 年版。

126. 戴炎辉：《清代台湾之乡治》，台北，联经事业出版公司 1979 年版。

127. 戴炎辉：《中国法制史》，台北，三民书局印行 1966 年版。

128. 范忠信：《中国法律传统的基本精神》，济南，山东人民出版社 2001 年版。

129. [日] 夫马进：《中国诉讼社会史研究》，范愉、赵晶等译，杭州，浙江大学出版社 2019 年版。

130. [日] 冈田朝太郎：《刑事诉讼法》，汪庚年整理，北京，中国政法大学出版社 2012 年版。

131. 高恒：《秦汉简牍中法制文书辑考》，北京，社会科学文献出版社 2008 年版。

132. 高鸿钧等编：《美国学者论中国法律传统》，北京，中国政法大学出版社 1994 年版。

133. 高享译，《商君书》，北京，中华书局 1974 年版。

134. [日] 工藤元男：《睡虎地秦简所见秦代国家与社会》，第三章"秦的领土扩大与国际秩序的形成"，上海，上海古籍出版社 2010 年版。

135. 顾永忠：《刑事上诉程序研究》，中国政法大学博士论文，2003 年。

136. 郭东旭：《宋代法制研究》，保定，河北大学出版社 2000 年版。

137. 郭松义：《伦理与生活——清代的婚姻关系》，北京，商务印书馆 2000 年版。

138. [美] 哈罗德·J. 伯尔曼：《法律与革命：西方法律传统的形成》（第一卷），高鸿钧、张志铭、夏勇等译，北京，法律出版社 2018 年版。

139. 韩涛：《晚清大理院：中国最早的最高法院》，北京，法律出版社 2012 年版。

140. 黄道秀译，《俄罗斯联邦刑事诉讼法典》，北京，中国人民公安大学出版社 2006 年版。

141. 黄源盛：《民初法律变迁与裁判（1912—1928）》，国立政治大学法学丛书（47），2000 年版。

142. [美] 黄宗智：《清代的法律、社会与文化：民法的表达与实践》，上海，上海书店 2001 年版。

143. [美] 黄宗智：《清代以来民事法律的表达与实践：历史、理论与现实》，北京，法律出版社 2014 年版。

144. [美] 黄宗智：《法典、习俗与司法实践：清代与民国的比较》，上海，上海书店 2003 年版。

145. 江平、米健：《罗马法基础（第三版）》，北京，中国政法大学出版社 2004 年版。

146. [美] 孔飞力：《叫魂·1768 年中国妖术大恐慌》，陈兼、刘昶译，上海，上海三联出版社 2002 年版。

147. 李春雷：《中国近代刑事诉讼制度变革研究（1895—1928）》，北京，北京大学出版社 2004 年版。

148. 李典蓉：《清朝京控制度研究》，上海，上海古籍出版社 2011 年版。

149. 李贵连：《现代法治：沈家本的改革梦》，北京，法律出版社 2017 年版。

150. 李贵连：《近代中国法制与法学》，北京，北京大学出版社 2002 年版。

151. 李贵连：《沈家本评传（增补版）》，北京，中国民主法制出版社 2016 年版。

152. 李宏勃：《法制现代化进程中的人民信访》，北京，清华大学出版社 2007 年版。

153. 李交发：《中国诉讼法史》，北京，中国检察出版社 2002 年版。

154. 李鹏年等编：《清代六部成语词典》，天津，天津人民出版社 1990 年版。

155. 李启成：《晚清各级审判厅研究》，北京，北京大学出版社 2003 年版。

156. 李治安：《行省制度研究》，天津，南开大学出版社 2005 年版。

157. 梁治平：《寻求自然秩序的和谐》，北京，中国政法大学出版社 1997 年版。

158. 林朝荣、林芸沣：《既判力与二重危险之研究》，台北，一品文化出版社 2009 年版。

159. 林端：《儒家理论与法律文件：社会学观点的探索》，北京，中国政法大学出版社 2022 年版。

160. 林端：《韦伯论中国传统法律：韦伯比较社会学的批判》，北京，中国政法大学出版社 2014 年版。

161. 刘俊文：《唐律疏议笺解》，北京，中华书局 1996 年版。

162. 刘子扬：《清代地方官制考》，北京，紫禁城出版社 1988 年版。

163. 卢静仪：《民初立嗣问题的法律与裁判》，北京，北京大学出版社 2004 年版。

164. 吕宗力主编：《中国历代官制大辞典》，北京出版社 1994 年版。

165. 马建石、杨育裳主编：《大清律例通考校注》，北京，中国政法大学出版社 1992 年版。

166. ［美］米尔伊安·R.达玛什卡：《司法和国家权力的多种面孔——比较视野中的法律程序》，郑戈译，北京，中国政法大学出版社 2004 年版。

167. 缪全吉：《清代幕府人事制度》，台北，中国人事行政月刊社 1971 年版。

168. 那思陆：《清代中央司法审判制度》，北京，北京大学出版社 2004 年版。

169. 那思陆：《明代中央司法审判制度》，北京，北京大学出版社 2004 年版。

170. 那思陆：《清代州县审判衙门司法审判制度》，北京，中国政法大学出版社 2006 年版。

171. 那思陆：《中国司法制度史》（与欧阳正合编），台北，空中大学印行 2001 年版。

172. ［日］籾山明：《中国古代诉讼制度研究》，李力译，上海，上海古籍出版社 2009 年版。

173. 聂鑫：《近代中国的司法》，北京，商务印书馆 2019 年版。

174. 潘天群：《博弈生存——社会现象的博弈论解读》，北京，中央编译出版社，2002 年版。

175. 彭勃：《日本刑事诉讼法通论》，北京，中国政法大学出版社 2002 年版。

176. 彭浩、陈伟、[日] 工藤元男：《二年律令与〈奏谳书〉》，上海，上海古籍出版社 2007 年版。

177. [日] 棚濑孝雄：《纠纷的解决与审判制度》，王亚新译，北京，中国政法大学出版社 2004 年版。

178. 强世功：《法制与治理——国家转型中的法律》，北京，中国政法大学出版社 2003 年版。

179. [苏] 切里佐夫：《苏维埃刑事诉讼》，北京，法律出版社 1956 年版。

180. 瞿兑之：《汪辉祖传述》，上海，商务印书馆民国二十四年版。

181. 瞿同祖：《清代地方政府》，范忠信、晏锋译，北京，法律出版社 2003 年版。

182. 瞿同祖：《中国法律与中国社会》，北京，商务印书馆 2019 年版。

183. 邵羲：《1911 年刑事诉讼律释义》，北京，中国政法大学出版社 2012 年版。

184.（清）沈家本：《历代刑法考》，邓经元、骈宇骞点校，北京，中华书局 1985 年版。

185. [日] 寺田浩明编：《中国法制史考证·丙遍第四卷》，北京，中国社会科学出版社 2005 年版。

186. 宋代官箴研读会编：《宋代社会与法律——〈名公书判清明集〉讨论》，台北，东大图书有限公司，2001 年。

187. 宋英辉：《刑事诉讼目的论》，北京，中国人民公安大学出版社 1995 年版。

188. 苏力：《送法下乡——中国基层司法制度研究》，北京，中国政法大学出版社 2000 年版。

189. 苏亦工：《明清律典与条例（修订版）》，北京，商务印书馆 2020 年版。

190. 唐仕春：《北洋时期的基层司法》，北京，社会科学文献出版社 2013 年版。

191. [美] 唐·布莱克：《社会学视野中的司法》，郭星华等译，北京，法律出版社 2002 年版。

192. 王策来编著：《杨乃武与小白菜案真相披露》，北京，中国检察出版社 2002 年版。

193. 王铭铭、王斯福主编：《乡土社会的秩序、公正与权威》，北京，中国政法大学出版社 1997 年版。

194. 王跃生：《十八世纪中国婚姻家庭研究——建立在 1781—1791 年个案基础上的分析》，北京，法律出版社 2000 年版。

195. 王跃生：《清代中期婚姻冲突透析》，北京，社会科学文献出版社 2003 年版。

196. 王云海：《宋代司法制度》，郑州，河南大学出版社 1992 年版。

197. 王帅一：《明月清风：明清时代的人、契约与国家》，北京，社会科学文献出版社 2018 年版。

198. 王志强：《法律多元视角下的清代国家法》，北京，北京大学出版社 2003 年版。

199. 隗赢涛：《实业之梦——张謇传稿》，成都，四川人民出版社 1995 年版。

200. 魏淑民：《清代乾隆朝省级司法实践研究》，北京，中国人民大学出版社 2013 年版。

201. 吴吉远：《清代地方政府的司法职能研究》，北京，中国社会科学出版社 1998 年版。

202. 吴佩林：《清代县域民事纠纷与法律秩序考察》，北京，中华书局 2013 年版。

203. 吴艳红、姜永琳：《明朝法律》，南京，南京出版社 2016 年。

204. 武树臣：《中国传统法律文化词典》，北京，北京大学出版社 1999 年版。

205. 谢振民：《中华民国立法史》，北京，中国政法大学出版社 2000 年版。

206. 徐朝阳：《刑事诉讼法通义》，北京，商务印书馆 1930 年版。

207. 徐朝阳：《中国古代诉讼法：中国诉讼法渊源》，北京，中国政法大学出版社 2012 年版。

208. 徐迅：《民族主义（修订版）》，北京，中国社会科学出版社 2005 年版。

209. 徐忠明：《案例、故事与明清时期的司法文化》，北京，法律出版社 2006 年版。

210. 徐忠明：《众声喧哗：明清法律文化的复调叙事》，北京，清华大学出版社 2007 年版。

211. 姚建宗：《法治的生态环境》，济南，山东人民出版社 2003 年版。

212. 叶孝信、郭建主编：《中国法律史研究》，上海，学林出版社 2003 年版。

213. 尹丽华：《刑事上诉制度研究——以三审终审为基础》，北京，中国法制出版社 2006 年版。

214. 应星：《大河移民上访的故事》，北京，生活·读书·新知三联书店 2001 年版。

215. 袁世凯：《袁世凯奏议》，天津，天津古籍出版社 1987 年版。

216. 湛晓白：《时间的社会文化史——近代中国时间制度与观念变迁研究》，北京，社会科学文献出版社 2013 年版。

217. 张翅：《冤抑与诉讼——清代上控制度研究》，北京，中国社会科学出版社 2013 年版。

218. 张晋藩：《清朝法制史》，北京，中华书局 1998 年版。

219. 张晋藩：《中国民事诉讼制度史》，成都，巴蜀书社 1999 年版。

220. 张晋藩：《中国司法制度史》，北京，人民法院出版社 2004 年版。

221. 张晋藩：《清朝法制史》，北京，法律出版社，1994 年版。

222. 张明楷：《刑法学（第五版）》，北京，法律出版社 2016 年版。

223. 张伟仁：《清代法制研究》，"中央"研究院历史语言研究所专刊之七十六，1983 年版。

224. 张伟仁：《中国法制史书目》，"中央"研究院历史语言研究所 1976 年版。

225. 张文显：《法哲学范畴研究》，北京，中国政法大学出版社 2001 年版。

226. 张政烺主编：《中国历代职官大词典》，郑州，河南人民出版社 1990 年版。

227. 赵晓华：《晚清狱讼制度的社会考察》，北京，中国人民大学出版社 2002 年版。

228. 赵旭东：《权力与公正——乡土社会的纠纷解决与权威多元》，天津，天津古籍出版社 2003 年版。

229. 郑秦：《清代司法审判制度研究》，长沙，湖南教育出版社 1988 年版。

230. 郑秦：《清代法律制度研究》，北京，中国政法大学出版社 2000 年版。

231. 郑欣：《乡村政治中的博弈生存》，北京，中国社会科学出版社 2005 年版。

232. [日] 织田万：《清国行政法》，北京，中国政法大学出版社 2003 年版。

233. 朱红林：《张家山汉简〈二年律令〉集释》，北京，社会科学文献出版社 2005 年版。

234. 朱勇、张中秋、朱腾主编：《日本学者中国法论著选粹》（上、下），北京，中国政法大学出版社，2012 年版。

235. [日] 滋贺秀三：《中国家族法原理》，张建国、李力译，北京，法律出版社 2003 年版。

236. [日] 滋贺秀三等：《明清时期的民事审判与民间契约》，王亚新等译，北京，法律出版社 1998 年版。

四、论文

237. 柏桦：《清代的上控、直诉与京控》，载《史学集刊》2013 年第 2 期。

238. 陈柏峰：《缠讼、信访与新中国法律传统——法律转型时期的缠讼问题》，载《中外法学》2004 年第 2 期。

239. 陈景良：《反思法律史研究中的"类型学"方法——中国法律史研究的另一种思路》，载《法商研究》2004 年第 5 期。

240. 陈晓枫：《两汉"鞫狱"正释》，载《法学评论》1987 年第 5 期。

241. 陈玉心：《清代健讼外证——威海卫英国法庭的华人民事诉讼》，载《全球法律评论》2002 年秋季号。

242. 程政举：《汉代讞狱制度考论》，载《河南政法干部管理学院学报》2010 年第 2 期。

243. 崔岷：《山东京控"繁兴"与嘉庆帝的应对策略》，载《史学月刊》2008 年第 1 期。

244. 邓建鹏：《纠纷、诉讼、裁判——黄岩、徽州及陕西的民事讼案研究（1874—1911 年）》，北京大学法学院 2003 届博士论文。

245. 邓建鹏：《讼师秘本与清代诉状的风格——以"黄岩诉讼档案"为考察中心》，载《浙江社会科学》2005 年第 4 期。

246. 邓建鹏：《清代〈状式条例〉研究》，载《清史研究》2010 年第 3 期。

247. 董丛林：《曾国藩督直期间的"清讼"处置》，载《明清论丛》2015 年第 1 期。

248. 冯永明、常冰霞：《制度、资源与法律——嘉庆年间的控案繁多与应对之道》，载《聊城大学》（社会科学版）2011 年第 6 期。

249. 高鸿钧：《无话可说与有话可说之间——评张伟仁先生的〈中国传统的司法和法学〉》，载《政法论坛》2006 年第 5 期。

250. 郭洪伯：《"郡守为廷"——秦汉的刑事诉讼与司法体系》，《燕园史学》第九辑，北京，社会科学文献出版社 2014 年版。

251. 黄海波、刘旭红：《刑事二审中的被害人权利保护》，载《中国刑事二审程序改革之研究》，北京，北京大学出版社 2011 年版。

252. 黄均镇：《何处得申冤？秦与汉初乞鞫审理形态》，载《法制史研究》第 37 期，2020 年 12 月。

253. 黄源盛：《近代刑事诉讼的生成与展开——大理院关于刑事诉讼程序判决笺释（1912—1914）》，载《清华法学》第八辑，北京，清华大学出版社 2006 年版。

254. 季卫东：《上访潮与申诉制度的出路》，载《青年思想家》2005 年第 4 期。

255. [美] 贾空（Quinn Javers)：《谎言的逻辑：晚清四川地区的诬告现象及其法律文化》，载《传统中国的法律逻辑和司法推理：海外学者中国法论著选译》，陈煜译，北京，中国政法大学出版社 2016 年版。

256. 姜福先、张明磊：《论刑事公诉案件被害人的上诉权》，载《中国刑事法论丛》，2005 年第 2 期。

257. 蒋铁初：《中国古代判决的事实依据——以清代为例兼与法定证据的比较》，载《南京大学法律评论》2013 年春季卷。

258. 李栋：《超越"依法裁判"的清代司法》，载《中国法学》2021 年第 4 期。

259. 李贵连、胡震：《清代发审局研究》，载《比较法研究》2006 年第 4 期。

260. 李启成：《治吏：中国历代法律的宗旨》，载《现代法学》2017 年第 6 期。

261. 李学勤：《〈奏谳书〉解说（下）》，载《文物》1995 年第 3 期。

262. 李艳君：《从"状式条例"看清代对诉状的要求》，载《保定学院学报》2008 年第 3 期。

263. 李艳君：《清代民事上控制度述论》，载《保定学院学报》2010 年第 2 期。

264. 李燕：《清代审判纠错机制研究》，中国政法大学博士论文，2008 年。

265. 林乾：《一个讼师家庭的两代上诉史》，载《中国古代法律文献研究》第八辑，北京，社会科学文献出版社，2014 年版。

266. 刘顶夫：《中国古代信访源流考》，载《湘潭大学学报》（哲学社会科学版）2005 年 5 月。

267. 刘洋洋：《清代委审研究》，河南大学硕士论文，2016 年版。

268. 南玉泉：《秦汉的乞鞫与覆狱》，载《上海师范大学学报》（哲学社会科学版）2017 年第 1 期。

269. 聂鑫：《近代中国审级制度的变迁：理念与现实》，载《中外法学》2010 年第 2 期。

270. 欧扬：《读鞫与乞鞫新探》，载《湖南大学学报》（社会科学版）2016 年第 4 期。

271. 彭浩：《谈〈奏谳书〉中秦代和东周时期的案例》，载《文物》1995 年第 3 期。

272. 屈超立：《论宋代转运司的司法职能》，载《浙江学刊》2003 年第 4 期。

273. [日] 上田信：《被展示的尸体》，王晓葵译，载孙江主编：《事件·记忆·叙述》（《新社会史》1），杭州，浙江人民出版社 2004 年版。

274. [日] 寺田浩明：《清代民事审判：性质及意义——日美两国学者之间的争》，载《北大法律评论》第 1 卷第 2 辑，北京，法律出版社 1999 年版。

275. [日] 寺田浩明：《关于清代听讼制度所见"自相矛盾"现象的理解——对黄宗智教授的"表达与实践"理论的批判》，载《私法》第 4 辑第 2 卷，武汉，华中科技大学出版社 2004 年版。

276. [日] 寺田浩明：权利与冤抑——清代听讼和民众的民事法秩序》，载王亚新、梁治平编：《明清时期的民间审判与民间契约》，北京，法律出版社 1998 年版。

277. [日] 唐泽靖彦：《清代的诉状及其制作者》，载《北大法律评论》2009 年第 1 辑。

278. 汪雄涛：《清代司法的中层影像：一个官员的知府与臬司经历》，载《政法论坛》2014 年第 6 期。

279. 王瑞峰：《罪名·引断·情理——〈刑案汇览三编〉研究》，北京大学博士论文，2005 年。

280. 王永杰：《论清朝京控的结构性缺陷：历史考察与当代借鉴》，载《学海》2007 年第 3 期。

281. 王志强：《论清代刑案诸证一致的证据标准》，载《法学研究》2019 年第 6 期。

282. 王志强：《清代刑事司法事实判定中的程序规则：比较法视角下的功能分析》，载《中外法学》2014 年第 3 期。

283. 王志强：《中国法律史叙事中的"判例"》，载《中国社会科学》2010 年第 5 期。

284. 王志强：《中华法的政治机理——基于秦汉与古罗马时期的比较视角》，《中国社会科学》2021 年第 10 期。

285. 魏星：《重建与管理：以明清金陵善后局为中心的考察》，载《近代中国》2019 年第 2 期。

286. 吴佩林：《清代四川南部县民事诉讼中的妇女与抱告制度——以清代四川〈南部档案〉为中心》，载《中国乡村研究》第 8 期，福州，福建教育出版社 2010 年版。

287. 吴艳红、姜永琳：《布政司与明代司法——以明代〈四川地方司法档案〉为中心的研究》，载《南京大学学报》（哲学·人文科学·社会科学）2016 年第 4 期。

288. 武小凤：《"上诉不加刑"原则在中国的立法及实践问题分析》，载《刑事司法论坛》第 2 辑，北京，中国人民公安大学出版社 2009 年版。

289. 徐立志：《沈家本等订民刑诉讼法草案考》，载张国华主编：《博通古今学贯中西的法学家：1990 年沈家本法律思想国际学术研讨会论文集》，西安，陕西人民出版社 1992 年版。

290. 徐忠明、姚志伟：《清代抱告制度考论》，载《中山大学学报》（社会科学版）2008 年第 2 期。

291. 徐忠明：《清代中国司法类型的再思与重构——以韦伯"卡迪司法"为进路》，载《政法论坛》2019 年第 3 期。

292. 徐忠明：《内结与外结：清代司法场域的权力游戏》，载《政法论坛》2014 年第 1 期。

293. 徐忠明：《办成"疑案"：对春阿氏杀夫案的分析——档案与文学以及法律与事实之间》，载《中外法学》2005 年第 3 期。

294. 徐忠明：《明清刑事诉讼"依法判决"之辨正》，载《法商研究》2005 年第 4 期。

295. 徐忠明：《明清诉讼：官方的态度与民间的策略》，载《社会科学论坛》2004 年第 10 期。

296. 徐忠明：《小事闹大与大事化小：解读一份清代民事调解的法庭记录》，载《法制与社会发展》2004 年第 6 期。

297. 姚志伟：《控制与反抗：清代抱告制度的实践》，载《北方法学》2015 年第 2 期。

298. 尤陈俊：《清代简约型司法体制下的"健讼"问题研究——从财政制约的角度切入》，载《法商研究》2012 年第 2 期。

299. 于明：《司法审级中的信息、组织与治理——从中国传统司法的"上控"与"审转"切入》，载《法学家》2011 年第 2 期。

300. 张生、李麒：《中国近代司法改革：从四级三审制到三级三审制》，载《政法论坛》2004 年第 5 期。

301. 张世明、冯永明：《"包世臣正义"的成本：晚清发审局的法律经济学考察》，载《清史研究》2009 年第 4 期。

302. 张伟仁：《中国传统的司法和法学》，载《现代法学》2006 年第 5 期。

303. 张彦丽：《上控与晚清秩序：以"杨白案"为中心的考察》，中国人民大学博士论文，2001 年。

304. 朱磊：《宋代的"断由"制度——基于〈名公书判清明集〉的考察》，载《研究生法学》2013 年第 3 期。

五、外文资料

305. Alford, William, "Of Arsenic and Old Laws: Looking Anew at Criminal Justice in Late Imperial China", 1984, *California law Review* 72: 1180-1255.

306. Matthew H. Sommer, *Sex, Law, and Society in Late Imperial China*, Stanford University Press, 2000；

307. Melissa Macaulay, *Social Power and Legal Culture: Litigation Masters in Late Imperial China*, Stanford University Press, 1998；

后　记

2003 年秋，我考入北京大学法学院，跟随恩师李贵连先生攻读法律史博士学位。在老师的指导下，我完成了博士论文《晚清京控案件研究——以〈光绪朝朱批奏折〉为中心》。本书就是在此基础上修改扩充而成。

北大是读书的好地方，博士生期间则是读书的最好时期。时间充裕，精力旺盛，思维也活跃。我天性疏懒，不喜外交，多数时间，躲进小楼成一统，漫无目的乱读书。最喜在图书馆逛来逛去，看到感兴趣的书就抽出来翻两页，不喜欢再放回去。喜欢的，当下就读，或站或坐。爱不释手的，就借回去细读。很是惬意。

博士论文至关重要，绝不仅是写完毕业了事。对于选择以学问为职业（志业）的青年学子，论文方向决定了他今后相当一段时间的研究领域，从选题到写作的一整套科研能力训练更是今后在学界立足的根本。博士论文题目不能太大或太小。大了，论文易流于疏阔；小了，写不够字数。"小题大做"，深耕细作，是训练要求。李老师不喜指定博士论文题目，而是由学生按照个人兴趣、能力和专业背景自主选题。李老师说，通过读书了解研究前沿、找准研究方向并选择合适的题目，本就是博士培养的必要环节。指定题目，管得了一时，管不了一世。当然，选题中，学生痛并快乐，老师焦心上火，真正经历过的人想必都深有体会。

我原计划在硕士论文《民国司法官考试制度研究》的基础上继续民国法制研究。偶然间，得知北京市档案馆藏有民初宋教仁被刺案卷宗，但从北四环到南三环早晚通勤几个月的查档后，还是决定放弃。一来，对历史细节的考证不是本人兴趣所在。相较来说，我更乐于做制度和思想的挖掘梳理，寻找"规律"和逻辑。二来，现有档案材料无法支撑博士论文的体量。"以论带史"，既非所愿，也非所能。放弃是痛苦和挣扎的，特别是付出过的放弃。其间，我还曾想深挖民初北京大理院的"造法"功能，"连累"李老师也默默读了不少大理院的解释例和判决例。懵懂无知的我，当年让老爷子受累匪浅。

我的博士选题最终是在图书馆闲逛得来的。北大古籍资料室藏书丰富。开不了题，我就在图书馆翻书。现在回想，当时似乎也没咋焦虑，不是因为自信，而是因为自己迷糊，没想着赶快毕业工作挣钱。看资料累了，就翻翻当时燕京大学和老北大留下的老借书卡，或浏览书架上摆放的一排排套书，如张伟仁先生主编的《明清档案》、各种明清地方志等。卡片中偶尔翻检到的《京控十三案折稿》，激发了我对京控的兴趣。120册厚厚的《光绪朝朱批奏折》则给了我研究京控的底气。李老师经常说，法律史研究，资料是基础，但仅有资料也不行，必须整合资料、进行思辨、找到"问题"。我的问题就是上诉制度的近代转型。

开题时的题目是《从"上控"到"上诉"：刑事上诉制度近代转型研究》。随着阅读逐步深入，我发现这个题目还是较大。按原计划，不仅要搞清楚京控，还要弄明白包括府控、道控、司控、院控在内的地方上控，以及上控制度在近代是如何转型并具体实施的。经李老师同意，我把题目缩小为《清代京控制度研究：以〈光绪朝朱批奏折〉为中心》。阅读资料半年多，写作花了三个月。虽然很粗糙，总算完成了。论文写作中，李老师都在盯着，尽管他老人家从未出言催促。有一次，写嗨了，码字一夜。北京早上五点多钟，给老师打电话，要向他汇报所谓写作心得。那么多年过去，我一直没好意思问是否吵着他了。只记得，那次从燕北园骑回畅春园之后我睡了一上午。读博士，真的是痛并快乐着。

博士毕业后，我进入中国政法大学随张晋藩先生进行博士后研究。当时，提交了两个题目，一是继续上诉制度转型研究，二是清代省例研究。先生建议我选择后者。之后，养家、糊口、养娃，京城居不易，始终没腾出手来继续上诉制度转型研究。2018年，我以博士论文为基础申请到国家社科基金后期资助项目。本书就是这一项目的研究成果。转眼间，二十年已去。这本书不是"穷多年功力"之作，只是部分完成了当年的一点学术心愿。虽然不满意，也只能以"奈何力有所不逮，技术有所不及"聊以自慰。有时候真为自己做法律史研究感到庆幸，我如果做部门法研究，那真是黄瓜菜都凉了。

博士三年，得到诸多师友同门的指导、帮助和支持。感谢杨一凡先生、徐立志先生、刘广安先生、罗玉中先生、贺卫方先生、徐爱国先生、张琪先生等师长参加我的博士论文开题和答辩。师门的氛围和学风，让我深感幸运和幸福。感谢新成师兄、章一师兄、振国师兄、志强师兄、俞江师兄、庆平师兄、启成师兄、远征师兄、万枚师姐、新宇师兄、瑞峰师兄、圣海师姐、海如师姐、静仪、家红、周杰、李娟、韩涛、正茂和岳新宇。学问为安身立命之所，师门乃心灵栖息之地。喧嚣忙碌之京城，有人一起喝茶饮酒聊天，不亦快哉。

2008 年 7 月，我入职中国农业大学人文与发展学院法律系。温馨团结的院系氛围给了我难得的恬静和从容。感谢各位同事的关照、鼓励和支持。快乐是幸福的源泉，身体是革命的本钱。祝你们健康快乐。

年近半百，人生过半。我自认是一个幸运的人。人生前二十年，奶奶给了我无尽的爱。她老人家一生散淡，不争不抢，随遇而安，得享高寿。在安徽大学读书时，恩师汪汉卿先生虽曾为“官”，却无一丝官气。先生谦和大气、温润如玉的长者风范，永贮心间。跟随恩师李贵连先生读书是我人生之大幸运。李老师为人宽厚，思想自由，学问精深。跟随问学，使我受益终身。恩师张晋藩先生身负家国情怀，治学宏阔高远，乐于提携后进，让人感念不已。五年前，当我把自己的第一本专著送给苏渭昌老师时，他很高兴。五年后，老人家已魂归大海。“士不可以不弘毅，任重而道远。”真正的读书人，大概就是几位恩师的样子。

感谢国家社科基金委的资助，感谢评委专家的认可。感谢清华大学出版社刘晶编辑的耐心和专业。

转眼间二十多年过去，两鬓渐斑白，世事多变迁。感谢我的家人，让我理解了“家”的意义、责任和喜乐。我爱你们。

胡震

2024 年 8 月于中国农业大学民主楼 360 室